全球化语境下的中国国际广播

夏吉宣　主编

中国国际广播出版社

目 录

绪 论 1

第一章 全球化与国际广播 25

第一节 全球化的成因及表现 25
第二节 国际广播的历史发展及现状 39
第三节 全球化国际广播的特征 64

第二章 中国国际广播的发展历程与经验教训 89

第一节 国际台的发展历程 89
第二节 国际台的历史经验 106
第三节 国际台的历史教训与启示 129

第三章 新形势、新挑战、新实践 150

第一节 国际台面临的新形势 151
第二节 国际台面临的新挑战 172

第三节　国际台的新实践 …………………………………… 191

第四章　现代国际广播体系的构建 …………………………… 222

　　第一节　现代国际广播体系的基本内涵和主要特征 ……… 222
　　第二节　现代国际广播体系的架构 …………………………… 244
　　第三节　现代国际广播体系的构建方案 ……………………… 263
　　第四节　现代国际广播体系的评估机制和构建策略 ………… 281

第五章　结论与展望 ……………………………………………… 307

　　第一节　全球化时代的中国国际传播 ………………………… 307
　　第二节　中国国际传播媒体跨越发展的战略构想 …………… 328

参考书目 ……………………………………………………………… 341

后　　记 ……………………………………………………………… 343

绪　论

一、研究目的

本书编写的目的，是基于全球化与国际广播本身具有千丝万缕联系这一前提，研究两者如何互相产生影响，探索在全球化这一语境下，中国国际广播的发展前景和路径，即如何主动适应全球化、积极参与全球化、有效影响全球化。

（一）研究全球化与中国国际广播的关系

全球化，是 20 世纪 80 年代以来在世界范围日益凸现的新现象，是当今时代的基本特征。[①] 全球化还没有统一的定义，一般讲，从物质形态看，全球化是指货物与资本的越境流动，经历了跨国化、局部的国际化以及全球化这几个发展阶段。货物与资本的跨国流动是全球化的最初形态。在此过程中，出现了相应的地区性、国际性的经济管理组织与经济实体，以及语言文化、生活方式、价值观念、意识形态

[①] 张立杰：《全球化之下的社会主义意识形态分析》，载《人民论坛》2011 年第 27 期。

等精神力量的跨国交流、碰撞、冲突与融合。总的来看，全球化是一个以经济全球化为核心，包含各国各民族各地区在政治、文化、科技、军事、安全、意识形态、生活方式、价值观念等多层次、多领域的相互联系、影响、制约的多元概念。① 同时，全球化是个争议性较强的概念。拥护者憧憬它会给整个世界带来空前的进步和繁荣；批评者断言它会给发展中国家带来贫困、战争甚至文化灭绝。

本书重点从经济、文化和信息传播三个维度对全球化展开论述，以厘清全球化语境下国际广播的发展走向。

国际广播的诞生，虽然远远早于全球化开始，但其从发生到发展乃至可预见的未来，无不闪现着全球化的影子。对于国际广播包括中国国际广播的历史发展及现状研究，学界研究成果并不少，可谓前人之述备矣。然而，将全球化与中国国际广播的关系作为主要对象研究的，目前并不多见。本书研究的主要目的之一，便是要将中国国际广播的历史发展及现状置于全球化语境之下，梳理两者之间是如何进行相互作用的。

1. 全球化推动中国国际广播发展

全球化理论认为，全球化是一个历史概念，更是一个哲学概念。它的本质含义是指各国、各民族和各种不同的文明体系之间在生活方式、生产方式和价值观念上的某种趋同化。② 全球化是个动名词，它不只是指一种状态，同时也是一种能动的过程。这个过程以世界各个不同的社会的经济、政治和文化生活方式的重大方面生成某种趋同为

---

① 见"政治学辞典：《全球化》"，载《团结》2011年第4期。
② 杨学功：《拒斥还是辩护：全球化中的普遍主义和特殊主义》，载《江海学刊》2008年第2期。

头号主题，在其跨国社会稠密交往与其变化的范围和深度日益增大，改造着所有有关国家、社会和其他人类群体，使全球人类差异性在缩小，同质化在增加，它们之间的相互关系也变得更加广泛、深入和复杂。与此同时，这个过程以及上述交往、变迁、改造和趋同总是有它们的限定，人类生活方式的地域、文化差异和政治社会的多样性常在不息，这种多样性永远是世界的一个基本事实和世界发展的一个基本动因。

这一多样性及趋同性也深远地影响了国际广播。从诞生以来，国际广播的职责，就既有新闻传播，又有文化交流，更有政治宣传。在全球化开启之前，尤其是在战争年代，国际广播作为重要的战略工具，起到了重大的作用，国际广播的影响力和作用也达到了一个巅峰。全球化开启后，意识形态方面的对抗逐渐让位于经济文化的交流，各国受众对于国际广播也从被动接受转变为主动获取，国际广播更多地被认为是交流的渠道，而非对抗的工具，这不仅使得国际广播进入对象国阻力减小，也促使国际广播的内容、形态发生改变。

全球化与技术革命也是紧密相连的。全球化对远距离交流沟通的需求前所未有地增加，促进了通讯技术的飞速发展，这给对传播技术依赖性极强的国际广播提供了有力的技术支撑，国际广播突破了传统的播出模式，以更加多元的方式到达受众的耳朵。

中国国际广播与发达国家的国际广播相比，跟进步伐有所滞后，但全球化的影响同样明显。全球化对中国国际广播的推进作用的体现，与其他国家的国际广播相比并不是完全一样的，而具有其独有的特点。

2. 全球化对中国国际广播的挑战

进入 20 世纪 90 年代后,全球化不论从广度还是深度,从质上还是从量上来说,都不是已往可同日而语的。现在,就交通工具方面来说,人们可以在 24 小时内到达世界上的任何一个地区;而网络系统的建成,使人们在瞬息之间可在互联网(Internet)上查找全球任何一个角落的信息。人们的交往交流不仅跨越了国界,更是冲破了时空的屏障。

全球化使得人们信息需求的内容和目的也发生了重大改变,人们查询信息的目的,更多地是为了满足个人生活、学习、工作需要所相关的文化、旅游、科技等方面的资讯,带着浓重意识形态和政治导向的宣传不再是人们主动想获取的信息,而这些恰恰是传统国际广播的主要传播内容。

全球化对人们获取信息内容、目的、渠道的改变,给国际广播带来巨大的挑战,国际广播在改善覆盖率的同时,其到达率下降,影响力消减,甚至其继续存在的意义也受到质疑,尤其是在新媒体时代,传统国际广播的信息传播作用明显下降。

中国国际广播所面临的问题或许更加严峻,冷战结束后,社会主义阵营遭到削弱,来自社会主义国家的声音不仅被许多国家政府所严格控制,部分受众对带有社会主义政治色彩的宣传内容从心理上产生抵制。在全球化影响更加深入的今天,中国国际广播所面临的挑战愈加明显,有必要进行全面的分析,才能找到相应的解决途径。

3. 全球化对国际广播机构的冲击

全球化对国际广播的影响,直观地体现在对国际广播机构的冲击上。这种冲击一是来源于国际广播传播目的的改变,二是来源于多元化传播渠道的发展。在这种冲击下，主要的国际广播机构在全球化之前精心完成的布局显得不再适合时代的要求，扩张还是精简，进入还是退出成为不得不做的抉择。近年来，世界主要国际广播机构纷纷进行调整，以适应新的形势变化。作为传统国际广播的主要代表，英国广播公司（BBC）和美国之音（VOA）均压缩播出的语言，减少或停止短波播出频率和时数，对新的形势做出了回应。

全球化对于中国国际广播机构的冲击相对于英国广播公司和美国之音来看，或许没有那么明显，作为中国唯一的国家级国际广播机构，中国国际广播电台（以下简称"国际台"）没有步前者的后尘，反而在前者削减语种的同时，发展成为全球使用最多语种的国际广播电台。这一反其道而行之的特点颇具研究意义。

与内容需求方面的冲击使东西方国际广播机构做出不同应对措施相比，传播渠道多元化带来的冲击更为一致。由于获取信息途径大大增加，并且便捷程度大为提高，国际广播机构远距离跨国传输手段优势不再明显，固守阵地相当于失去阵地。然而转变并不是简单的，新技术发展的速度及其普及程度的不平衡，让国际广播机构在分析其受众接受信息方式以确定传播模式时遇到相当大的挑战，适当超前的规划成为必须。国际广播机构必须同其他媒体机构一样，调整经营策略和业务格局，剥离那些经营状况不好的业务，集中发展优势业务，以求生存和自保。例如，英国广播公司2011年宣布把国际业务的注意力转向新媒体，加大了对新媒体和新技术的投资；同一年，美国之音宣布，将其短波广播转向网络，以增强传播效果。

近年来，国际台除传统无线广播业务之外，将自己打造成拥有海外分台、互联网络、移动终端、报纸杂志在内的全媒体机构，以适应新传播渠道发展所带来的冲击。这种应对并不是盲目的，尽管先进的技术能够一定程度上引领人们的生活方式，但在传播渠道的选择上，仍然要根据主流人群的习惯及趋势来做出，因此，中国国际广播要对传播渠道改变所带来的冲击进行全面分析，甄别不同地区不同人群对于传播手段的选择，才能有效地将信息传送出去。

（二）探索全球化语境下中国国际广播的发展前景和路径选择

全球化对国际广播的影响是不争的事实。随着全球化日益深入，国际广播诞生时的形象已逐渐模糊，经历几十年的发展，人们已经不再将国际广播当做"敌台"来看待，但不可否认，国际广播的国家属性仍然存在，不可能完全褪去政治色彩。与此同时，国际广播长久以来最基本的功能——跨国传播在全球化时代遭到了来自各方面的挑战，尤其是新媒体带来的挑战。传统媒体在消亡或者改变，国际广播作为一种独特的媒体形态，是否还有其存续意义，在全球化时代是否还能像曾经的辉煌时期一样发挥出重要作用。

1. 前景研究：全球化语境下中国国际广播是否仍有并能够发挥其重要性

全球化对国际广播的影响令人不得不思考国际广播的未来：在全球化加速的今天，各国经济联系紧密，人员交往日益频繁，异域不再神秘，国际广播向他国传播本国政治、经济、文化等方面内容是否还有继续的必要；新传播技术日益发达，互联网触角延伸到每一个角落，每个人都可以凭借简便的终端工具获取自己想要的信息，以频率为主要形态的传统广播媒体受众日渐流失，国际广播是否还能重现辉煌。国际广播是否还有未来，这并不是简单的预测问题，纵观世界各国惯例，国际广播一般都不是私营的盈利媒体，其设立和运营受国家政策影响较大，因此，各国对国际广播的现实意义及未来前景的评估结果，将直接影响到本国国际广播机构的发展甚至存亡。

中国国际广播在可预见的时间范围内不用过于忧虑专门国际广播机构存废问题。对于中国国际广播的前景做出正确的判断，是推动中国国际广播朝正确道路上发展必须完成的工作。判断中国国际广播的前景，需要从客观的角度研究与国际广播相关的因素，因此，需要从以下几个方面进行评估。

首先，中国国际广播是否仍有存在的必要性。

中国是全球化时代发展最为迅速的国家，综合国力明显提高。随着中国的改革开放，中国在经济、文化等方面与世界逐渐接轨，中国已经不再是西方人眼里那个"神秘的东方古国"。海外媒体主动进入中国，并将其了解到的中国情况传回本国向其民众进行传播，以好莱坞大片为标志的各类向全球传播的作品越来越多地采用中国元素。让外国人知道中国，已经不仅限于中国国际广播能做到。全球化启动以来，中国广阔的市场和丰富的旅游资源吸引了全世界各国商界和旅游人士，中国对世界各国的吸引力越来越大，外国人对中国信息的需求渐趋多元，单一的政治宣传内容难以吸引想了解中国的受众，他们更想知道关于中国的经济、文化、旅游资源，以及中国民众的日常生活。这些软性的内容，在信息渠道发达的今天，人们并不依赖中国国际广播来获取。

在这种背景下，中国国际广播的存在是否还有必要，成为我们必须正视和回答的一个问题。

存在是必要的——这个答案应该是肯定的。中国的快速发展引起世人关注，了解中国，准确判断，把握机遇，是各国的需求，无论是直接还是间接了解中国的需求是存在的。中国国际广播在抗日的硝烟中诞生，70多年来，中国国际广播内容一直在变化，从诞生时为抗战服务，到"文革"期间过于偏意识形态的宣传，再到如今为增强中国软实力服务，中国国际广播始终紧跟时代的要求。全球化对传统意义上的国际广播的需求降低，并没有否定中国国际广播存在的必要性，而是对其提出了更高的要求。

其次，海外受众是否能够继续接受中国国际广播。

在新媒体技术产生之前，广播媒体在全球化传播方面具有独特的优势，由于可选择的媒体形态相对单一，受众对于广播媒体的接受程度相对较高。而在新媒体时代，互联网无疆域限制的传播优势对传统媒体提出了挑战，国际广播虽然也可以借助互联网进行新媒体传播，但想要在网络世界中获得一如从前的地位，较以前有很大难度了。

对于中国国际广播而言，海外受众的认可尤其重要。由于包括意识形态上的分歧等诸多因素，中国国际广播在西方发达国家的受众认可度相对较低，但在亚洲、非洲等部分对华友好国家，中国国际广播拥有相当数量的忠实受众，这些受众对于中国国际广播而言有着极其重要的意义。近年来，由于政局变化等原因，部分地区受众流失较快；新媒体的运用，吸引了新受众群体，总而言之，国际台的受众群众正在发生变化。

随着全球化往纵深方向发展，研究中国国际广播的海外受众群体情况，对于中国国际广播政策下一步的调整有着重要意义。

最后，中国国际广播有着怎样的发展空间。

在全球化时代，传统国际广播无论从其任务还是受众关注方面都遇到了极大的挑战，这种挑战将随着全球化的进程而加强。中国国际广播在这样的背景下将面临多大的、怎样的发展空间，都是急需研究的重要课题。

2. 探索中国国际广播的未来发展路径

在全球化背景下，中国国际广播需要探索适合自己的发展路径，在全球化大潮中站稳脚跟，并实现中国国际广播的可持续发展。

多年来，在中央领导的关怀下，国际台一直致力于积极探索适合中国国际广播发展的路径，提出建设现代国际广播体系的战略目标，积极打造现代综合新型国际传媒集团，全面提高国际传播能力。

建设现代国际广播体系，是中央对国际台提出的战略任务，也是符合全球化背景下国际广播发展规律，体现中国国际广播特色的一条路径。建设现代国际广播体系就是要建立起一个以全媒体为传播手段，以球域化受众为传播对象，以建设和谐世界为传播目的，贯通事业机制和产业机制的国际传媒集团。现代国际广播体系既要增强广播等传统媒体的原有优势，更要借力新兴媒体的后发优势，以多语种、多媒体、多终端为信息全球化传播的主要方式，以多媒体融合、全媒体发展为根本特点。其基本框架是：以无线广播为基础，以在线广播为支撑，以新媒体发展为方向，以多媒体传播为特征的现代、国际、综合传播体系。

国际台通过多年探索，初步总结出了一条适合我国对外广播事业发展的新路子，提出了"三步走"的思路。第一步是2004年到2010年，国际台基本搭建起现代国际广播体系的总架构，为启动CIBN（中国国际广播电视网络台）打下了良好的基础；第二步是2011年到

2017年，以CIBN的启动为基础，以在线技术大楼建成、投入使用和CIBN的日臻成熟为标志，国际台正式建成现代国际广播体系；第三步是2018年到2021年，现代国际广播体系正式投入到国际话语权的竞争之中，到国际台建台80周年之际，建成世界一流的传媒集团，继而形成国际舆论的重要一极。

3. 探索中国国际广播对中国争取全球话语权如何发挥作用

全球化给世界各国一个发挥后发优势的机会，经过30多年的高速发展，我国的GDP总量已居世界第二，国际政治经济影响力日益增强。国家实力决定了国家声音，中国国际广播事业在中国的快速增长中也取得了超常规的发展。与此同时，中国国际广播也通过向世界传播中国和平发展理念的方式，为提升中国软实力起到了不可忽视的作用。

全球化以经济全球化为开端，政治、文化的全球化也逐步加快。但不可否认，由于政治体制、民族宗教、文化传统等种种因素，后者的全球化进程相对较慢。尤其是西方各国对于中国这样一个崛起的社会主义国家还充满着警惕、偏见乃至敌意，甚至因此人为设置一些障碍，阻碍中国走向世界。这些阻碍，使得中国在全球化进程中处于被动，中国要更好地融入全球化，就不得不遵守以西方世界为主制定的种种规则，受制于人。这种不公平与全球化的宗旨并不相符，中国要改变这一现状，就必须争取全球化的话语权，参与制定国际规则。参与国际规则的制定，政治、经济、军事等方面的硬实力固然重要，但要得到世界各国真正认同并主动接受，还需要在软实力提升上下工夫，使各国民众认识到中国的强大对维护世界和平，促进和谐的意义，这就需要中国国际广播发挥更大的作用。

近年来，国际台努力发展新媒体传播技术，积极建设海外媒体，这为加强中国声音、提升中国软实力起到基础性的作用，但要使中国声音深入人心，使世界认同中国的发展，愿意与中国一道促进全球化进程，则需要中国国际广播人更加努力地去研究新的国际秩序与新的全球话语体，掌握国际话语规律，将中国的立场和声音清晰而有说服力地传达出去。

二、研究方法

（一）文献研究法

文献研究法是根据一定的研究目的或课题，通过调查文献来获得资料，从而全面、正确地了解掌握所要研究问题的一种方法。文献研究法被广泛用于各种学科研究中。其作用有：①能了解有关问题的历史和现状，帮助确定研究课题；②能形成关于研究对象的一般印象，有助于观察和访问；③能得到现实资料的比较资料；④有助于了解事物的全貌。

本书借助文献资料研究，试图全面准确地呈现中国国际广播发展的历史和现状，特别是外语广播、对外广播到国际传播三个阶段的发展演变，揭示其发展规律，为在全球化语境下加快构建现代国际广播体系提出政策建议提供理论和事实依据。

本书广泛参考了中国国际广播特别是国际台的史志文献资料，力图全面系统深入地梳理中国国际广播的发展脉络。更是在2004年以来国际台《国际传播发展战略研究》、《建设现代综合新型国际一流媒体研究》、《国际传播：探索与构建》及"国际传播研究"系列课题等大量构建现代国际广播体系研究的基础上进一步开展理论和实践探索。

（二）经验总结法

经验总结法是通过对实践活动中的具体情况进行归纳与分析，使之系统化、理论化，上升为经验的一种方法。总结推广先进经验是人类历史上长期运用的较为行之有效的领导方法之一。

本书通过对中国国际广播七十余年不同历史阶段及特定时期经验教训的系统梳理和归纳分析，形成对中国国际广播自身发展历程的清晰认识，并借鉴世界主要国际广播媒体不同阶段的路径选择和发展经验，以期为自身未来发展前景和路径选择做出准确判断提供理论和经验依据。

（三）案例研究法

案例是对现实生活中某一具体现象的客观描述。对这些"真实记录"进行分析研究，寻找规律或产生问题的根源，进而寻求解决问题或改进工作的方法，或形成新的研究课题。在案例研究中，研究者自身的洞察力是关键。

本书选取了中国国际广播七十余年发展历程中不同发展阶段和特定时期的典型案例，进行深度剖析，并结合BBC、新闻集团等国际主流传媒集团特别是其转型阶段的成功案例进行比较研究，揭示其成功路径，为构建现代国际广播体系的策略选择提供参考。

（四）调查研究法

调查研究法是科学研究中最常用的方法之一。它是有目的、有计划、有系统地搜集有关研究对象现实状况或历史状况的材料的方法。

调查研究法是科学研究中常用的基本研究方法，它综合运用历史法、观察法等方法以及谈话、问卷、个案研究、测验等科学方式，对现象进行有计划的、周密的和系统的了解，并对调查搜集到的大量资料进行分析、综合、比较、归纳，从而为人们提供规律性的知识。

本书汇聚了近几年国际台组织的海外受众调查样本、对象国家（地区）媒体调查数据，及相关市场调查数据等调查研究结果，并针对驻华使领馆等特定传播群体开展了专项调查，旨在以广泛调研结果为研究结论提供事实基础。

三、主要内容

（一）全球化与国际广播

本部分首先从全球化的起因入手，分析其发生的动因及发展阶段，进而揭示全球化语境的内涵和外延。本部分指出，全球化已经成为当今时代的主题，全球化的进程影响着人们的日常生活，改变着他们的思维方式，也改变着社会的结构和组织。

本部分认为，全球化是市场经济发展到一定阶段的产物，世界范围内的经济交往是全球化的动力，也是促成人们形成全球意识的一个因素。技术、政治、文化等其他一些力量也促成了全球化的不断发展。从技术层面来讲，特别是交通和通讯技术的发展，加强了世界各地的相互往来和相互了解，把生活在地球上的人类变成了在同一时间、同一空间里共同生存的"村民"。这个过程中传统的习俗逐渐消解，新的观念、新的生存方式陆续出现。这种相互依赖、风险共担、共同生活的现实是全球文化产生的最大动力，也加快了经济全球化的进程。

经济的发展和科技的进步是全球化客观动力，政治方面的因素构成了全球化动力的主观部分。为了解决诸多全球性问题，在全世界范围内人们开始设立各种国际组织，包括政府间组织和非政府组织，例如联合国、世贸组织、国际货币基金组织、G20、国际红十字会、联合国教科文组织等。在全世界范围内，这些机构为人们提供了一个共同商议事件、解决问题的平台。随着全球化时代的到来，这样的组织越来越多，所起的作用也将越来越大，它们的存在和作用，加快了全球化时代的到来，也是促进全球化文化产生的重要力量。所以说，全球化的出现既是各种客观力量综合作用的结果，也是人们积极参与、共同创造的一个主观进程。

19世纪80年代初起，外国文学及世界文艺思想首先更多地进入中国，及至90年代，我们的经济观念、生活观念、文化观念进一步发生重大变革，这些促使我们的意识逐渐融入一种全球化的倾向中。全球化语境成为目前国内文化艺术界常用的名词，其含义指的应该是在以全球化为时代背景，进行文化等传播时以全球为覆盖范围。

本部分还对全球范围内国际广播的起源、发展做了历史回顾和阶段性论述，对目前世界主要国际广播媒体的实力概况进行了分析，进而对国际广播跨国界、跨文化、跨意识形态等传播特点，受全球化影响呈现出的时代新特征等进行了重点研究。

（二）中国国际广播的发展历程与经验教训

本部分创新性地把中国国际广播事业分成外语广播、对外广播、国际传播三个阶段，对中国国际广播的发展历程和各阶段的主要任务进行专门梳理，并在此基础上对中国国际广播发展的历史经验、特殊教训进行归纳总结，进而得出切实提升国际传播实效的外宣报道原则艺术等启示。

外语广播阶段从1941年12月3日延安新华广播电台正式开办以侵华日军为主要对象的日语广播开始，直到中华人民共和国成立。其间，一些解放区相继开办了以外国人为对象的外语广播；1947年9月11日，陕北新华广播电台在河北省涉县沙河村正式开办英语广播。外语广播发展的任务重点非常明确，主要是瓦解敌军，宣传中国共产党的政策和主张；报道国内外时局的动向，有计划与有系统地宣扬我党我军与解放区的事业和功绩；揭露国民党的腐败黑暗统治并宣传与鼓励其统治区广大人民的民主运动。这一时期的外语广播，有力地配合了中国共产党领导的人民解放战争逐步走向胜利。

对外广播阶段是从中华人民共和国成立，至"文化大革命"结束这一阶段。中华人民共和国成立后以独立自主的姿态登上国际舞台，经济建设全面恢复，一些国家纷纷与中国建立外交关系。战争年代的外语广播已不能满足新中国政治、经济、社会发展和国际影响提升的要求，为打破西方阵营对新中国的封锁，中国人民对外广播事业顺势获得了迅速发展。中华人民共和国成立后一批批华侨青年归国加入，逐步形成了一支分工明确的编辑、翻译和播音员队伍，为对外广播事业的迅速发展提供了人才基础。20世纪50年代，在日语、英语、部分汉语方言广播的基础上，对外广播的语种增加了越南语、缅甸语、泰语、印尼语、柬埔寨语、老挝语等东南亚语言和西班牙语等欧洲语言，各语言播出时间也陆续增加，对外广播实力迅速增强，北京电台（指对外广播的 Radio Peking）的影响越来越大，到60

年代中后期，国际台的播出语种、播出时数、发射功率等指标排在世界第四位。

对外广播阶段任务的重点是宣传我国的政策、情况、革命经验和建设成就，并结合这些宣传毛泽东思想，同时在政治和思想战线上展开反对帝国主义、各国反动派和现代修正主义的斗争。1964年第八次全国广播工作会议上，中央广播事业局《为进一步提高广播、电视宣传的质量而奋斗》的报告对对外广播的方针、实力、发展经验等进行了客观的总结。报告认为，我们的广播电台已经是世界上几个大广播电台之一。在思想战线上，它已成为党联系和教育国内和国外广大群众的重要工具，成为和美帝国主义、各国反动派以及现代修正主义进行斗争的强有力的武器。

"文革"结束后，特别是改革开放政策实施以后，中国对外广播事业进入新的国际广播时期。1978年5月1日，对国外广播机构正式更名为中华人民共和国国际广播电台（简称为国际电台或国际台），对国外广播呼号改为"北京广播电台"（即 Radio Beijing）。1980年起获准筹建驻国外记者站，对外广播发展正式进入国际广播时代，其实力迅速增强。1993年1月1日起统一使用中国国际广播电台呼号（China Radio International）。1997年8月，国际台开始使用卫星传送，通过互转和租机形式在国外直接播出节目，节目传播效率大幅增强。截止到2000年，国际台每天累计播出节目211小时。当年听众来信数量达到689866封，几乎与英国BBC并驾齐驱。

国际广播阶段不同时期的任务重点有调整。1980年，中央《关于建立对外宣传小组加强对外宣传工作的通知》指出："对外宣传的根本任务是为党的总路线服务，为党的对外路线服务。对外宣传应当真实地、丰富多彩地、生动活泼地、尽可能及时地宣传中国，介绍中国政治、经济、文化、社会生活等方面的情况，宣传中国对外政策，增进各国人民对中国的了解和友谊，提高海外同胞爱国思想，团结一切可以团结的力量，以利于中国的社会主义现代化建设、台湾回归祖国和国际反霸、维护世界和平的斗争。"1999年2月全国对外宣传工作会议则指出："对外宣传工作要继续坚持以邓小平理论和党的路线方针政策为指导，贯彻中国的对外方针政策，加大向世界全面介绍中国的力度，增进各国对中国的了解，积极开展国际问题报道和国际舆论斗争，加强和维护社会主义中国的国际形象，更好地为改革开放和现代化建设服务，为祖国统一、世界和平和人类进步做出新的更大的贡献。"

中国国际广播历经七十余年的发展实践，既积累了丰富而宝贵的经验，也有过沉痛的波折教训，对正反两方面的归纳总结，对未来事业的跨越式发展都是宝贵的财富。

经验方面有：职能定位必须始终服务国家大政方针，即始终坚持服务于党的中心工作和国家发展战略，坚持贴近舆论斗争的焦点。技术保障体系必须始终贴近国际台发展战略和节目形态调整、编播业务需求，坚持传播方式创新。宣传管理必须始终坚持遵循传播规律，贴近中国发展实际，贴近受众信息需求和收听习惯。人才队伍建设要强化对外特色，提升外籍员工比例，形成专业化国际化采编人才队伍。

教训方面有：最严重的要数"文革"环境下一面倒地生硬宣传片面内容和极左思想，导致电台声誉严重受损，听众严重流失，对外交流合作停滞，对外广播事业遭遇倒退。对东西方文化差异和不同接受习惯的忽视，也使我们的对外报道常常流于形式，得不到预期的传播效果。这些深刻教训，将时刻提醒国际广播人坚持"内外有别，外外有别"，明确国际广播职能定位，精选报道选题和传播角度，讲究传播技巧，切实贴近中国发展实际，贴近国外受众对中国信息的需要，贴近国外受众的思维习惯。

（三）新形势、新挑战、新实践

21世纪初，国际广播的基本格局仍是"西强我弱"，以美国为首的发达国家依然掌握着国际舆论的主导权。但随着全球化进程的不断深入发展，世界多极化局势日趋明朗，发展中国家在重大国际事件中势必需要发出越来越多的声音。加之科学技术尤其是信息技术的日新月异，打破了原有的传媒形态格局，全球受众对信息的多样化需求被进一步激发并更易获得满足。综合这些因素，发展中国家媒体获得了一次全新的机会，能够更好地参与到新一轮的国际传播竞争中。

国际台作为中国唯一的国家级国际广播电台，作为中国国际传播的主要参与者，及时抓住这一机遇，确立了在新一轮国际传播媒体竞争中取得优势发展地位的战略目标。

国际形势的变化赋予国际广播以新的使命，传播技术的突破带来信息传播的全球化。西方主流国际广播机构借助全球化的发展与新技术的更新，纷纷调整发展战略：进一步加强海外机构建设，节目制播大比例向海外转移，扩充优化外国雇佣人才结构，加快全球媒介业投资步伐，实现报道内容和受众规模的全球覆盖；占领互联网和新媒体技术发展顶端优势，综合运用所有传播手段，搭建多媒体传播平台，大力推进内部资源整合和产业化经营，放大综合优势，努力拓展新的竞争空间；参与本土事件，重视本土视角，挖掘本土元素，聘用本土人才，开展本土合作运营，提升传播接受度；致力核心竞争力，打造媒体集团、子媒体、栏目、节目、主持人等多层次多元化品牌，抢占国际舆论制高点。

国际台要赶上新兴技术和全球化带来的难得机遇，要在过去几十年形成的薄弱基础上，快速实现自身的跨越式发展，跟上世界主要国际广播实力媒体的发展步伐，还面临着诸多挑战。在新技术领域，几十年长期依靠单一的广播手段对外传播，电视、互联网业务起步较晚，移动终端的应用也还在初步发展阶段，其制播能力、内容丰富性、过程交互性和传播影响力等都亟待提高。在全球化进程影响下，由于信息采集、内容制作、受众覆盖等资源占有方面弱势于新华社、中央电视台等国内媒体，其国内报道的权威性和公信力受到国内媒体的冲击。由于受体制、机制、渠道等限制，在海外分支机构和本土化建设中起步较晚，本土采集、制作、发布能力发展缓慢，国际报道的时效性与贴近性与本土主流媒体相比还显不足。由于主要靠中央财政投入，缺乏其他经营来源，其整体实力远远落后于世界国际广播同行，传播力和影响力尚未形成有效品牌。上述种种与中国日益增强的经济实力和国际地位不适应，与世界各国受众了解中国信息的需求不适应，与开展有效国际舆论斗争的要求不适应，急需丰富传播手段，创新体制机制，壮大人才队伍，启动全面跨越式发展步伐。

2004年，中央领导同志来国际台调研，明确要求国际台加快转变步伐，以"构建现代国际广播体系"为目标，增强中国在国际上的声音。此后，中央要求国家重点媒体构建现代国际广播体系，形成与国家经济社会发展水平和国际地位相称的国际传播能力。国际台进一步明确了构建现代国际广播体系的思路,提出了从单一媒体向综合媒体转变,从传统媒体向现代媒体转变,从本土媒体向跨国媒体转变的战略目标,并开始了建设"现代综合新型国际传播媒体集团"的全面探索和初步实践。

2005年以来,国际台在巩固传统广播实力的基础上,大力发展以国际在线为主导的多语种网络平台,推出移动客户端等新媒体业务,建立依托数字和网络技术的多媒体平台;成立中国国际广播电视网络台(CIBN),实现了传统媒体与新兴媒体的优势整合,将单一媒体的竞争力变为多媒体共同的竞争力,展现了语种丰富、受众广泛、信息量大、技术先进、运营力广、影响力强、覆盖全球等现代媒体集群优势;调整制播方式,在高端访问直播、重大突发事件报道等过程中展现了中国国家媒体的影响力,有效影响了国际舆论。

依托已有媒体资源,积极突破单一媒体的发展局限,不断推进广播、网络、电视、报纸、新媒体等综合媒体手段的业务布局,并从内容、渠道、角色、机构各方面积极推动多媒体融合发展,正在建成集无线广播、在线广播和多媒体传播于一体的新型媒体格局,成为国内媒介形态最全的媒体。依靠多语种影视译制、多媒体品牌活动、多渠道合作推广,全球平台全方位立体传播初见成效。

适应国际传播竞争的需要和国际媒体的发展规律,通过市场化运作,建立海外公司和地区总站推动海外事业发展,快速拓展境外媒体阵地。2006年,国际台第一家海外调频电台——肯尼亚内罗毕调频台(FM91.9)正式开播,2014年底在海外开设整频率电台已达100余家,遍及五大洲50个国家,近半数分布在发达国家。2009年起,北部湾之声、南海之声等边境分台相继开播,海外各地区节目制作室的陆续投入使用，极大地提升了节目制播的本土化程度。依托台内英语和各地区广播中心，加快推进区域传媒集团建设，形成跨国媒体雏形。突破了传统单一远程传播"传而不通""通而不受"的瓶颈，取得了明显的传播效果和国际影响。

（四）现代国际广播体系的构建

本部分首先阐述现代国际广播体系的基本内涵，即以全媒体为传播手段，以球域化受众为传播对象，以建设和谐世界为传播目标，以事业与产业机制贯通的国际传媒集团为实现形式。其基本框架是以无线广播为基础，以在线广播为支撑，以新媒体发展为方向，以多媒体传播为特征的现代、国际、综合传播体系。

全媒体传播即出现媒介形态、传播内容、技术平台、生产方式、接收终端等多层面融合，媒体之间的界限不再清晰，所有媒体逐渐形成一个新的、开放的、不断兼容并蓄的全媒体集合发展和运营系统。国际传播报道在做到客观、公正、平衡的同时，还要奉行受众至上原则，讲究国际传播艺术和报道技巧，满足全媒体时代的球域化受众对全球化关注、本土化视角的需求。

建成现代国际广播体系既能增强广播等传统媒体的原有优势，又可借力新兴媒体的后发力量，实现包括平面媒体、广播、电视、互联网、移动、新兴媒体在内的全媒体形态的融合跨越式发展。这个愿景的实现是一个庞大的系统工程，需要完善采编、技术、人才、资金、运营等各大体系建设予以配合方能实现。CIBN的构想和成立为现代国际广播体系建设提供了运行平台。

CIBN 为 China International Broadcasting Network 的缩写，是国

家广电总局批准的在新媒体业务领域的国家广播电视播出机构，依托发展迅速的互联网和移动通讯技术，以多语种、多媒体、多终端的形态面向全球受众广播，广泛包涵传统广播平台、PC端平台、TV端平台、移动端平台和出版发行端平台，并能够与时俱进地采用不断涌现的新兴媒体平台。CIBN是涵盖国际台原有媒体形态，传统和新兴等多种媒体形态齐聚融合、联系紧密、运作高效的媒体集群，其在内容生产上能够不断丰富多语种制播能力，在传播平台上能够不断拓展多终端发布能力，在传播效应上将有助于增强议程设置能力，将成为国际台建成现代国际广播体系、转变国际传播发展方式的有效平台。

现代国际广播体系的建成不可能是一蹴而就的。国际台提出的"三步走"建设思路，计划耗时约二十年，不断建设完善，力争最终到2021年，国际台建台80周年之际，建成世界一流的国际传媒集团，继而形成国际舆论的重要一极。本部分还详细论述了"三步走"思路的构建路径及评估标准，并就此提出成立国际传播能力建设专项基金，支持新媒体平台发展，加大传统媒体"走出去"和"本土化"等的资金投入，强化国际视野、复合技能、创新思维、人才培养，革新体制机制，推动不同传播业态整合等一系列可行性配套政策建议。

（五）结论与展望

本部分紧扣全球化时代的中国国际广播主题，分析全球化时代中国国际广播的时代属性和国家属性，在探讨宏观、中观、微观条件基础上，提出中国国际广播媒体实现跨越式发展的各阶段战略构想。

全球化时代，政府、传媒集团、机构以及网络上的普通公众形成多个相互独立的行动主体和舆论中心，中国国际传播也不可避免地呈现多元化特征。"一社两台两报"等国家媒体代表政府行使国际传播职能，由政府主导，报道内容与国家主权、国家利益密切相关。孔子学院等官方及民间国际传播机构，也在中国文化国际传播中发挥了积极的作用。互联网的迅猛发展，使个人受众成为传播媒介的拥有者和使用者，从而成为国际传播主体中的一员，堪称全球化给中国国际广播带来的革命。

国际广播领域始终是意识形态斗争的主战场。只有保证"中国国家属性"不被动摇，才能维护中国国际广播正常运行。国际广播理应在重大事件中更加及时、专业、有效地发出中国声音，体现中国立场，维护中国国家形象，成为传播国家文化、提升国家形象、构建中国软实力的中坚力量。

宏观层面，中国国际广播媒体要实现相对于西方媒体的跨越式发展，需要我国在国家实力不断增强、逐步缩小与西方国家差距的同时，给予更多的政策和资金支持。现阶段，中国国家整体实力的不断提升，为国际广播媒体的发展提供了现实基础。我国实施独立自主的和平外交方针，致力于与所有国家发展和平友好的外交关系，并积极加快融入全球化的步伐，为我国国际广播事业提供了宽松的外部环境。中国在国际事务中影响力的不断增强，也使我国国际广播媒体的声音受到越来越多的重视，传播力和影响力不断增强。从未来长期来看，我国国际广播媒体的跨越式发展还有赖媒体管理体制改革的逐步推进，通过体制改革转变媒体管理方式和媒体运行模式，在此过程中解放媒体的发展活力和能量。

总之，中国国际广播要实现跨越性发展将是一个内外因综合作用、事业主体与宏观基础协调推进的过程，必将取决于我国在综合国力和国际影响力上跨越性发展的进程，取决于我国推进政治、经济、社会、文化体制改革的进程，取决于我国对全球化潮流由参与到融入再到引领的历史进程。

在当前及今后相当一段时期内，中国与西方发达国家的发展阶段、国家实力、国际影响力还存在不小差距，国际广播媒体格局仍将维持在西强我弱的状态，中国国际广播应着力弥补与西方媒体在发展基础、媒体人员能力素质、媒体管理运营理念等方面的差距，积极在国际事务中发出自己的声音，形成强大的国际传播力和影响力。

随着我国综合国力进一步增强，成为国际体系中的重要一极，在国际政治、安全、经济、环保、文化等各领域地位关键，话语权突出，中国的态度对解决各国际议题至关重要，中国成为影响全球化进程的重要力量，中国声音深受各国民众关注。这为中国国际广播增强国际影响力，引导国际舆论提供了坚实的国家基础。届时，中国国际广播媒体资源实力雄厚，硬实力在国际上处于先进水平，管理理念和管理水平国际领先，必将在更多的领域和层面上，成为引导国际舆论的重要力量。

国际台应顺势而为，坚持以"中国立场、世界眼光、人类胸怀"的传播理念为指导，积极创新传播策略和技巧，善用国外受众听得懂、易接受的方式和语言，以服务于国家利益为核心，遵循客观性法则，坚持平衡报道原则来开展国际传播。应继续充分发挥国家媒体优势资源，在巩固传统媒体影响的基础上，大力发展互联网新媒体，积极打造现代综合新型国际传媒集团，早日实现对西方国际传播媒体的跨越式发展。

第一章　全球化与国际广播

第一节　全球化的成因及表现

全球化作为一个日益凸显的现象在 20 世纪 80 年代以来有了较大的发展，现已成为当今时代的基本特征。

人们对于全球化还没有下统一的定义。从物质形态方面看，货物与资本的跨国流动是全球化的最初形态，全球化说明了货物与资本的越境流动，经历了跨国化、局部的国际化以及全球化这几个发展阶段。在此过程中，出现了相应的地区性、国际性的经济管理组织与经济实体，以及语言文化、生活方式、价值观念、意识形态等精神力量的跨国交流、碰撞、冲突与融合。

总的来看，全球化是一个以经济全球化为核心、包含各国各民族各地区在政治、文化、科技、军事、安全、意识形态、生活方式、价值观念等多层次、多领域的相互联系、影响、制约的多元概念。"全球化"内容包含科技、经济、政治、法治、管理、组织、文化、思想观念、人际交往、国际关系等各个方面的全球化。

一、全球化起源及背景

(一) 全球化的起因

现今世界当中全球化已经成为时代的主题。全球化首先表现在经济领域,是市场经济发展到一定阶段的必然产物。有人认为全球化发展到一定程度上便是各民族国家之间建立金融和生产一体化基础上的经济、政治和文化等加速相互影响和某些方面趋同的过程。①

马克思曾经预言了全球化。在马克思所处的年代里,资本主义作为一种崭新的力量登上了历史舞台。马克思曾经指出"一切社会状况不停的动荡,永远的不安定和变动"② 是资本的不停顿积累。"作为资本的货币的流通本身就是目的,资本的运动是没有限度的。"③ 这也是马克思对于资本的认识。正是这种没有限度和无休止的资本运动,带动了社会状况的动荡和不安定或变动。有意识地承担资本运动的是资本家。这是因为资本家的职能是致富,驱动资本家执行其职能的是"绝对的致富欲和价值追逐狂"。在这里作为资本人格化的资本家,他推行资本运动的目的"不是取得一次利润,而是谋取利润的无休止运动"④。这是人格化了的资本的本性。

---

① 乐后圣:《和谐世界·亚洲意识·关公文化精神》,http://www.guangong.hk/webs/wenhua/ggwh_16.htm。
② 中共中央马克思恩格斯列宁斯大林著作编译局:《马克思恩格斯选集》第二版,人民出版社,第1卷,第275页。
③ (德)卡尔·马克思:《资本论》,人民出版社,2004年1月,《第二篇 货币转化为资本》。
④ (德)卡尔·马克思:《资本论》,人民出版社,2004年1月,《第二篇 货币转化为资本》。

由于资本的本性被人格化，资本家们，即我们所说的资产阶级开始对所有进行的活动进行计算，并将其的最终目的归结于对于金钱的追求，而这个过程加速了社会关系和意识形态的重新构建。重构的基础是资本的运动，手段是不停地动荡，永远的不安定和变动，目的是为谋求价值的无休止的增值。资本家在生产和经营的过程当中不断追求将利益最大化，尽可能榨取劳动剩余价值。在此过程中，资本家将不断地对生产资料以及生产力进行革新和重组，而这一系列活动不仅能够有助于其对于更大利益的实现，同时也增强了企业自身的竞争力。竞争使资本主义生产方式的内在规律作为外在的强制规律支配着每一个资本家，竞争迫使他不断扩大自己的资本来维持自己的资本，这最终表现在对竞争者的吞并和兼并上。在竞争的过程中，资本家会尽可能地消除其竞争对手对自己的威胁，而努力占有市场，以保护自己的地位。

竞争的实质是对市场的争夺，不断对社会关系和意识形态进行重构的目的是为资本主义不同的发展阶段创造社会条件。这种竞争不仅反映在已开拓的市场方面，对新市场的开拓和竞争也是资本主义发展的重要组成部分。这也是资本主义发展阶段的重要标志之一。为了寻求新的市场、原料、新鲜或廉价劳动力、新的更有利可图的生产地点，就需要开拓新的空间，其结果是日益增长的穿越国与国之间边界的全球型市场经济。马克思和恩格斯对此进行了比较完整的总结："资产阶级，由于开拓了世界市场，使一切国家的生产和消费都成为世界性的了。""过去那种地方的和民族的自给自足和闭关自守状态，被各民族的各方面的互相往来和各方面的互相依赖所代替了。物质的生产是如此，精神的生产也是如此。"①

（二）全球化的发展

1. 全球化发展的动因

全球化始于西方的工业化，同时其他的一些力量也促成了我们现在所说的全球化。这些力量主要是指技术全球化、经济全球化和信息全球化。从技术全球化的层面来讲，它加强了世界各地的相互往来和相互理解，而在这个过程中传统的习俗逐渐消解，新的观念、新的生存方式陆续出现，继而全球化意识开始生成。这里我们要注意，技术不能仅被当作一种工具来看，它在执行工具这一职能时，实际上参与了不同文化之间的相互作用。德国存在主义哲学家、神学家、精神病学家雅斯贝尔斯认识到："技术使前所未有的交往和通讯变为可能，它造成了全球的统一。人类整体的共同的历史开始了。统一的命运控制着人类整体。全球四面八方的人都能互相理解。由于比起以前东亚对于中华帝国，或者地中海世界对于罗马来说，现在通讯联系技术更容易到达世界各地，因此全球的政治统一只是一个时间问题。"② 由于技术的发展把生活在地球上的人类变成了在同一时间、同一空间里共同生存的整体，这种相互依赖、风险共担、共同生活的现实是全球文化产生的最大动力，显示了交通技术和通讯技术与全球历史、全球意识的关系，就是说，在自然土地上的共同生活和在时间里的共同存在造成了人类利益的统一。

---

① （德）卡尔·马克思、（德）弗里德里希·恩格斯：《共产党宣言》，人民出版社，1997年8月。

② （德）维尔纳·叔斯勒著，鲁路译：《雅斯贝尔斯》，中国人民大学出版社，2008年9月。

在现今社会，技术的发展，特别是交通和通讯技术的发展，尤其是从电话到电子计算机再到互联网的发展，很大程度上消除了人们之间的空间界限，加强了各地人们之间的联系，加快了经济全球化的进程。人造卫星技术与计算机技术和网络技术的相互融合推动了全球化的进程。

经济全球化、金融全球化、贸易全球化、投资全球化也为全球化时代的到来提供了巨大的动力。世界范围内的经济交往是全球化时代的动力，也是促成人们形成全球意识的一个因素。现在，加入到共同贸易协定中的国家越来越多，贸易商品的范围越来越广，世界金融市场在贸易中的作用越来越大，可以说经济全球化已经是一种事实。经济全球化的过程引起了全球性的竞争，结果是出现了资源短缺、环境恶化、金融风险等全球性问题，这些都说明了竞争的极限性，也使人们清醒地认识到世界的整体性，在这个整体的世界中，发生在遥远地区的事件可以对我们产生影响，反过来，我们作为个人所做出的决定，其后果也可能是全球性的。于是人们意识到了同在一个地球的意义，开始了彼此之间的合作，认识到了相互依赖的重要性。正如汤姆林森所说："资本主义在其生产、流通及商品消费的各个时期的原动力，对我们日渐增长的相互联系来说都是意味深长的。"①

如果说经济的发展和科技的进步是全球化客观动力，那么政治方面的因素就构成了全球化动力的主观部分，它们对于全球化来讲具有同样的重要意义，也是不可缺少的因素。为了解决诸多全球性问题，

---

① （英）赫尔德、（英）麦克格鲁著，王生才译：《全球化理论研究路径与理论论争》，社会科学文献出版社，2009年5月。

在全世界范围内人们开始设立各种国际组织，包括政府间组织和非政府组织，例如联合国、世贸组织、国际货币基金组织、绿色和平组织、国际红十字会、联合国教科文组织等。这些机构的能力虽然并不如我们期望的强大，将全球性问题的解决全部寄希望于这些机构显然不现实，但它们的初衷毕竟是针对解决各种全球性问题而建立的，如解决国际争端，发展经济、人权问题和发展文化、教育等。在全世界的范围内，这些机构为人们提供了一个共同商议事件，解决问题的平台。随着全球化时代的到来，这样的组织越来越多，所起的作用也将越来越大，它们的存在和作用，能加快全球化时代到来，是促进全球化文化产生的重要力量。英国著名社会理论家和社会学家吉登斯所指出："在这样的背景之下，将国内问题与全球治理相联系就不再是乌托邦了，因为二者已经在实践中紧密地联系了起来。在市场的波动和技术创新的动力之下，在全球层面上运作的合作性机构在数量上已经有了很大增长。例如，在20世纪初，有20个以上的国际性政府间机构，以及180个跨国的非政府机构。而到了今天，前者的数目已经达到300个，后者的数目将近5000个。全球性治理已经出现。"①

从以上论述中我们可以看出，全球化时代到来的坚实的物质基础也同样来自现代文化。英国社会学家阿尔布劳将其概括为："全球性至少在五个方面使我们超越了现代性的种种假设。这五个方面是：由全部人类活动造成的全球性的环境后果；由具有全球破坏性的武器导致的安全感的丧失；通讯系统的全球性；全球性经济现象的涌现，以

---

① （英）吉登斯：《迈向全球化的时代》，http：//www.21ccom.net/articles/qqsw/qqgc/article_2010082316406.html。

及全球主义的反省性——在有这种反省性的地方，人们和各种团体都以全球作为自己确定信仰的参照系。所有这些汇聚在一起，就对那种认为'现代性会不断扩张'的观点，并因而也对民族国家构成了极大的挑战。"① 所以说，全球化的出现既是各种客观力量综合作用的结果，也是人们积极参与、共同创造的一个主观进程。

关于全球化产生的背景及其动力的分析，可以看出，全球化时代是继现代工业文明文化模式之后的一个新时代，这个时代既不像有些人主张的那样可以追溯到人类文明的起源，认为它已有 5000 年的历史。因为那时虽然不同的文化有所交流，但文化传播的规模、速度及范围都相当有限，与今天的全球化不可能相提并论。同时，全球化也不像世界体系理论所认为的那样起源于 16 世纪西欧资本主义的发展。我们固然不能否认哥伦布发现新大陆揭开了全球交往的序幕，但是它只是开辟了全球各国家、地区之间相互往来、相互作用的时代，却没有显示出人类相互依存、共担风险的特征。确切地说，全球化到了近几十年才开始了比较快速的发展。具体来说，第二次世界大战使全球作为一个整体获得了十足的重要性，20 世纪 70 年代的石油危机暴露了现代工业文明的局限性，全球互联网的建立标志着人类进入了相互联系、共同生存的全球化时代，在 1987 年世界环境与发展委员会的报告《我们共同的未来》中，人们已经达成了共识：我们生活在地球这个"太空船"上，并且只拥有一个"共同的未来"。

2. 全球化发展的阶段

人们认为，全球化的发展是具有阶段性特征的，然而，对于其各

---

① （英）阿尔布劳著，高湘泽、冯玲译：《全球时代：超越现代性之外的国家和社会》，商务印书馆，2001 年 1 月。

个阶段的具体划分却众说纷纭。戴维·赫尔德、安东尼·麦克格鲁等人在合著的《全球大变革——全球化时代的政治、经济与文化》一书中，按时间跨度将全球化划分为"前现代的全球化"和"现当代的全球化"两大部分，其中，"前现代的全球化"大致对应9000年前—11000年前这一时期。对于"现当代的全球化"，他们又将其进一步细分为"现代早期的全球化"（大约在1500—1850年间）、"现代的全球化"（大约在1850—1945年间）和"当代的全球化"（1945年以来）三个阶段。托马斯·弗里德曼（Thomas L. Friedman）耗时4年写成并于2005年出版了《世界是平的》（The World Is Flat），该书是一本重点论述全球化的专著，在书中弗里德曼也将全球化划分为三个阶段，只是每个阶段的分界点有所不同，三个阶段对应的时间节点分别为1492年到1825年、1825年到2000年和2000年至今。

根据弗里德曼的观点，1492年到1825年为全球化的第一个阶段。那时，各国从彼此隔绝、自我封闭的状态中解放出来，世界也从遥不可及的庞大尺度，变成了中等尺度。这一阶段全球化的行为主体是国家，西班牙发现美洲大陆，英国殖民印度等都是在国家层面发生的，其所作所为都是国家意志的集中体现。

全球化的第二个阶段从1825年开始，一直持续到20世纪末。1825年世界第一台商用蒸汽机车诞生，从此人类有了火车和轮船，交往的速度大大加快。随后出现的蓬勃发展的航海业，昭示着真正意义上全球交往的开始。19世纪后半期到20世纪初，以轮船、铁路、汽车和飞机为代表的交通技术出现了质的飞跃，人员和物资的国际交流呈几何级数增长。1983年莱维特（Theodore Levitt）发表的极富启迪性的《全球化市场》（Globalization of Markets）一文，为全球化推波助澜。冷战的终结、信息技术的突破、市场的扩展和劳动力的跨国流动，进一步激活了全球化的内在活力。近三十年来，全球化战略已成为企业经营战略的一大主题，对于绝大多数产业来说，全球化经营不再是一种奢侈的事情，也不仅仅是一种管理时尚，而已成为一种必要的措施。在全球化的这一阶段，跨国公司取代国家成为全球化的活动主体，世界从中等尺度缩为小尺度。

全球化的第三阶段开始于2000年。《世界是平的》一书在其开篇即展示了新世纪的风景：通过国际互联网，不管身在何处都能轻易调动世界的产业链条。新千年以来，在越来越"平"的世界，几乎所有的人为限制都被取消，资金、信息、知识、技术和人才等各种生产要素和资源要素，在国际间自由而无障碍地流动。资本、技术和信息在自由流动基础上超越国界的结合，创造了一个单一的全球市场，在某种程度上也可以说是一个地球村。交通和通讯的极大便利，互联网的强力渗透，把地球村民——不管是自然人还是法人，紧紧相连，世界变成"迷你型"，从"小型"缩为"微型"。当今，企业、地区及国家之间的联系和合作无论在广度还是在深度上都与以往不可同日而语，信息网络化、资本国际化、经济一体化、经营虚拟化和机制趋同化的趋势得到空前加强，全球化达到前所未有的高度。

（三）全球化语境及其延伸

全球化语境是目前文化艺术界常用的名词。20世纪90年代以来，是我国文艺理论日益感受到全球化影响的时代。其实，早在80年代的最初几年，当外国文学被不断介绍到我国，那时我们讨论问题，总要把它们放到更广阔的文化背景上去讨论,自觉不自觉地汇入世界文艺思想的潮流,从而使我们的意识逐渐趋向于一种全球化的倾向。90年代是我们深深感到经济观念、生活观念、文化观念进一步发生重大变革的时代,所有事物似乎都失去了原有的规范,同时,这个时代也是兴起流行文化的时代,一些知识分子通过他们的研究,能够表达一定的思想和意见,整理并批判各种文化思想,企图参与现实、历史的进程,期望着发生某些生活的影响。无疑,这些文化行为正使我们逐渐融入一种全球化的意识之中。至此,我们开始考虑全球化语境的含义,即在以全球化为时代背景进行文化等传播时以全球为覆盖范围。

全球化语境可以延伸到我们发展的诸多领域,主要体现在经济、政治、文化、教育等。目前,中国的经济总量已经居世界第二位,2013年7月《财富》杂志发布的世界500强企业中,中国占据了95席,中国经济已经在世界的经济领域占据了相当重要的地位,中国在经济领域的决定都将牵涉众多国家的利益。在全球化语境下,中国的经济已经获得了相当的话语权。经济领域举足轻重的作用应当和文化方面的影响力匹配。十一届全国人大三次会议《政府工作报告》指出:文化改变一个民族的命运。我们要更加重视和大力加强文化建设。继承和弘扬中华民族优秀传统文化,吸收和借鉴世界各国文明成果,建设中华民族共有精神家园。积极开展对外文化交流,增强中华文化国际影响力。

国际传播从本质上说是文化的交流,在全球化语境下,文化交流从地球作为一个整体着眼。作为国际传播主力军的国际广播概莫能外。

二、全球化的维度

全球化的维度可以说相当的广泛，在现今社会已经涉及了人们所能接触到的方方面面。下面将从经济贸易全球化、文化交流全球化和信息传播全球化三个方面进行分析。

（一）经济贸易全球化

1. 经济贸易全球化的含义

经济贸易全球化是指世界经济活动超越国界，通过对外贸易、资本流动、技术转移、提供服务、相互依存、相互联系而形成的全球范围的有机经济整体（简单说也就是世界经济日益成为紧密联系的一个整体）。经济贸易全球化是当代世界经济的重要特征之一，也是世界经济发展的重要趋势。

从目前来看，经济贸易全球化主要表现在：

第一，产品交换的全球化，也就是生产总额中出口生产所占的比重大大提高，直接表现为现代国际贸易的迅速增加。世界上几乎所有的国家和地区以及众多的企业都以这种或那种方式卷入了国际商品交换。现在的国际贸易已占到世界总生产额的三分之一以上，并且还在稳步增长。国际贸易的商品范围也在迅速扩大。从一般商品到高科技产品，从有形商品到无形服务等几乎无所不包。在我们的国家里，到处可以看到德国汽车、美式快餐、日本电器等。

第二，生产活动全球化。生产的全球化主要体现在跨国公司的发展上。第一次世界大战前，只有少数发达国家在其他国家利用当地资源和劳动力投资建厂。第二次世界大战后，这种现象开始普遍化，跨国公司遍及世界各地，联合国经济社会理事会也于1974年正式承认"跨国公司"这一名称。一些发展中国家由于民族经济的发展壮大，也纷纷积极进行对外投资，兴办跨国公司。据不完全统计，发展中国家和地区的对外直接投资额已超过400亿美元，它们的跨国公司已有近2000家，其中有些跨国公司的规模较大。

第三，金融活动全球化。二次大战以后，一些新型的国际借贷资本市场出现。这些借贷资本市场的活动完全脱离了本国的借贷资本市场和外汇法的管理，而且出现了多国银行资本的联合，加速了全球范围内的吸收资金和贷款能力。在金融国际化程度提高的情况下，一个主要国家金融政策的调整，会对其他国家的经济波动产生影响。

第四，经济管理制度与经济习惯的全球化。当代许多国家认识到，要保持本国经济的活力，就必须学习和吸收他国合理的经济管理制度，使本国经济运行的有效程度尽可能地接近国际水平。美国的一些企业学习日本的企业管理制度，一些发展中国家也学习和借鉴西方国家的某些现代经济管理制度和经营方式，试图按国际经济惯例来发展本国经济。

2. 经济贸易全球化的特点

随着经济贸易全球化的不断推进，各国贸易、金融、投资、技术相互交融，相互促进。跨国公司逐渐成为推动世界经济国际化的主要载体。它集生产、贸易、金融、投资、技术开发和转移以及服务于一体，通过直接投资在全球范围内组织生产、贸易和技术开发和转移等活动，使得原来相对孤立、主要通过贸易联系各国经济、市场的状况大为改观，同时使原先投资与贸易间所呈现的替代关系逐步转化为生产、贸易、金融、投资、技术开发和转移相互融合，相互促进。

(二）文化交流全球化

1. 文化交流全球化的含义

文化交流全球化是指世界上的一切文化以各种方式，在"融合"和"互异"的同时作用下，在全球范围内的流动。我们不妨将文化交流全球化过程中形成的文化称之为"全球化文化"（globlized cultures）。对全球化文化特性的认识就是对文化交流全球化的把握。

2. 文化交流全球化的表现

文化交流全球化同经济贸易全球化一样，是一种世界发展的趋势，随着通信技术的发展，人们的交流更加容易，文化之间的交流因而产生，为了实现自身的经济利益，需要他人认同自己的文化，就像美国的肯德基、麦当劳一样，当人们认可了美国的快餐文化之后，人们才会接受美国的快餐食品。文化为经济拓展打头阵，经济为文化发展注入新动力，文化交流的全球化是经济扩张的必然，只有认同一种文化，才会消费这种文化下面的产品，才会产生利润。文化又是一个特定地区一种价值观和世界观的表现，为了减少不同地区之间人们的误会、误解，增加信息的流动，人们也有必要增加不同文化之间的交流，这样一种趋势造成了全球文化的传播，我们可能只知道某个国家的一个品牌一种习惯，但是我们对这个国家地区的了解就从这个突破口开始。每个国家为了自身的利益都会不遗余力地推广自身文化，文化在全球的传播也就是大势所趋了，谁若是在文化全球化中占据先机优势，谁就能掌握未来商业战争的主动权。

文化本来是一个地区的软件的综合，但是，当人们认可这样一个观念集合时候，人们便不会有排斥感，更利于和谐相处，共同交流。文化交流全球化是经济贸易全球化的产物。

（三）信息传播全球化

信息全球化也是全球化的一个重要方面，它是与全球化的进程相伴而生并随着传播手段（主要是大众传播手段）的成熟不断发展的。探寻早期西方殖民者的足迹，就不难看出这一点。

在莫尔斯的电报装置试验成功后，欧美各国纷纷建立了国内电报通讯系统，此后又开通了连结全球的电报通讯网络。19世纪中期新闻通讯社出现，凭借电报和无线电通信手段传递信息，在时效性方面表现出报纸无法比拟的优越性。之后便是现代化的电子传播媒体的诞生、数字化浪潮的出现和国际互联网的兴起。

互联网既是全球化或信息全球化的必然结果，又是将这一过程不断推向前进的强大动因。它以地空合一的信息高速通道作为传输渠道，以日趋普及的多媒体电脑作为收发工具，是一种高效率、大容量、极具开放性的传播载体。

今天，信息全球化已不再是一个停留在纸面上的名词或概念，它已经全面进入我们的生活，在各方面产生着影响，并成为一个显而易见的发展趋势。

纵观全球化的历史演进过程可知，信息全球化是以下列因素为依托的：传播屏障的消除，信息的自由流动；传播媒体的跨地区、跨国界经营；传播手段的高度现代化；各国政府对信息控制的减少；受众对外界的关注。

以上可以看出，信息传播的全球化是历史趋势，同时信息传播的全球化既是全球化发展的表现，也会促进全球化的发展。

第二节　国际广播的历史发展及现状

一、国际广播起源及初步发展

（一）国际广播的定义及起源

随着信息传播全球化，信息跨国界传播的手段也日趋多元。而国际广播（International Broadcasting）这种传统的国际传播主力军，即便在现代媒介信息传播背景下仍发挥着重要作用。

学界一般根据传播手段、受众对象来区分狭义和广义的国际广播，前者将传播手段限定为广播，因此又称作对外广播，不少传媒界的专家、学者都对其进行过界定。

美国教授布劳尼在其著作《国际广播无限媒体之限制》中说："某国电台之节目为了使他国听众听到，且具有目的性者，均属国际广播。"台湾学者李瞻在其著作《国际传播》中说："国际广播是指那些具有多种企图并超越国界的广播，它以许多不同的语言从事服务。"赵水福在其著作《论国际广播》中说："一个国家为供另一个国家收听而进行的广播，称国际广播。"[①]

国际广播具有不受国界限制、传播范围广、渗透能力强等优势，一般使用多种语言向特定国家和地区的听众进行广播。随着新媒体技

---

① 梁巾声：《现代广播学》，暨南大学出版社，1999年版，第415页。

术和国际传播方式的发展，国际广播的内涵也更加丰富，广播、电视、互联网、移动终端等各种传播媒介都成为国际广播的新方式，多媒体传播、综合服务成为新特点。

国际广播发展的历史证明，它是国际政治斗争的一个重要工具，各国的国际广播多由政府开办，为本国的利益服务。当前的国际广播既推动着全球各国之间的交流和全球一体化的发展，也是西方发达国家与发展中国家进行渗透与反渗透、颠覆与反颠覆较量的重要领域，在国际传播中依然扮演着不可替代的角色。①

（二）国际广播的初步发展

学界一般公认世界上最早开办国际广播的国家是荷兰，1919年，荷兰开始进行跨越英吉利海峡的国际广播实验，并在1927年开办了国际广播。

1927年至1939年被视为国际广播的初始发展阶段，德国（1929年）、苏联（1929年）、法国（1931年）、英国（1932年）、日本（1934年）等国家陆续开始了对外广播，国营国际电台是发展主力。

国际广播的发展与老牌殖民国家拓展海外市场、维护海外殖民利益有莫大关系，从荷兰和英国的国际广播播出地域和使用语言都能看到这一点。最早开办国际广播的荷兰最初用荷兰语向东印度等海外殖民地广播，到1930年，荷兰的国际广播拥有20多种语言，其中荷兰语、英语、西班牙语、葡萄牙语、法语、德语广播已达到定期播出，内容包括艺术、科学、新闻和宗教等。而英国广播公司1932年开办的帝国广播节目主要针对澳大利亚、新西兰、印度、加拿大及东非、南

---

① 王悦之、张超：《国际广播通论》，山东教育出版社，2009年版，第2页。

非、西非和西印度群岛，采取轮播方式，每个地区每天的节目以两小时为一单位。

在20世纪30年代，新的殖民主义思潮，如发源于德国的法西斯主义殖民观和日本的"大东亚共荣圈"计划促使这两个国家加速了新的海外扩张，相应的国际广播宣传也受到更多重视。

1933年，德国成立了德国广播协会，把全国所有电台统统收归国有。1938年9月1日，纳粹德国国防委员会宣布，禁止本国人民收听外国广播。位于柏林附近的齐森电台开始播出针对北美洲听众的节目，该电台每年平均播出200小时的节目。

日本的国际广播主要是用英、法、德、意、俄等语言对西欧、北欧、北美、苏联、夏威夷等地区进行战争宣传。1935年年中，日本放送协会（Nippon Hoso Kyokai，即NHK）开始制作对海外播出的节目，以生活在海外的日本人为对象。这一小时的节目包括日语新闻、英语新闻、音乐、娱乐节目、演讲和日本国歌。截至1943年11月，日本放送协会用25种语言对海外广播，每天超过32小时。

在世界其他主要国家的国营国际广播发展同时，美国由于私营广播公司的反对，政府主导的国际广播发展缓慢，但其商业国际广播机构在欧洲很活跃。

二、国际广播的历史

（一）二战时期的"广播战"

1939年欧洲大陆爆发的第二次世界大战使得全球61个国家和地区、20亿以上的人口被卷入战争，但也正是在战火中，国际广播步入了高速发展期,被誉为海、陆、空之后的"第四势力",成为战时宣传的重要工具。1939年大战爆发时,有27个国家开办国际广播。二战结束时,开办国际广播的国家已达到55个。因为战争,国际广播的影响力和传播力大大增强。政府仍然需要人民在危急时刻统一思想上下一心,因此,无论是"新闻式"还是"宣传式"的播报,战时的广播仍旧是各国政府正式工作议程的头等大事,作为战争的一个新研究领域,它被正式提升到一个前所未有的高度上。①

德国在国际广播建设和利用国际广播进行宣传方面走在各国前列。1939年,德国的对外广播语种发展到7个,每天播音15小时,覆盖北美、中美、南美、非洲、阿拉伯地区、南亚和东南亚。1943年,德国对外广播所使用外语达到53种,十几个大功率广播电台每天24小时分别从柏林向全世界广播。纳粹德国宣传部长戈培尔曾留下狂言:"从东半球到西半球,从西半球到东半球,所有的广播都应受到我们的影响,德国应当成为统治世界的广播大国。"

意大利在1935年开办了短波阿拉伯语广播,目的是与英国争夺在阿拉伯地区的利益,并为侵略埃塞俄比亚做宣传。同年4月,意大利对外广播电台每天向5个方向播音5小时40分。1939年12月,意大利的国际广播发展到21种语言。

1938年1月3日,英国政府委派英国广播公司首先开办了阿拉伯语广播,由此拉开了国际广播大战的序幕。而后,英国开始对拉丁美洲用西班牙语和葡萄牙语广播,法语、德语、意大利语广播也相继开

---

① 卢珊:《美国在第二次世界大战中的广播宣传》,2013年5月,吉林大学硕士论文。

始。1938年9月,英国广播公司帝国服务（BBC Empire Service）以18种语言每天播出41小时40分。

苏联的莫斯科广播电台用12种语言对外广播,每天播出59小时,内容以政治宣传为主,介绍苏联的建设成就,揭露法西斯分子的战争阴谋。

由于广播电视私营体制,加上远离二战战场,二战初期美国的国际广播也发展缓慢,直到1941年珍珠港事件之后,这一状况开始改变,私人国际电台也被政府控制。1942年2月24日,11个私人短波电台对欧洲播出名为"美国之音"的节目。同年6月,总统罗斯福指令设立战时情报局负责国外宣传,这个机构在二战期间美国的宣传战中发挥了重要作用。到1942年11月,美国所有私人国际电台都置于联邦政府的监督之下。不过,美国仍然立法禁止美国之音直接向美国国内广播,民间机构也一直在要求联邦政府保证战后归还电台。

作为二战的主要战场之一,中国的对外广播也开始了以反对日本帝国主义侵略为宗旨的播出。1939年2月,国民党政府在重庆建立的国际广播电台开始播音,呼号为XGOY。1940年,该台被定名为"中国国际广播电台",呼号不变,英文名称为Voice of China。该台办有6套节目,对北美、欧洲、苏联、日本和东南亚地区每昼夜播音10多个小时。

1941年12月3日,中国共产党设立的延安新华广播电台开始用日语广播,这标志着中国人民对外广播事业的创立。该电台呼号为XNCR,广播发射机是1940年春周恩来同志从苏联带回来的,发射功率只有300瓦,发射塔用几根大木杆连接起来。每星期三17:00—17:30播出日语节目,波长为24.5米。日语广播开播后,敌人经常用大功率设备进行干扰，但日语广播坚持播出。1943年春天，由于机器故障，日语广播中断。1945年8月中旬，在抗战的胜利声中，该电台又恢复播音。

从内容分析和宣传策略来看，二战期间的国际广播更像是一场广播心理战。法西斯国家和反法西斯国家在意识形态上进行对抗，不论是官方主办的公开电台"白色电台"，还是秘密的"黑色电台"，交战双方极尽所能进行对自己有利的战争宣传，在内容和传播方式上进行精心布局：宣传己方战果、散布假情报、激发本国民众的斗志或者瓦解对方将士和民众。

二战时期纳粹德国充分发挥宣传机器的作用，根据战争发展形势，对欧洲各国采用不同的宣传策略。其宣传部长戈培尔把世界分成6个广播战区，把握各自不同的政治态度和心理特点，用不同国家的语言进行"全天候"的广播战。此外，戈培尔还全面控制被占领国的电台，为德国占领军效劳。比如战争期间的荷兰、布拉格、华沙、奥斯陆、哥本哈根以及法国电台，都成为德国的宣传工具。

同时，德国还创办了大量秘密的黑色广播电台，开展对敌对国家的心理战。其中影响最大的是"哈哈爵士"（Lord Haw. Haw）的新闻和解说节目。"哈哈爵士"故意将短波频率安排在非常靠近英国广播公司短波频率的地方，以误导听众，让人误以为这是英国广播公司的广播。在英国，有1800万台收音机收听这一广播，大多数人是它的忠实听众。

1941年太平洋战争爆发时，日本有46座广播电台，开战前3天公布的《国内放送非常态势要纲》规定，所有广播由东京一处转播，地方电台停止制作节目。在1942年12月7日对美国海军基地珍珠港攻击后当天，日本海陆空三军最高司令部发出临时新闻消息，除战争消息外，其他内容的节目全部停播。当时日本电台与德国电台无异，最重要的节目是东条英机的演说，其次为各军首脑人物的报道和各种与战争有关节目。从1941年12月8日太平洋战争爆发到1945年8月15日日本投降的3年8个月时间，日本军方共播出909次战况报告。起初是真实的，后来则隐瞒损失，伪造战绩。

盟国方面，苏联对外广播的任务是宣传苏联人民抗击德国侵略的英勇精神，争取国际的同情和支持，在国际上建立反法西斯统一战线，同时针对敌人的广播，有目的地开展"反宣传"。这一时期，苏联的对外广播分为4类：对敌国，对同盟国，对中立国和对德占区。在对德广播方面，莫斯科广播电台在反击方面积累了丰富的经验，例如采用与德国相同的频率，压垮和干扰德国的广播。除了在新闻和时事评论中攻击对方之外，莫斯科广播电台还聘请"艾艾同志"专门负责监听德国电台的德语国内广播。在德国广播间歇期，他们就以挖苦的口吻评论德国似是而非的谎言，甚至模仿希特勒，从而压倒德国广播。在对英美等盟国的广播方面，莫斯科广播电台主要介绍苏联人民反抗法西斯侵略的英勇事迹，以及加强后方建设、增加军事实力的情况，目的是争取盟国人民的同情和支援，争取盟军早日在欧洲开辟第二战线。苏联的战时广播为反法西斯战争的胜利做出了卓越贡献。

战争初期，英国广播公司处境不佳。1939年，BBC曾经在英国作过调查，发现在英国40%多的听众收听BBC的节目，50%多收听海外的广播，而且主要是来自纳粹德国的广播，因为德国的对外广播精彩，而且对受众的口味捕捉得很好。英国因此认定应该进行反宣传，反击的方式主要有播放具有历史意义的节目、驳斥揭露敌方的不实报道等。二战开始后，英国广播公司开始向美国传送节目，内容是每晚半小时的新闻、政治评论、目击者证词和谈话节目。英国广播公司还进行空袭直播，以使美国观众更真切感受英国正在经历的战争。

中国人民的反法西斯战争宣传也成效显著。当时国民党政府创办的"中国国际广播电台"主要内容是反战演说，除国民党官员外，宋庆龄、冯玉祥、郭沫若等坚决抗日、反对内战的人也曾在电台演讲。电台还办有日语节目对侵华日军广播，利用在战场上俘获的日军日记及家属来信制作节目，播送被俘日军的讲话，收到了较好效果。

中国共产党创办的延安新华广播电台日语广播以侵华日军为对象，宣传中国人民抗日战争和世界反法西斯战争的发展，中国共产党的政策和主张，揭露日本侵略者的残暴罪行。

传播学奠基人之一的哈罗德·D·拉斯韦尔（Harold D. Lasswell）在对第一次世界大战的思考中就曾指出，反对交战敌方行动有三大工具：军事压力（陆、海、空军的强制力）、经济压力（在获取物质资源、市场、劳资权力上的冲突）和宣传（对暗示的直接作用）。到了二战，宣传的程度和效果无疑成倍放大。传播学研究的开创者、当时正在美国统计局任教育主任的韦尔伯·施拉姆（Wilbur Schramm）曾在"珍珠港事件"后的第八天写信给他的上司、时任统计局局长、美国国会图书馆馆长 A·麦克利什（Archibald MacLeish）说："比起以往任何战争来，或许这次战争更可能成为一场传播战。"①

---

① （美）E·M·罗杰斯著，殷晓蓉译：《传播学史——一种传记式的方法》，上海译文出版社，2005年版，第12页。

(二) 冷战时期的国际广播

第二次世界大战结束后，世界格局发生了重大变化，美苏战时同盟瓦解，西方对苏冷战开始。此时期的国际广播带有强烈的意识形态灌输特征。美国之音反苏反共宣传和对社会主义国家的抵制成为这时期国际广播的主要内容。

回顾美国之音的发展历程，20世纪四五十年代，有两起重要事件曾发挥作用。其一是，1948年1月27日，美国国会通过了《美国新闻和教育法案》（1948年），正式授权政府经营属于官方的广播电台，面向国外进行宣传，用以支持美国的外交政策；其二是，1950年，美国总统杜鲁门宣布开展以反共为主要内容和主要目标的"宣传真理运动"，他要求美国之音迅速增强发射功率并在海外建立发射基地。在这些举措推动下，到1950年朝鲜战争爆发时，美国之音的语种达到46种，远远超过第二次世界大战期间的规模。为了集中力量对社会主义国家进行电波战，美国对盟国的广播大规模减少，1955年，除环球英语广播节目外，美国取消了对西欧各种语言的广播。到1962年，美国之音每周广播总时数为500多个小时，其中对苏联广播和对东欧广播共占每周广播总时数的41%，对中国广播占时数的12.6%，对拉丁美洲的广播时数占16.4%。

美国之音的宣传紧密配合美国的对外政策。在1961年美国入侵古巴，1962年美苏之间又爆发了"猪湾危机"后，美国之音大大加强了对古巴、苏联、东欧的广播。英国《泰晤士报》称美国之音进行"摧毁性的广播轰炸"。1962年2月26日，美国总统肯尼迪在美国之音成立20周年纪念会评价说，美国之音给了人们以坚定的信念和希望，使美国的安全和自由事业都得到了好处。他还强调美国之音"是政府的一只臂膀,因此也是国家的一只臂膀",要"以一种最有利于看待民主制度和美国的方式,把我们的情况向全世界报道","报道我们的基本信念",并且"要和我们的敌人的宣传进行竞争"。

20世纪70年代以后,随着美苏两个超级大国的军事实力逐渐趋于平衡,世界的多极化更加明显,美苏两国的斗争趋于和缓。美国之音的宣传策略开始强调所谓"客观"报道,广播成为和平演变的战略工具。1983年美国之音推出耗资15亿美元的"广播星球大战"计划,对技术设备进行现代化改造。美国《国际先驱论坛报》发表题为《美国大搞广播政治》的文章指出:"现在世界上除军事上的星球大战之外,还有另一场星球大战,它所涉及的不是导弹,而是通过无线电向世界上各个偏僻地区广播的新闻和意识形态。""广播星球大战是一场我们正在进行的主要战争,它值得国会为之付出比以往任何时候更大的代价。"

除美国之音外,美国还于20世纪50年代在西欧设立了专门针对苏联和东欧国家的大型电台:自由欧洲电台和自由电台。自由欧洲电台设在联邦德国,主要针对东欧各国广播,1950年5月正式开播。自由电台又称自由之声,1953年3月开播,主要对苏联广播。1976年10月1日,这两家电台合并,成立自由欧洲电台/自由电台公司。

这两家电台在意识形态渗透方面发挥了巨大作用。20世纪50年代,它们在东欧几个国家的事变中就起到了宣传、鼓动和组织作用。进入20世纪80年代以后,苏联、东欧发生的一系列事件,都与这两家电台的意识形态渗透分不开。1988年3月13日,尼克松在谈到意识形态的力量时指出:"美国最有效的对外政策之一,是支持自由欧洲电台和自由电台,这两家电台使苏联无法完全由它来对东欧及本国进行思想灌输。"两家电台称自己是"美国对东欧和苏联的发展进程施加影响的最强大的工具"。①

针对美国国际广播的冷战宣传,苏联的国际广播政策是反对西方宣传和促进苏联在全世界共产主义政党间的影响力。从20世纪50年代到70年代,苏联对外广播无论是设备财力,还是节目编排、宣传手法方面,投入都是世界上最高的。

在对华广播方面,莫斯科广播电台在1962年以前,每天对华广播只有1.5个小时,后因中苏关系恶化,对华广播从1967年开始,由每天16小时增加到24小时。同年10月,莫斯科广播电台又开设了上海话节目和广东话节目,每天各播出1小时。

1964年,苏联创办和平与进步电台,目的是扩大在第三世界国家的影响力。为了加强同西方电台的竞争,莫斯科广播电台于1979年开办了英语环球广播,昼夜广播。播出形式是每小时整点和半点开始时播出5分钟的新闻,然后是25分钟的音乐节目。

到20世纪80年代末,苏联对外广播的语种已达69种,把面向13个加盟共和国使用的13种少数民族语言计算在内,共有82种语言,成为世界上最大的国际广播电台。但从宣传内容看,苏联的对外广播节目内容相对严肃,宣传本国的政治政策,探讨美苏关系,节目死板、单调,在同西方进行的宣传战中一直处于被动地位,整体的宣传效果明显弱于西方尤其是美国的国际广播。

---

① 胡雨、安高乐:《透视"9·11"后美国对中东国际广播的新变化》,http://www.docin.com/p-247734584.html。

随着 20 世纪 80 年代苏联和东欧开始进行全方位的改革，戈尔巴乔夫宣布停止干扰西方广播，并在意识形态领域放弃对西方宣传的抵制，听任西方广播电台在其境内采集和传播新闻。于是，西方的政治理念和意识形态伴随国际广播长驱直入。之后，苏联和东欧改革偏离方向，西方国际广播有机可乘，煽动民众不满，加剧了东欧剧变和苏联解体。

冷战呈现了世界上两种社会制度、两种社会意识形态的巨大分野和明显对立，影响了文明间的正常交往、沟通和对话。冷战时期的广播战更是典型的信息单向传播模式，使得信息和观念从发达国家单向传播到发展中国家和不发达国家，这必然遭到发展中国家的抵制，也间接刺激了这些国家大力增强自己的传播能力，促进了信息全球化。在冷战后的几十年中，随着全球经济的发展、新技术尤其是传播技术的革新，信息全球化传播成为不可阻挡的趋势。信息全球化是一种非组织化的、非控制的过程，它以传播科技的发展为推动力，要求在世界范围内消除壁垒，实现信息的自由流动和传播的无障碍化，同时要求各国政府减少对信息的控制，弱化政治倾向性和意识形态色彩。[①] 国际广播在冷战后和当下的发展中也在不断实践并证实这些特征和要求。

（三）冷战后的国际广播

随着 20 世纪 80 年代后期冷战时代结束，全球政治格局发生了根本性变化。东西方之间以往敌视对峙的状态逐渐消失让很多人质疑国际广播是否仍然有存在价值，社会舆论压力加上西方国家削减财政赤

---

① 程曼丽：《信息全球化时代的国际传播》，载《国际新闻界》2000 年 4 期。

字的拖累，国际广播步入低潮发展期。

苏联解体后，西方各大国际电台相继削减对独联体各国广播规模。美国之音在1989年苏联解体前，共使用9种语言对其广播，每天播音累计28小时45分。苏联解体后逐年减少，到1997年使用5种语言，每天广播8小时45分，其中，俄语广播从每天16小时减为5小时。由于政府削减财政拨款，加拿大国际广播电台和澳大利亚广播电台不得不关门，而俄罗斯因国力大损，也大幅削减了对国际广播拨款。各国的国际广播电台在新传播方式、传播理念的影响下，必须得重新为自己找到定位和存在的意义。

随着苏东剧变结束，英国广播公司重新定义摆在其面前的机遇，即帮助原苏联各加盟共和国的转型。而美国政府认为国际广播在"美国有线电视新闻网的时代"没有继续存在的必要。他们认为这些对外电台是镀金的冷战遗物，享受着很高的礼遇，却执行着过时的使命。1994年，克林顿总统宣布，出于国家重大利益的考虑，必须重新部署从德国慕尼黑到捷克布拉格的自由欧洲电台/自由电台的运营。

面对这些强有力的反对意见，美国的国际广播电台制订了新的任务：促进转型。自由欧洲电台/自由电台提出了其转型期的三个主要的使命：（1）作为传统的广播机构，就诸如民主和政治组织问题、环境问题以及经济增长等重大问题，提供信息和新闻；（2）为当地广播电台提供帮助；（3）对当地广播电台从业人员和广播公司进行培训。

1994年4月30日，克林顿签署《美国国际广播法》，美国之音将向国际广播局报告工作，美国新闻署不久被撤销，自由欧洲电台/自由电台以及自由亚洲电台这类替代电台直接向国际广播局理事会报告工作。

全球局势的变化以及私人广播电台日益加剧的竞争，使得美国国会将对外广播定位为国内广播的延伸。美国国会认为：自由欧洲电台/自由电台应继续向中欧、欧亚大陆以及波斯湾地区广播，直至某个国家已经清楚表明其民主制度成功建立与巩固；为对象国国内媒体提供平衡、准确和全面的新闻和信息，使其国内媒体地位得以巩固并为全国受众广泛获得，从而使自由欧洲电台/自由电台的广播成为多余。在这种情况下，当某个国家满足上述两个条件，自由欧洲电台/自由电台将退出对那个国家的广播。

三、国外主要国际广播媒体概况

冷战结束、苏联解体之后的国际广播也有了巨大变化。新的传播技术的发展、发展中国家实力的增强都带动国际广播进入了新的发展阶段，广播节目播出形式、内容设置不断变化。20世纪80年代中后期美英等主要发达国家开始了国际广播海外落地工作，使得国际广播更加贴近受众；20世纪90年代末和21世纪初，国际广播向数字化传播方式转变，网络在线广播更是让传统的国际广播跨越了地域和政策限制，克服了短波技术屏障，增加了新的受众群。

当前世界大多数国家都开设了国际广播，并广泛使用了新媒体技术。下文主要研究世界五家重要国际广播电台的发展史，从中探究国际广播的经验，为我国的国际广播发展提供借鉴。

（一）英国广播公司（BBC）世界电台概况

英国广播公司是世界上最有实力的国际广播电视机构之一，国际传播的影响力也是首屈一指的。截至目前，BBC仍然是世界上影响最大的国际广播电台，节目覆盖140个国家，其中15％的听众从当地电台的转播中收听节目。

追溯其历史，1922年11月1日民营的英国广播公司（British Broadcasting Company，BBC）开始营业，由马可尼（Marconi）无线电报和信号公司、英国通用电气公司（GEC）等几个大财团共同出资。1922年11月14日，BBC的第一个电台从伦敦牛津街的塞尔福里奇百货公司（Selfridges Department Store）的屋顶开始广播。BBC由此诞生。

1932年，BBC帝国服务（BBC Empire Service）开播，这是BBC第一个向英国本土以外地区广播的电台频率，1932年12月19日，该频率用英语对英国最边远的两个殖民地——澳大利亚和新西兰进行广播。1938年，BBC阿拉伯语电台开播，这是BBC的第一套外语节目，也是BBC全球服务（BBC World Service）的前身。从创始至今BBC一直标榜的"真实可靠"的报道原则让它在国际广播中颇有市场。

第二次世界大战是英国广播公司世界电台发展的转折点。战争初期，英国广播公司处境不佳，经过摸索和加强，在宣传专家主持的英国战时宣传部的支持下，它的对外广播渐入佳境。英国广播公司创造的"V"即胜利的呼号成为战时最激动人心的宣传口号。

英国广播公司在战时播出了许多具有历史意义的节目。1940年法国投降之时，戴高乐将军在伦敦通过英国广播公司发表演说，组织法国军队抗击敌人。1940年10月，丘吉尔首相也通过英国广播公司向法国人演讲，其开场白极富鼓动性，他说：法兰西，这是我，丘吉尔，在向你们讲话……

丰富的宣传内容，标榜"真实可靠"的报道原则，灵活的宣传策略，使英国广播公司在战时获得了声誉和长足发展，截至1945年，英国广播公司已使用45种语言向全球广播，它以"真实可靠"的报道获得了声誉。

冷战结束后，全球化时代的来临，互联网新技术的发展以及私营新闻机构的对外传播力增强，英国广播公司世界电台的发展面临新的危机。在激烈的竞争中，英国广播公司世界电台传统的经营方针、内容设置和播出渠道都受到挑战。1999年的调查数据显示，当年BBC世界广播电台平均每周收听人数达1.43亿，该台台长马克·拜福特趁势宣布推行一个"1999—2002三年发展计划"。这是BBC十年改革计划的开始，将对BBC迎接数字时代挑战起到至关重要的作用。该计划的具体目标包括了时下几个广播发展的热点：探讨发展在线广播的可能性、英语节目的重新定位以及在世界主要首都城市拓展调频广播。在这些目标中，BBC世界广播电台副台长卡罗琳·汤姆森女士认为，网上广播未来有可能发挥短波的作用。她说："我们目前的处境与国际广播先行者们当年孤注一掷要发展短波广播所面临的艰难抉择是一样的。"目前BBC网上广播拓展的市场主要还分布在北美等发达国家和地区，在这个计划中，网上广播发展的经费仅占整个预算的0.5%。但BBC认为它将发展得很快，并迅速覆盖重要的广播区域。

从传播内容看，英国广播公司世界电台主要包括新闻、时事节目、政治评论、体育以及各种娱乐节目。它的办台方针由政府制定，以便根据国家利益来安排节目，经费直接来自英国外交部。英国政府制定的对外广播方针是："英国广播公司在编排节目方面应该保持独立性，但它必须从政府那里了解对象国家的情况和政府对该国的政策，以便根据国家利益编排节目。"

英国广播公司世界电台的日常工作不受政府直接控制,法律要求它在报道中要公正、不偏不倚,其观点可以与政府不同,但必须与国家利益一致。因此,英国广播公司世界电台的新闻报道相对较"客观、公正",其报道手法也较高明,这使其在世界上赢得了美誉,其国际影响力明显高于其他国家的对外广播。最近英国国际战略研究所进行过一次全球意见调查也充分印证了这一点,参与调查的人选出他们认为对英国对外形象最佳的选择,最终结果包括英国王室、英国广播公司对外广播、英军,还有英超足球联赛。英国广播公司对外广播名列英国对外品牌首位,60%的受访者认为,英国广播公司对外广播是英国海外形象的最佳品牌。①

(二) 美国之音(VOA)概况

美国之音设在美国首都华盛顿,成立于1942年2月,现在以50多种语言,每周向世界各地播放1300多个小时的广播和电视节目,内容包括新闻、专题特写、音乐文化、教育和评论,听众一亿多人,是全球最大的国际广播电台之一。美国之音有1140多名正式员工以及众多合同工,在美国及世界一些地区有22个记者站,派有30多名记者。同时,美国之音还在世界各地聘用几百名特约记者。

美国之音的成立与珍珠港事件爆发直接相关,1942年2月24日凌晨2时30分,美国之音第一次用德语从美国纽约向欧洲播出了15分钟的节目。播音员威廉·哈兰·海尔在纽约用德语对听众说:"美国之音现在开始广播。今天是美国参战以来的第79天。今后每天的这

---

① 李文:《国际广播业的发展和挑战》,http://news.21cn.com/domestic/yaowen/2010/07/29/7696707.shtml。

个时候，我们将向你报道关于美国和战争的消息。这些消息可能是好的，也可能是坏的，但是我们将向你报道真实的情况。"在一周之内，美国之音又用法语、意大利语播出节目。同年6月，美国之音又开办了汉语普通话和广东话节目。随着战争的进展，美国之音的设备逐渐改善，语言种类和广播时间都有了明显的增加。1942年战时新闻局成立后，美国之音便开始归属该机构。美国之音在二战中发挥的作用为美国政府确立了利用国际广播为对外政策服务的先例。

第二次世界大战结束之后，对于美国政府是否仍需进行对外宣传活动，美国国内产生了分歧。杜鲁门政府认为，美国政府仍有坚持对外宣传的需要，而国会却对此表示反对。虽然1946年、1947年国会通过的拨款法案仍使美国之音得以继续存在下去，但却遭到了许多国会议员特别是共和党议员的强烈反对。

就在美国国内就美国之音的去留进行激烈争论之际，冷战爆发，苏联开展了强大的舆论攻势，这也改变了美国之音的命运，国内反对的声音减弱了，美国之音得以迅速发展。1948年，美国通过《史密斯—门德法案》，使建立常设的对外宣传机构合法化。1951年，杜鲁门总统设立了隶属于国家安全委员会的心理战委员会，为国际反共宣传提供建议。1953年，继任的艾森豪威尔总统任命了心理战私人顾问，美国之音的反共宣传进一步升级。1953年，美国新闻署成立，它集中了对外文化交流和宣传的主要手段，利用广播、新闻出版、影视等各种媒体，宣传美国的对外政策和意识形态，推销和宣传美国的形象。

冷战初期，美国之音在古巴事件等重要国际事件中采取的是"摧毁性的广播轰炸"，赤裸裸地从事反共、好战等煽动性宣传，进行反共反社会主义的叫嚣，不光给社会主义国家的听众，也给西欧一些高层人士留下了极为反感的印象，致使其影响大减。

为了改变美国之音的宣传策略和方法，美国任命广播史上著名的记者默罗（Edward R. Murrow）担任美国之音台长。默罗认为："美国在世界上需要有一个更响亮的声音，但是它不能吵闹、刺耳。唯一有效的宣传是建筑在政策上的宣传，要结交朋友，赢得人心。"之后，美国之音的宣传语调缓和了很多。

1976年，经美国国会批准，《美国之音宪章》得以通过。《宪章》大意为：通过无线电广播与全世界人民建立直接沟通渠道，对美国的长远利益是必要的。为了取得成效，作为美国新闻署所属的美国之音必须赢得听众的注意与尊敬。美国之音的广播应遵循以下三条指导原则：第一，美国之音应该始终作为权威的、听众信任的信息来源。美国之音的新闻必须准确、客观，并力求全面。第二，美国之音代表整个美国社会，而不代表美国社会中某一个阶层。因此美国之音在介绍美国制度和思想时，应该做到内容广泛，报道全面。第三，美国之音应清楚地、有效地阐明美国政策，同时也报道对这些政策所发表的认真负责的意见和评论。

《美国之音宪章》中所说的"准确""客观""全面"是有条件的。那就是在符合美国对外政策的前提下，进行所谓"客观"的报道。假如一旦与美国政府的对外政策产生矛盾，美国之音就会毫不吝惜牺牲其所谓的"客观性"，维护美国国家利益。

20世纪80年代以来，随着美国总统里根"以实力求和平"的强硬外交政策的推出，美国之音进入新的发展时期。1983年美国之音推出著名的"广播星球大战"计划，要改造华盛顿总部的播控系统；新建和改建国外转播发射台；建立世界范围的发射网络控制系统。1987

年9月21日,美国之音副台长尼古拉德斯说:"我们应该破坏苏联及其卫星国的稳定,促使它们的人民和政府之间产生摩擦……我们要尽量在共产主义集团各国领导人之间打进楔子,使他们相互不满,相互猜疑。我们应当煽起民族主义的火焰,鼓动铁幕后面宗教情绪的复萌。"①

为达到目的,美国之音和西方一些国家共同制定了一份对社会主义国家进行反共广播宣传的提纲。他们的战略目标具体化为:①宣扬美国生活方式以及更广泛的西方生活方式;②针对青年人的某些特点、尤其是对现实极易感情冲动地发泄不满等,美化资本主义,把资本主义和所谓"时代精神""自由民主"相等同、相混淆;③把社会主义说成是一种力图为统治世界而发动战争的侵略势力,是一种"极权主义"社会,在这种社会里生活的人,没有人权、没有发挥个性的可能;④渲染社会主义国家里实际上存在或并不存在的困难,并把这些困难解释为在社会主义条件下是不可避免和无法消除的;⑤竭力支持听众对共产党的不信任;⑥宣传社会主义必然向资本主义"演变",向听众灌输改良主义思想,诋毁马克思列宁主义学说;⑦煽动民族主义情绪和宗教狂热。从中可以清晰看到美国之音的目的和手段。

冷战结束后,美国之音的广播政策和播出节目也进行了调整,开始越来越多地关注地区冲突和一些国家的民族冲突。从1992年开始,美国之音先后开播了库尔德语、克罗地亚语、塞尔维亚语、斯洛文尼亚语、波斯尼亚语、奥罗莫语、提格雷尼亚语等10多种语言的节目。

从20世纪90年代开始,美国之音也开始不断尝试新的媒体技术,

---

① 樊建新:《美国之音如何进行意识形态渗透》,载《红旗文稿》2005年第11期。

广播和电视开始进行联播。第一个这样的广播和电视联播节目是1994年9月18日通过卫星向中国播出的"中国论坛"。两年以后，美国之音的阿拉伯语部与世界网电视部和在伦敦的中东广播中心共同合作播出了又一个广播和电视联播节目"与西方对话"。此后，美国之音在其总部设立了一个电视演播室。1996年10月25日，美国之音电视台开播。其实早在1994年，美国之音就已经成为世界上首家利用互联网络播出的国际广播电台。

根据美国官方的政策，美国之音的任务是向世界各地的听众"报道世界各地的新闻，介绍并解释美国的政策、社会情况和各种风俗习惯"。因此，美国之音的节目一类是国内国际新闻报道与分析等时事类节目；另一类是介绍美国社会文化、政治经济各方面的专题性节目。新闻时事节目约占全部广播节目的60％左右，主要包括国内国际要闻、新闻分析、时事报道和评论，其来源主要是：西方各大通讯社、美国全国性的主要报纸和杂志；美国中央情报局的外国广播情报处监听各国电台广播的资料；以及美国之音驻世界各地记者发回的报道。新闻中心的近二百名工作人员对新闻进行把关和选择，每天编发近二百条新闻。所有语言节目的前5条新闻，均由新闻中心统一安排，各语言广播不得随意更改。

美国之音目前用50多种语言向世界广播，共分成6个区域语言的广播，即非洲、拉丁美洲、欧洲、东欧、北非中东与南亚、东亚与太平洋地区。这主要是根据美国的全球战略制定的，但在具体工作中，又有播出重点，苏联、东欧以及中国等社会主义国家曾是美国之音的重点广播对象，在东欧剧变之后，对包括中国在内的一些国家进行和平演变仍是美国之音的重心之一。

（三）其他国家的国际广播概况

1. 俄罗斯之声（VOR）

俄罗斯之声电台是俄罗斯专门从事对外广播的国家电台，其前身是成立于1929年的莫斯科广播电台，该电台开办对外广播时间比BBC还早了3年，比VOA更早13年，在苏联解体之前，一度是世界上规模最大、实力最强的国际广播电台。

莫斯科广播电台在1929年10月29日开始了德语广播，从而开启了苏联对外广播的历史。最初每天只有一个半小时节目，内容是新闻和《真理报》的评论，介绍当时苏联社会主义建设的状况和人民生活。一个月之后，莫斯科广播电台又增加了法语和英语广播。到20世纪40年代中期，广播语种增加到了29种，每天播出时间超过59小时。二战后，苏联又加强了对第三世界国家的播出力度，在20世纪七八十年代的鼎盛时期，播出语种达77种，日均播出总时数超过200小时，还开办了英语、法语和俄语的环球广播，是当时世界上规模最大、播出语种最多的国际广播电台。该台节目以新闻为主，还开设评论、专题节目以及音乐和俄语教学等，实现了对美国、欧洲、中近东、拉美和非洲多国的节目覆盖。

苏联解体之后，俄罗斯的对外广播也进行了一系列改组。1993年12月，俄罗斯之声国家广播公司成立，但受到经济颓势的影响，该电台的规模不断缩减，目前用33种语言对外广播，每天播出136小时。在俄罗斯一系列媒体改革动作中，该台作为俄罗斯唯一一家从事对外广播的国家电台，仍然享受政府拨款，每年预算约为2000万美元，拥有1000多名员工。

根据俄罗斯之声的资料，该电台广播宗旨是提供全方位的信息，向所有政治观点和纲领开放，反映俄罗斯复杂的进程，主要任务是让外界更好、更贴近地了解俄罗斯。[①]

从1990年开始，该台也涉足电视片制作和发行，到2004年已经制作了100部涉及俄罗斯文化和历史题材的俄、英语言电视片。

从1996年开始，俄罗斯之声也开办了网站，推广在线节目，用6种语言在线广播，并用25种语言进行文字传播：包括俄语、英语、法语、德语、西班牙语、葡萄牙语、意大利语、希腊语、阿拉伯语、波斯语、土耳其语、瑞典语、芬兰语、挪威语、阿尔巴尼亚语、保加利亚语、匈牙利语、捷克语、斯洛伐克语、波兰语、罗马尼亚语、塞尔维亚语、越南语、日语、汉语。

网站的开通使得俄罗斯之声的受众大幅上升，更多受众想要了解俄罗斯的文化、历史和现状。网站也成功吸引了大批年轻的新受众，包括美国和欧洲一些大学的学生。

对于很多国家的听众来说，俄罗斯之声广播电台是给他们提供俄罗斯准确信息的唯一媒体。在俄罗斯之声广播电台的听众群中年龄在31—55岁的社会活跃人士占多数，他们一周基本收听不少于2—3次，听众的基本层次和职业是：职员（22%—25%在不同国家），大学生和大学、小学的教师（20%—25%），知识界的代表（10%—18%），工程技术工作者（10%—14%），退休人员（20%—40%）。世界各地80%的听众收听俄罗斯之声的节目是为了获取来自俄罗斯本土的新

[①] 林少文：《新媒体时代对俄罗斯东欧传播研究》，辽宁人民出版社，2008年版，第324页。

闻，60%的听众是为了了解当今俄罗斯人是如何生活的，50%的听众想获得关于俄罗斯传统、历史、文化的知识。

值得一提的是，俄罗斯之声的华语广播早在1940年7月1日就已经开通了，这是该台面向亚洲开设的第一个语种广播。在20世纪60年代，该台的对华广播更是达到顶峰，员工达到200人，是历史上最大的阵容，每天播出时间累计达到33小时。到1991年苏联解体之后，华语部门和该台其他广播部门一样被压缩，每天的播出时间只有4小时，语种也只保留了普通话节目。

2. 德国之声（DW）

德国是最早推出国际广播服务的国家之一，尤其在二战期间，德国的国际广播发展较为突出。德国之声是德国唯一一家对外广播电台，1953年3月成立，并在同年5月开播。目前用29种语言每天播出115小时35分。德国之声的主要任务是通过广播、电视和互联网向世界各国对德国感兴趣的听众展现德国多元化的政治、经济和文化生活，并介绍德国对国际重大问题的看法。德国之声由政府拨款，1999年，在国际广播前景未明的情况下，和一些国家一样，出于预算原因，德国之声自成立以来首次被要求解雇职员。1999年10月，德国之声总裁根据预算削减的情况，宣布德国之声的新战略，其原则与许多其他对外广播电台的变化有着相似的特点：无线广播将继续在那些信息供给严重缺乏的地区存在。而对那些已经自由化并由私有化信息市场提供服务的地区，将停止广播。因此，对日本的日语节目，对拉美的西班牙语节目被停播。德国之声的电视节目保持不变，与此同时，互联网上提供的节目将有所增加。德国之声总裁提出了德国之声存在的理由："英美媒体日益占据主导地位，因此需要始终如一地提供外语服务，并增进国际合作。"

德国之声中文编辑部诞生于 1965 年 3 月 7 日，最初和英美的国际广播一样是冷战的产物。目前，德国之声每天通过短波，向中国大陆、香港、台湾以及新加坡、部分南亚国家和地区用普通话播音 125 分。中文节目重点向华语听众介绍德国政治、经济、文化领域的最新动态以及欧洲的发展。

3. 法国国际广播电台（RFI）

法国在 1931 年开始了针对海外侨民和殖民地国家的国际广播，法国国际广播电台目前已经成为世界上最有影响力的法语广播电台，也是法国对外传播的重要窗口。

法国国际广播电台主要依赖于政府资助，对外广播的一个重点就是针对前殖民地国家，宗旨是向世界反映法国的观点和声音。法国对外广播还担负着传播法语和法国文化的任务。该台最近几年大力发展新媒体，特别是网络媒体，但是受众人数和国际的影响力仍旧低于美国之音和 BBC。

法国国际广播电台的定位是新闻媒体，在节目设置中突出了时事新闻所占的比重。该台向世界各地派驻了 600 名特约记者，在海外设有 9 个办事处，并拥有一支专业性强，经验丰富的来自 50 多个国家的国际化团队，增强新闻的时效性和影响力。

法国国际广播电台中文部每天对亚洲播音 3 小时，同时通过网络及中波辐射全球及巴黎大区听众。每天 3 小时播音的前半小时为新闻节目，全方位报道国际时事、中国动态以及法国与欧洲大事件，兼顾法国及世界舆论对全球时事的分析与评论。

第三节　全球化国际广播的特征

国际传播是跨国界、跨民族的信息交流与分享。作为国际传播的基本和重要组成部分，国际广播从诞生以来就具有跨国界、跨文化、跨语言的特点。伴随着全球化的潮流，现代信息与通讯技术的飞速发展，在新媒体技术发展等因素的影响下，国际广播呈现出的特点主要表现在跨国界传播、跨文化传播、跨意识形态传播。

一、跨国界传播

国际传播是以国家社会为基本单位，以大众传播为支柱的国与国之间的传播。[①] 空间的隔阂、国界的限制以及文化的差异，使国际传播明显区别于国内传播。国际传播跨越时空、国界和文化差异的强烈要求使传播技术的发展对国际传播的影响远远大于其对国内传播的影响。纵观传播技术与国际传播的发展轨迹，国际传播的客观需要不断催生传播技术的突破与发展，而传播技术的进步又不断增添或更新着国际传播的形态。

（一）全球化对跨国界传播的影响

20世纪人类社会的生产力得到空前提高，国际贸易和跨国经营迅速发展。尤其是20世纪下半叶，第三世界国家逐步开放市场，竞相吸引外资，加速了世界经济全球化的进程。到世纪之交，世界经

---

① （日）鹤木真：《国际传播论》，载《新文学评论》，日本新闻学会，1990年。

济全球化已成为不可阻挡的大潮。随着经济全球化的发展，信息传播的全球化也在加速。经济的全球化需要信息传播的全球化，而通信技术的革命则为信息传播的全球化提供了强大的技术支持。信息传播的全球化和整个经济的全球化一样已是一个不可逆转的发展趋势。

早在20世纪60年代，加拿大学者马歇尔·麦克卢汉就在其《传播探索》《理解媒介》等著作中，提出了"地球村"概念。随着广播、电视、互联网和其他电子媒介的出现，随着各种现代交通方式的飞速发展，人与人之间的时空距离骤然缩短，整个世界紧缩成一个"村落"。当代信息技术的日新月异和信息传播的飞速发展，在为全球化提供了最强大的技术支持的同时，自身也构成了全球化的一个新景观，将全世界的人们置身于一个相互流动而且快速流动的信息环境之中。从全球化的历史演进过程可知，信息传播全球化是以下列因素为依托的：传播屏障的消除，信息的自由流动；传播媒体的跨地区、跨国界经营；传播手段的高度现代化；各国政府对信息控制的减少。

信息传播全球化的趋势始于20世纪90年代中期，主要标志是全球性电视广播网、电话电信网和国际互联网等三大全球性网络的初步建成和迅速普及。信息传播全球化来临以前，国际广播以短波为主。短波覆盖面积大，具有廉价、灵活、可控的优势，但也有传播不稳定、音质不好、抗干扰能力差、收听效果不佳的缺点。进入20世纪末期和21世纪，作为长期以来国际传播基本和重要组成部分的国际广播在信息传播全球化的过程中遇到了新的机遇和挑战。

1. 短波广播的地位不断下降

短波广播曾是国际传播中的一个利器，具有成本低、传播广、接收简便等不可替代的优势。在冷战时期，尤其是 20 世纪 80 年代，西方国家主要的国际广播机构通过增加发射点、增强发射功率等手段，将短波广播发展至登峰造极的地步。但是，由于供广播使用的短波波段容量有限，短波广播波段日益拥挤，干扰日趋严重；由于短波是通过电离层传输的，播出信号不稳定，又容易受自然界或人为的干扰，收听质量难以保证。

随着冷战结束、国际格局发生深刻变化，在全球经济一体化、信息传播全球化的背景下，西方主要国家开始有计划地削减短波国际广播。英国广播公司从 2001 年 7 月开始削减面向北美、澳大利亚、新西兰和太平洋群岛的英语短波广播，随后又削减了法语、芬兰语等面向西欧和北欧的短波广播。2006 年 3 月 31 日，英国广播公司又削减了包括哈萨克语、泰语和面向东欧和南欧的保加利亚语、克罗地亚语等 10 种语言的短波国际广播。2004 年 10 月 1 日，美国之音和自由欧洲电台/自由电台先后削减了保加利亚语、捷克语、爱沙尼亚语、匈牙利语等 11 种语言的短波国际广播。2006 年 6 月 1 日，英国广播公司和美国之音又先后削减了 10 种语言的短波国际广播。2007 年 10 月 1 日，这两家电台又削减了汉语广东话、哈萨克语、乌兹别克语的短波国际广播。英美两国削减国际广播的做法引起了一些国家的效仿。德国之声于 2006 年 10 月 1 日停播了对加拿大、美国和巴尔干广播的德语短波国际广播。日本广播协会于 2007 年 10 月 1 日削减了意大利语、德语、瑞典语和马来语的短波国际广播节目。法国、加拿大等国家的短波广播也不同程度地遭到了削减。

2. 跨国界传播的渠道不断拓展

进入 20 世纪 90 年代，在信息传播全球化背景下，受众获取信息的渠道多元化。随着通信技术的迅猛发展，跨国界传播形态不断丰富，数字技术与卫星技术的发展为国际广播开辟了另一番新天地。随着信息技术的飞速发展，结合了第三代移动通讯技术和互联网技术优势的新媒体稳步发展，新的传播形式在国际广播领域不断涌现。在网络方面，20 世纪 90 年代各国际广播电台基本都拥有了自己的网站，1994 年美国之音成为世界上首家利用互联网的国际广播电台，听众可在其网页上找到播出的节目表，且可收听、收看和阅读播出节目的内容。随后，英国广播公司世界电台、中国国际广播电台、法国国际广播电台、德国之声也陆续创办了自己的网站。但是当时网站的主要功能是作为电台节目的网络版，即刊登节目稿件、节目表和频率表，提供在线收听服务，弥补短波收听不足。那时互联网还处于国际传播的边缘状态。经过近二十年的发展，互联网已成为国际广播的主要组成部分。各国际广播电台网站的功能发生变化，正逐渐成为与国际广播并行的相对独立的媒体。一方面，网站成为国际广播的有效补充，一个国际广播电台网站除了刊登节目稿件和收听指南外，还增加了音视频点播服务，拓宽了在线收听的功能；另一方面，网站不再是广播节目的"网络翻版"，而是在新闻报道上突出网络特色，先于节目发布新闻，制作新闻专题融入互动元素，内容设置更为丰富，弥补了广播时长的遗憾，呈现方式多元，大量运用新闻图片、新闻视频，开通电子新闻信等服务，成为相对独立的媒体。

为了提升跨国界传播效果，英国 BBC、美国之音、德国之声、中国国际广播电台等世界主要国际广播机构纷纷调整发展战略，在短波广播业务之外，大力发展海外落地广播业务，采用租用当地电台时段和设立海外电台的方式提高广播到达率。比如 BBC 已经在 150 多个国家的首都实现节目调频落地，中国国际广播电台目前境外的整频率落地已有 90 多个调频台。法国国际广播电台通过非洲 20 多个城市的调频电台 24 小时播出节目，已经覆盖大部分法语国家的首都。

（二）跨国界传播的手段

新信息技术的飞速发展，特别是卫星广播系统等技术的进步，以及互联网的异军突起，不断更新着跨国界传播的手段。数字音频广播、网络广播、卫星广播等新的传播手段不断出现和发展。

1. 数字音频广播 DAB

在 21 世纪的今天，广播的主要技术方式是调频广播，它是继 20 世纪 20 年代开始的调幅广播后的第二代广播，产生于 20 世纪 50 年代，克服了中波广播的很多致命不足，如串台严重、频带不够分配、信噪比差等，而实现了高保真度、动态范围宽、信噪比较好、较少串台现象。当今调频广播主要采用调频—调幅导频制广播制式，已风行了大半个世纪。

数字音频广播技术即把音频信号数字化，并在数字状态下进行传递、记录、重放等加工处理。较之模拟音频，数字音频信号具有失真小、动态范围大、信噪比高等优势，是确保广播在新媒体时代占据一席之地的法宝。

2. 网络广播

信息传播的数字化和网络化伴随着互联网技术的发展而逐渐进入人们的日常生活，迫使传统广播必须面对数字多媒体的挑战。随着网络受众的扩大和网络技术的进步，网络成为跨国界传播的新兴力量，发挥着日益重要的作用，在线广播即依托互联网平台提供音频、视频服务的网络媒体，是传统广播与网络融合的产物。在线广播具有以下几个方面的优势：第一，不再受传统广播覆盖面的局限，突破了地域的限制。借助飞速发展的互联网平台，哪里有互联网，哪里就能收听广播，使广播覆盖全球；第二，增强互动性，受众能够与传播者进行交流、沟通，互动性增强；第三，突破时空限制，通过互联网，人们可以随时随地保存、查询、下载自己想听的广播内容，无需受到播出时间和播出顺序的限制；第四，选择空间大，人们可以根据个人需求自由选择节目内容、形式，具有自主权。

3. 卫星广播

卫星广播是利用广播卫星向地面转播电视或声音广播信号，供一般公众直接接收的广播方式。自从1963年7月美国发射成功世界上第1颗同步通信卫星"同步Ⅱ号"后，卫星通信得到很快发展。到20世纪70年代中期，各国开始发射实验用的广播卫星。到80年代卫星广播进入实用阶段。卫星广播接收包括个体接收和集体接收两种：个体接收系统卫星的发射功率较大，到达地面的电波较强，用直径1米以下的小型天线和简单的设备即可接收，这是卫星广播的主要形式；集体接收系统卫星的发射功率较小，地面要用较大的天线和较复杂的设备来接收。卫星广播系统由广播卫星、地面接收网、上行站和测控站组成，具有覆盖面积大、广播质量高、投资和维护费用低等特点。[①]

---

① http：//baike.baidu.com/link?url=cCMSHnkTIMVHSiH_dYCUxNZvcho-xFDHPZFTAHomU8ygcbnb0qE40cizhE0iL_KK。

（三）跨国界传播面临的挑战

1. 传播技术的不平衡导致跨国信息传播失衡

随着经济全球化趋势的不断加强，以信息技术革命为中心的高新技术迅猛发展。信息技术的不断创新推进了信息产业的高速发展，在不断影响着人们的生活方式的同时，也导致了传播全球化的到来，而传播的全球化进程正是各国经济实力的较量。信息本应在双向交流原则下传递，但是由于各国的政治经济实力的差距使得这种传播更多地成为一种单向传播，出现了信息失衡。

而且，信息技术的发展中存在的"马太效应"，即技术基础好的国家发展更快，技术基础弱的国家发展更慢，使得国与国之间的差距越拉越大。随着信息技术的发展，发展中国家与发达国家在信息源占有和信息处理能力等方面的差距不断扩大，获取信息方面的不平等随之加剧。也就是说，一方面，发达国家可以利用自己的经济、技术优势进一步扩大自己的新闻信息霸权、无限制地跨国界宣传自己；另一方面，经济、技术力量薄弱的发展中国家更难让世界听到自己的声音。事实上，发展中国家与发达国家之间，已经形成了工业化和信息化的双重差距。

尽管国际传播活动中的全球化趋势如同政治和经济领域里面的全球化趋势一样越来越明显，但是由于历史和现实的原因，世界上"信息富国"和"信息穷国"的两极分化无以复加。信息富国占据着国际传播的重要资源，而信息穷国在信息采集、制作、传播、接收、反馈等各个环节都处于一种弱势地位，只能被动接受富国传播的信息。也就是说，信息穷国和信息富国在传播力量、传播流向和传播内容上面都处于不平等的地位。由于这种不平等地位,信息大量集中在富国,而发展中国家的信息却相当匮乏。世界经济论坛于2013年4月发布的《全球信息技术报告》显示,尽管发展中经济体在过去10年中一直致力于改善信息通信基础设施,但在利用信息通信技术提高竞争力和社会生活方面仍与发达经济体存在新的数字鸿沟。①

2. 媒体格局的变化促进跨国传播的策略调整

"媒体格局",是指媒体间各种力量对比与组合的结构。由于发展上的不平衡,媒体间各种力量对比与组合的结构总是处在不断地变动之中。而当量变积累到一定程度,达到某一临界点时,各种媒体相互之间的力量对比与组合的结构就会发生序列易位和要素重组,直至形成新的媒体结构。自20世纪末开始,世界传播领域正经历着一场巨大的变革。这场变革以互联网的出现为标志和契机,迅速改变了原有的传媒环境,打乱了传统的媒体格局。

纵观历史,世界传媒业经历了由报纸"一枝独秀",到报纸与广播"并驾齐驱",再到报纸、广播、电视"三足鼎立",然后是报纸、广播、电视、互联网"四强相争",如今又进入了报纸、广播、电视、互联网、手机等各种媒介形态相融共生的"多媒体融合并存"发展阶段,而在这个发展过程中,媒体的格局也在不断调整和变化。这种格局的调整和变化一方面表现在全球报业、广播、电视等传统媒体受到巨大冲击,许多媒体机构在纷纷调整经营策略和业务格局,剥离那些经营状况不好的业务,集中发展优势业务,以求生存和自保。例如因政府财政补贴削减,英国广播公司2011年宣布关闭全球32种语言中

---

① http://news.hexun.com/2013-04-11/153057743.html。

的 5 种语言的广播电台，重组后的 BBC 国际业务把注意力转向了新媒体，加大了对新媒体和新技术的投资；同一年，美国之音宣布，从当年 10 月 1 日开始，全面停止中文短波、中波以及卫星电视广播，只保留在互联网上播出。不过，美国之音并不是要停止对华广播，而是将任务转移给其他电台。同时将其宣传任务转向网络，以增强传播效果。

在如今各种媒介迅速发展的形势下，跨国传播的渠道以各种方式进行相互渗透和融合，形成一个立体的媒介网络格局。多种媒体需要具备一个不断发展、日趋复杂的系统才能够融合，共同进步。只有清楚地分析当前形势，抓住机遇，迎接挑战，跨国传播媒体才能在媒介融合过程当中掌握主动权，从而使得自身得到充分的发展。

二、跨文化传播

1959 年，美国文化人类学者爱德华·霍尔在其著作《无声的语言中》第一次使用了"跨文化传播"这一术语。20 世纪后半期以来，随着经济全球化的发展，以及传播科技促进下全球文化交流的日益频繁，跨文化传播已成为广泛涉及各个社会领域的一种社会行为。在跨文化传播中，"跨"是其关键。通常把它分为两类：一是通过大众媒介进行的传播活动，为跨文化传播的主要形式；二是通过耳濡目染的传播，这种形式与人们的日常生活更贴近，也更容易被接受。

（一）全球化对跨文化传播的影响

伴随着经济的全球化，现代信息与通讯技术的突飞猛进，使文化传播与媒介结合越来越紧密。在全球化语境下，跨文化传播呈现出繁荣的景象，经济与政治的力量亦使跨文化传播在不断的融合与不断的冲突中呈现螺旋式上升。传播的全球化在全世界范围内带来了文化的交流与融合，扩展了全球不同文化的交流与分享，使跨文化传播成为人类日益普遍和频繁地超越文化屏障实现认知、理解及互动的一种重要的沟通方式。

1. 冲突与融合成为跨文化传播的主旋律

跨文化是国际传播的特征之一，国际传播受众的心理特征、思维习惯、价值取向、兴趣爱好和信息需求等要受到多方面因素潜移默化的影响，而文化是其中的一个重要因素，它决定着受众对于传播内容最终的认可度和传播效果。

在全球化时代，各个国家、民族的文化和传播内容都必将突破地域限制，在世界范围内形成全方位的沟通、联系、交流与互动。与此同时，世界各民族国家在自身历史发展的过程中，也创造着各具特色的文化。不同的风土习俗、不同的宗教艺术、不同的经济发展态势为每一个民族都打上了独特的文化烙印。跨文化传播促进了各国文化之间的交流，使世界各国能够及时吸收他国文化中的先进因素，从而得到优势互补的效果，加速了各国的文明进程。

跨文化传播可以增进理解、消除误解，产生文化的趋同性，与此同时，也可能引发世界范围内的文化冲突。这是因为各民族文化的表层，例如衣、食、住、行等方面易于变化，但文化的深层结构如伦理道德观念、宗教信仰、思维方式和价值观等是不会轻易改变的。各民族间的文化交往，可以使文化的表层变得越来越相通和接近，但文化的深层结构却保持相对稳定。同时，因为全球化和信息化在促进世界文化趋同的同时，会进一步削弱文化的民族性，各个民族会更加注重保护各自的文化，于是因民族、宗教和文化等差异而诱发的冲突时有发生。这在某种程度上表明，当今跨文化传播并不只是一个单向的全球一体化的文化运动。它实际上包含着全球化与地域性、同质化与异质化两种文化力量的对峙与互动。

2. 文化的同质化现象凸显

在全球化浪潮的冲击下，由于各国经济发展的不平衡，处于弱势民族和国家的文化受到威胁，有的甚至已被消弭，文化趋同和单一性的危险不断增加。

在当今传播全球化的语境下，人们在强势媒介的作用和影响下，在文化的价值观和审美形态呈现出一定程度的相似性或认同性质。文化同质化现象的基本特点表现为多个文化主体的特质、内容和发展道路出现趋同。在趋同的过程中，各文化主体相互交流、吸收和模仿，以实现自身文化在传播和扩张上的优势，但在发展的过程中会丧失其个性特点。一旦多个文化主体都出现了文化同质化现象，文化的多样性就会缺失，文化发展就会陷入停滞，动力不足。

特别是全球传播不平衡的加剧，出现了强势文化对弱势文化的压制和侵蚀。其最主要的表现就是：在全球传播格局中居于支配地位的国家，利用其掌握的先进的信息传输技术和遍布全球的传输网络，大规模地向其他国家倾销文化信息，强制性地向被输入国灌输其价值观念和文化取向。在经济上处于劣势的国家和民族，在文化交流中必然处于弱势状态。毫无疑问，全球的文化传播在市场中立的后面包含了西方的价值观，他们所宣扬和昭示的生活方式、价值观念将对很多经济落后、处于社会转型期的发展中国家的人民产生深远影响。"这种不对称性的传播，现在已经构成对社会文化的多样性的威胁，加剧了价值体系的混乱与价值观的冲突,加快了文化同化或文化殖民的进程,加深了文化生态危机。"[1]

3. 翻译影响跨文化传播

由于人类生存环境千差万别,作为一种信息传递工具和特殊文化现象,语言自产生时起就不止一种,不同语言是不同文化的载体。在跨文化传播中,翻译担当起重要的桥梁作用,无论是书面翻译还是口头翻译,都对跨文化交际和文化传播产生着巨大影响。

文化需要用语言表达,更需要用语言传播。翻译涉及两种语言与文化,因此可以将其视为两种语言文化之间进行有效沟通的一座桥梁。在翻译实践过程中,翻译目的、翻译主体和翻译策略都影响着跨文化传播。不同的翻译目的导致跨文化传播不同的效果。只有明确正确的翻译目的,才能实现最为有效的跨文化传播。作为翻译主体的译者,其文化意识往往会影响跨文化传播,因为在翻译过程中,就跨文化传播而言,译者的责任是对源语文化信息进行正确而完整地解码,然后再以信源主体的身份将已接收并解码好的源语文化信息在目的语中成功编码,以便准确无误地传播给目的语读者。归化翻译策略尽管可以让目标语读者能较为轻松自然地理解和接受译文,然而却不利于文化在跨语言中进行有效传播。相比之下,异化翻译尽管给目标语读者带来文化理解上的困难,但却因其将源语文化图式完全移植到目的语中而保留完整的异域文化信息,能够帮助目标语读者建立起新的文化图式,达到实现有效跨文化传播的目的。[2]

---

[1] 单波:《现代传媒与社会、文化发展》,《中国媒体发展研究报告》2002年卷。
[2] 刘明东、何晓斓:《翻译对跨文化传播的影响》,载《外语学刊》2011年第2期。

在中国和西方翻译界，翻译理论和翻译标准林林总总，其中，严复提出的"信达雅"翻译标准占据着举足轻重的地位。在全球化的背景下，各种文化的交流越来越频繁，"信达雅"可谓是跨文化传播中翻译者应遵循的信条。在对翻译理论的探讨中，应从特定的历史、文化环境出发，充分关注影响翻译活动的语言、政治、历史、文化等多重因素。

（二）跨文化传播的技巧

国际传播是跨越国界的传播，同时也是跨越文化的传播。每个国家在发展过程中，都形成了特殊的民族文化，体现在思维方法、世界观、人生观、信仰、风俗习惯、语言和非语言符号等多方面。跨文化传播的核心应该是各民族或民族文化平等地参与世界性的对话体系，跨文化传播应成为一种由世界各民族或民族文化共同参与构成的公共论坛，每一个特定文化都是一个文化主体，都有权利对全球性议题表明自己的立场。在国际传播中，要更好地进行跨文化传播，应该注重传播策略，认同文化的差异性，了解、尊重文化差异，发掘并利用人类文化的共性来进行传播。

1. 创新传播手段，注重传播形式

跨文化传播的效果，不仅取决于传播主体所传播的内容是否具有独特魅力，而且取决于其是否具有先进的传播手段和强大的传播能力，文化传播力已经成为国家文化软实力的决定性因素之一。国家文化软实力的提高，需要以现代传媒为载体扩大其文化影响力。因此，要创新跨文化传播的手段，在综合运用各种传播手段的基础上，需要重点采用新媒体传播手段，增强文化传播的影响力和竞争力。

运用高新技术手段能够增强文化传播的表现力和吸引力，以互联网为代表的新媒体传播，具有快捷、海量、互动、无界、多媒体等特点，由于其内容价值、传播模式、传播效果等方面的优势，决定了其具有强大的生命力。如果能够加强新兴媒体和传统媒体之间、新兴媒体和新兴媒体之间的多媒体互动融合，将有利于构建一个传输更加快捷、覆盖更加广泛的文化传播体系，从而实现立体传播。

2. 深入了解传播对象的文化，寻找不同文化的结合点

按照文化学者们的归纳，从构成形态上来看，文化由三个层面组成：最外层的是文化的物质层。物质层是文化的物质载体，也是文化中最为活跃也最易变化的因素，常常处于变动之中。中间的一层是理论、制度层，包括科学理论、政治、法律、教育制度和思想等。理论、制度层是文化中最为权威的因素，规定着文化整体的现实面貌。最内层是文化的心理层，它是文化中心理的部分，是人的实践活动长期积淀的结晶，包括价值观念、行为方式、审美趣味、道德情操、民族性格等。心理层是文化中最为核心，也最为稳定的层面。文化的三个层面彼此相联、相互依存，共同构成了文化的统一整体。因此，对传播对象国文化的了解不能仅停留在人们的衣、食、住、行等文化的表层，而应深化对人们的观念体系、思维方式、道德规范等文化的深层结构的探索。[①]

要想在国际传播中获得理想的传播效果，首先应该承认并尊重各个文化的存在价值，以开放、宽容、求同存异的态度看待文化差异，

---

① 崔惟航：《全球化与文化的多元化》，载《文化研究》2001年第5期。

并在尊重文化差异的基础上深入了解、认识文化间的这些差异，避免用自己的文化标准来解释和理解其他文化中人们的行为。只有深入了解传播对象国文化的深层结构，才能对该国民众的民族性格、情感心理有更深刻的理解和领悟。通过研究对象国受众的认知心理、情感心理、审美心理等，理解他们深层次的民族心理特征、价值观念和趣味取向，寻找不同文化的结合点。

其次，在国际传播中，要更好地进行跨文化传播，应该通过文化对接，实现不同文化之间的求同存异，互通有无。要以恰当的包装、话语形式的创新、亲近性传播文本来实现转换。通过符号表达的易读性、文本思维方式的接近性、心理上的契合性以及利益上的关联性等，有针对性地开展传播活动。针对不同地区的受众特点和文化需求，提供不同形态、不同包装的内容产品，以符合接收者的风土人情和文化心理，即以文化的融合来适应跨文化传播的原则要求，力求在全球化语境下报道世界。

3. 注意寻求和传递世界各种文化的共同点，选择人类相通的情感进行传播

不同的肤色、种族、语言、文化传统、宗教归属、教育背景，都无法削弱人类的共性。因而人类在行为、思想、情感、心理上的类似性，不同民族文化所折射出的一些共同性的内涵，全球文化所表现出来的相通性，为人类多元文化的认同提供了基本前提。全球化打破了地域狭隘的边界，使不同民族、不同国家的文化各自冲出封闭、绝缘的状态而相互渗透、影响，共享人类全球共同体丰富的精神资源。

美国哈佛大学学者杜维明认为，"尽管全球多种文明千差万别、各具特色，人类仍可以遵循、共享一些最根本的价值观，它们即为人

道、公正、文明、智慧和信任。这些共同的价值观为人类开展文明对话，培育更高水准的全球文明提供了基本前提"。①

跨文化传播对于民族国家来说，文化既是独特的，也具有世界化趋向。世界不同民族文化所折射出的一些共同性的内涵，全球文化所表现出来的相通性，为人类多元文化的认同提供了基本前提。因此在跨文化传播中，我们可以抓住这类相同的情感来传播本土文化。中国是世界文明古国，有着极为丰富的精神、智慧资源，其中的很大一部分具有兼容性，符合人类文化或文明的共性要求。例如中国传统文化的核心是"和"的理念。"和"和其他民族文化有着共同之处，也是全人类的共同追求。"和谐世界"与联合国教科文组织通过的《保护和促进文化表现形式多样性公约》所提倡的"各种文明互相共存，互相包容"的理念是一致的。②

因此，跨文化传播要以促进世界各民族间的理解、合作、交流与和谐共处为目的，挖掘人类共通的情感和共同的人性，引起传播对象的情感共鸣。

（三）跨文化传播的挑战

跨文化传播是人类共同进步的重要条件，但是由于各种原因，全球各个国家之间的跨文化传播是不对等的。由于这种不平等性的存在，使跨文化传播中存在着文化霸权的现象。

---

① 李萌羽：《跨越差异——论全球化语境中的文化认同》，载《山东社会科学》2004年第5期。
② 赵启正：《注重跨文化传播，以媒体促进世界和谐》，载《新闻记者》2007年第12期。

1. 文化发展不对等导致文化霸权

跨文化传播是一种不对等性的传播,这种不对等性是由不同国家、地区和民族之间的不同发展状况决定的。跨文化传播是一种意识形态色彩很浓的传播形式,必须服务服从于国际经济交往,并受到国际政治的强烈制约。而国际政治、经济是不平等的,跨文化传播的不对等性必然导致文化霸权。

跨文化传播中的文化霸权现象,一般是指文化传播强国与文化传播弱国之间在文化交流中的不平衡状况,即引进文化要素大于输出文化要素的数量,外来文化对本国、地区和民族的影响大于本国、地区和民族文化对外国(地区、民族)的影响的现象。①

跨文化传播中,美国等发达国家在跨文化交流的物质设施和科学技术方面的相对优势更为明显,对发展中国家、地区和民族文化传播主权和文化传播资源构成了威胁,给发展中国家、地区和民族带来了文化压力。全球化的趋势强有力地挤压着本土文化的生存空间,文化的冲突和整合,导致弱势民族文化的萎缩。弱势文化由此可能丧失对自己文化的认同感、丧失文化传统甚至丧失民族自信。

弱势国家在跨文化传播中要选择一条既经济节约又符合本土文化特色且能产生良好效果的传播策略。一方面,选择对方容易接受的传播形式,尽量让人们在轻松愉快中了解本国文化。另一方面,因地制宜,结合当地文化来传播,尽可能采用本土化措施来最大限度地实现传播效果。跨文化传播中如能找到两国相通、相近的地方并以此为突破口来传播本国文化,将更有利于传播对象的接受。再者,选择相通

---

① 庄晓东:《传播与文化概论》,人民出版社,2008年版,第355页。

的情感偏好，从内心达到更好的融合。

2. 文化差异影响传播效果

传播的全球化促进了各民族和地域的文化的广泛而便捷的交流，各种文化在交流中碰撞激荡，相互融合，相互影响，相互依赖，世界文化呈现出多姿多彩的局面。但由于各民族形成和发展的历史条件不同，所处的地理环境不同，政治制度、宗教信仰、生活方式不同，形成了各民族文化的多样性和差异性，文化差异是影响跨文化传播效果的重要因素，文化差异的大小决定了不同国家之间交流沟通的难易程度。

减少文化差异，促进文化交流有赖于各类媒体和各种工具。语言是一种交流的工具，同时也反映出本民族的文化特点甚至哲学思想。因此，语言文字的互换即转译是否流畅，是否符合传播对象的语言习惯、文化心理，直接影响到文化交流的效果。传播要达成意义上的共享，必须形成一种能为社会成员共同认可的符号，按照符号学的观点，跨文化传播的最终使命是要打破语言的隔膜。

世界上所有的民族都有自己的生活方式和传统习俗，这些都会在语言中得到体现，使语言带有不同文化的特征。美国著名翻译理论家尤金·奈达在他的著作《语言、文化与翻译》中指出，"语言在文化中对词义、习语含义的影响如此带有普遍性。以致在不仔细考虑语言文化背景的情况下，任何文本都无法恰当地加以理解"。他认为，笔译和口译中出现的最严重错误，往往不是因为词语的表达不当所造成的，而是因错误的文化假设所导致的。造成翻译中文化负向迁移的一个重要原因就是不同语言与文化之间存在的巨大差别。因此，表面上从一种语言到另一种语言的转换是远远不够的，在此过程中将丧失某些文化内涵。只有掌握两种语言，熟悉两种文化，注意不同语言的文化差异，才能成功扮演两种不同语言与文化之间媒介者的角色。

三、跨意识形态传播

意识形态是与一定时期的经济和政治直接相联系的观点概念的总和，包括政治经济思想、宗教哲学等意识形式。在《〈政治经济学批判〉序言》中，马克思指出："人们在自己生活的社会生产中发生一定的、必然的、不以他们的意志为转移的关系，即同他们的物质生产力的一定发展阶段相适合的生产关系。这些生产关系的总和构成社会的经济结构，即有法律的和政治的上层建筑竖立其上并有一定的社会意识形式与之相适应的现实基础。"[①] 在这里，意识形态作为"观念的上层建筑"，是对社会经济生活过程进行反映的社会意识形式的总体。全球化作为一个不可逆转的历史趋势，包含着对政治、经济、文化的多维建构。随着经济和文化的全球化进程，对大众传播及其传播信息的控制越来越成为意识形态竞争的焦点。

（一）全球化对跨意识形态传播的影响

我国资深外宣专家金初高认为："国际广播，就其主要特征而言，是一种对外政治宣传工具，是各国为其本国利益对外宣传其政策观点和争取世界人心的有效手段，是意识形态斗争、国际政治斗争的战略性宣传武器。"[②] 在第二次世界大战期间，国际广播成为交战双方进行心理战的重要工具。英、美、苏等国的对外广播对瓦解法西斯主义国

[①] 《马克思恩格斯选集》第二卷，人民出版社，2012年9月第3版，第2页。
[②] 金初高：《当代世界传播研究》，中国国际广播出版社，1996年版，第9页。

家的士气和鼓舞世界人民反法西斯的信心做出了突出贡献。二战结束后，随着冷战帷幕拉开，国际广播便变成了西方国家为自己外交政策服务，进行反对共产主义国家的意识形态斗争的重要工具，同时也是东西双方舆论战的有力武器。冷战结束后，国际格局发生深刻变化，在全球经济一体化、信息传播全球化的背景下，国家意识受到冲击，跨意识形态传播从传播内容、传播路径到传播手段都发生了很大改变。

1. 由政治"硬"传播转为文化"软"渗透

在信息传播全球化背景下，信息自由流动、受众接收渠道和兴趣的多元，以往的政治"硬"传播已经不能适应新的受众需要，于是改用以文化渗透这种"软"手段代替，以文化为代表的"软力量"被推到了核心的位置上，传播内容以文化为外包装，以意识形态为隐形内核。各国在文化和意识形态为主的"软力量"的较量已经胜于以经济、军事为主的"硬力量"的竞争。突出表现在对目标国受众（尤其是在冷战对立面国家）不再用带有明显政治倾向的攻击、诽谤的妖魔化手段，而是以"客观""公正"的新闻报道方式获得听众的信任，节目中的消息来源都是目标国人士，淡化国际广播的政治意图，在对本国的内容介绍上，侧重自己国家在经济、政治、文化等方面的优越性，使受众有意无意地与自己国家产生对比，用文化传播的方式蕴含政治信息，从而潜移默化地影响受众的价值观。

2. 文化全球化影响跨意识形态传播路径

意识形态是社会的思想上层建筑，是一定社会或一定社会阶级、集团基于自身根本利益对现存社会关系自觉反映而形成的理论体系。这种理论体系是由一定的政治、法律、哲学、道德、艺术、宗教等社会学说、观点所构成的，并成为一定的政治纲领、行为准则、价值取向、社会理想的思想理论依据。在实践上，意识形态具有维护一定社会制度和阶级统治的合法性功能；对一定阶级和一定社会的人们具有统一思想、统一意志、统一行动的功能；具有推动历史前进的精神动力和思想旗帜的作用和一定的社会调节管理职能等。① 意识形态是文化的上层建筑，是一定文化的升华，它来源于社会文化实践。文化是意识形态的基础，一定的社会文化形态产生一定的意识形态；一定的意识形态与一定的社会文化相适应。意识形态要随着文化实践的发展而发展，随着文化的重构而调整；同时，意识形态所具有的能动性又对文化的整合起着重要的导向作用。

在文化交流全球化的过程中，各民族文化的融合与交流伴随着意识形态的碰撞与互动。其过程也是各种思想文化互相激荡、互相渗透的过程。意识形态作为文化的深层次内容，同样要面向世界，接受其他文化的渗透和挑战。因此，文化传播成为跨越意识形态传播的首要路径。从文化层面推动国家意识形态传播就是以文化视角重新阐释国家意识形态，并以文化样态实施国家意识形态传播。文化传播国家意识形态的过程，就是通过文化现象的再现、文化情境的描摹、文化情感的熏陶、文化精神的解读来把蕴含在文化中的国家意识形态传递出来的过程。

3. 新媒体的全球化和社会化拓展了跨意识形态传播的空间

新媒体技术对于意识形态的构建产生了极大影响，全球化、网络

---

① 谢晓娟、郭京龙：《意识形态在文化全球化背景下面临的新挑战》，载《中国特色社会主义研究》2002年4期。

化和社会化发展的新媒体，空前拓展了意识形态存在的时间与空间，使得意识形态无所不在、无时不有，不同意识形态的冲突与交锋更为直接、激烈和多样化。尽管西方在新媒体格局中依然占有极大优势，但新媒体也为广大第三世界国家提供了一定的话语权。新媒体之前，跨国媒体完全为西方所垄断，国际传播中的意识形态战基本上是西方独霸的格局，中国以及广大第三世界国家同西方发达国家有着巨大的实力差距，而且在短期内还难以改变。新媒体时代的到来为跨意识形态传播提供了难得历史机遇，新媒体技术为跨意识形态传播提供了最先进的手段。

意识形态可以通过无所不在的新媒体渗透到各个领域，极大丰富了跨意识形态传播的手段，个性化、互动性的新媒体大大降低了意识形态的进入门槛，降低了传播成本。

(二) 跨意识形态传播的策略

意识形态是反映特定阶级或社会集团根本利益的思想体系和价值体系，从心理学的角度讲，价值认同分为认知认同、情感认同和行为认同三个阶段。跨意识形态传播应遵循价值认同的规律，通过创新传播方式，拓展传播渠道，打破意识形态传播壁垒，使传播对象从认知认同到情感认同，最终达到行为认同的阶段。

1. 改进传播方式，淡化宣传色彩

宣传是一种服务于特定议题的讯息表现手法。传播是指社会信息的传递或社会信息系统的运行。相比较宣传，在国际语境中传播是一个中性词，它强调的是信息的共享以及信息传播过程中建立的关系。淡化宣传色彩并不是要改变媒体性质，而是改变国际传播的信息传播方式和传统的思维方式，提升报道质量，提高国际传播实效。

"宣传"一词在西方被认为带有政治色彩的推销、灌输、煽动、洗脑和偏执等意味，因此，民众对"宣传"普遍持有一种戒备和抵制心理。尤其是来自社会主义国家的信息，如果带有强烈的意识形态色彩的宣传，将不利于沟通和交流。在国际传播中，应该讲究传播策略，突出信息资讯，淡化意识形态，主打民族文化牌和传统文化牌，通过民族传统文化广泛而深入的传播和长期的浸润和积累，实现"随风潜入夜，润物细无声"的传播实效。

2. 以文化视角阐述核心价值观

价值观是文化的内核，文化是价值观的载体，价值观通常都需通过文化才能有效地影响社会组织和个人的思想和行为。跨意识形态传播只有实现从政治化思维方式向文化思维方式的转变，把国家意识形态转化为社会文化内在因素的一部分，使其深入人的头脑，融入人的灵魂。

大众传播的信息既具有商品属性，又具有文化属性。在信息传播中，介绍文化是一种中性手段，受众是在接受一种文化、一种知识，而不是在接受一种思想、一种观点，这样容易引起兴趣，易于双方的交流与沟通，容易被受众接受。

在国际传播中，只有文化传播才具有最强的渗透力和感染力，才能最大程度地达到传播者希望达到的效果。要善于运用传播对象国听得懂、易接受的方式和语言，把本国的政治、经济、科技、历史文化、日常生活、民俗风情、价值观念等寓于国际传播内容之中，在客观提供和呈现大量信息资讯的同时，潜移默化影响受众。只有一个国家的文化能够对其他国家产生吸引力，得到普遍认同，甚至被吸纳或融合到其他国家的文化中去，才能促进不同国家之间的理解和沟通。

3. 加强新媒体的运用

一种信息的传播方式就是一种意识形态的传播途径，掌握一种信息传播方式就拥有了传播某种意识形态的权力和影响力。以网络媒体和移动媒体为代表的新媒体形式，在新世纪以来开始成为国际传播中越来越重要的力量。

互联网具有传播便捷、信息量大等特点，能够通过文字、图片、音频、视频、动画等多种形式快速高效地把信息传递给广大网民，使他们从思想意识到行为实践都受到潜移默化的影响。虽然报刊、广播、电视等传统媒介在舆论引导格局中仍然发挥着重要作用，但网络、手机等新兴媒体在第一时间公开、透明地发布信息，对舆论的形成和走向产生了不可估量的影响。通过话语和形式的创新，把意识形态引入网络传播中，不断扩大覆盖面，增强影响力。

（三）跨意识形态传播的挑战

在全球化过程中，发达国家总是利用既有的科技优势，凭借互联网、大众传媒等各种舆论工具，不遗余力地宣扬西方主流文化价值观，以单一的视角强调西方主流文化的一元性，预言未来全球文化的同质化，与此同时又以贬损和牺牲其他文化多样性视角为代价，所有这一切都会严重损害其他非西方的文化传统和价值观。坚持"西方文化中心论"立场的人，经常把自己的意识形态和价值观念当成唯一合理而正当的形式，并以此为标准去衡量他人的文化，压制多元文化发展。

借助信息优势，发达国家成为信息强国。在美国发起并由美国主导的互联网成为美国等西方国家向全世界推销自己的价值标准、意识形态、社会文化的主要平台。文化的双向交流也变成了单向输出、单方接受。发达国家具有的网络优势，严重动摇着包括社会主义国家在内的发展中国家的思想意识、价值体系、民族文化与信仰体系。对于"信息弱国"来说，其信息资源、信息产业、信息传播、信息安全将被控制在"信息强国"手中，它们的优势文化被贬低、丑化，它们原有的思想文化、价值观念和生活方式面临着被"信息强国"加以改造和扭曲的危险。美国当代著名文化理论家弗·詹姆斯指出，现在第一世界掌握着文化输出的主导权，可以通过文化传媒把自身的价值观和意识形态，强制性地灌输给第三世界。而处于边缘地位的第三世界只能被动地接受，他们的文化传统面临威胁，母语在流失，意识形态受到不断的渗透。

在全球化的背景下，如何更好地达到跨意识形态传播的效果关键在于能否抓住时机变被动为主动，树立全球意识，充分发挥网络媒体在文化和意识形态传播中的作用，利用新媒体实现传播效益的最大化。在文化和意识形态领域内与西方争夺话语权，从而为自身的生存和发展创造有利的国际舆论环境。

第二章
中国国际广播的发展历程与经验教训

第一节 国际台的发展历程

一、外语广播阶段

（一）外语广播的概况

早在1936年"西安事变"前后，中共中央就提出要建立自己的广播电台，当时由于延安工业落后等原因，这一设想一直未能实现。1940年3月，出国治病的周恩来从苏联莫斯科回到延安，带回共产国际援助的一部广播发射机。中共中央决定成立广播委员会领导广播电台的筹建工作。周恩来任广播委员会主任，中央军委三局局长王诤、新华通讯社社长向仲华等为委员会成员。同年5月，周恩来去重庆工作，由朱德主持筹建工作。

1940年12月30日，在延安的窑洞里传出了人民广播第一声。延安新华广播电台开始播音，呼号为XNCR（当时按照国际有关规定，中国无线电台呼号第一个字母为 X，NCR 系英文 New Chinese Radio 的字头，意即新中国广播）。当时，发射功率只有 300 瓦，频率是 600 千周。每天播音 2 小时，主要内容为中共中央和陕甘宁边区政府的重要文告以及国内外新闻等。广播电台是新华社的一个组成部分。

当时尽管没有开办对外广播，但党中央对对外宣传十分重视。1941 年 1 月 26 日，延安《新中华报》刊载新华社启事："新华社广播电台决定于 2 月 1 日开始播音，除报道国际国内及抗战消息外，并经常有音乐、名人讲演、科学常识、日语、革命故事等节目，欢迎各界自由收听。时间——每天上午 10 时至 11 时，下午 8 时至 10 时，波长为 24.5 米，呼号为 XNCR。"当时的日语广播节目属于试办性质。5 月 25 日，中共中央发布关于统一各根据地对外宣传的指示，指出"中共在全国以至全世界所占的重要地位，中共每一负责同志和领导机关之一言一行在全国以至全世界所发生的巨大影响，政治形势之紧张，敌人谋我之尖锐，党派斗争之激烈，都要求我党统一对外宣传及采取慎重处事的态度"。指示强调，"一切对外宣传工作的领导，应统一于宣传部"。同日，中共中央宣传部发出关于电台广播的指示："电台广播是各抗日根据地目前对外宣传最有力的武器。"

1941 年 12 月 3 日，延安新华广播电台正式开办以侵华日军为主要对象的日语广播，时间为每周三 17：00—17：30，那时候，没有录音设备，播音员都是直播。但根据当时监测的资料显示，在日语广播频率附近突然增加了敌方干扰，说明日语广播已初见成效。

其后，在一些解放区新华广播电台也相继开办了外语广播，但都局限于以本地区的外国人为对象。

1945 年 8 月，中华民族经过浴血奋战赢得抗日战争的胜利，但同时又面临着中国向何处去的斗争。1946年6月,国民党在美国支持下,发动全面内战。各解放区军民奋起自卫,经过一年多的作战,中国人民解放军由战略防御转入战略进攻。

1947年3月21日,延安新华广播电台改名为陕北新华广播电台。为防备敌人空袭,只在每天晚上播音一次。3月30日,陕北新华广播电台转移到晋冀鲁豫解放区的太行山,即河北省涉县境内。1947年9月11日,陕北新华广播电台在河北省涉县沙河村正式开办英语广播。从当天起,陕北新华广播电台的英语广播使用意大利《阿依达》歌剧中的《凯旋进行曲》为开始曲,每天广播20分钟,宣传的内容与形式都有了新的开拓,达到了新的境界。

1949年3月,陕北新华广播电台随党中央和人民解放军总部迁至北平,改称"北平新华广播电台",继续英语广播。1949年6月,日语广播恢复播音,开始每天广播15分钟,不久增加到每天广播30分钟。与此同时,针对华侨的汉语广州话、潮州话、厦门话也开始播音。同年9月27日,北平新华广播电台改名为北京新华广播电台。1949年10月1日,中华人民共和国宣告成立。12月,北京新华广播电台改称中央人民广播电台。从此,中国人民对外广播事业进入了一个新的历史发展时期。

(二) 外语广播的主要任务

抗战期间,中共中央十分重视瓦解敌军工作。延安新华广播电台于1941年12月开始了日语广播,每星期广播一次,内容主要是宣传中国人民抗日战争和世界反法西斯战争的胜利,揭露日本侵略者的暴行,介绍在华日军反战同盟的活动,宣传八路军宽待俘虏等政策,鼓励日本士兵反战，瓦解敌人的斗志。当时播出的稿件分两部分：有关在华日本人反战活动方面的稿件，统一由在华日本反战同盟编写。反战同盟由在华的日本人组成，其中包括被俘或投诚的日本官兵。那时华北各地都有反战同盟组织，广播中介绍过这些组织的活动消息，除报纸、广播采用外，还编成传单、小册子广为散发。被俘的日军经常在集会上讲述他们在日军被虐待的情形和感受，揭露日本军国主义的残暴行径和罪恶本质，也成为广播的重要方面。另一部分是新闻和评论，包括国际、国内新闻，统一由中国工作人员编写。稿源为新华社电讯、延安《解放日报》和《参考消息》等。

在抗日战争期间，特别是日本侵略者发动太平洋战争以后，日本士兵情绪低落，他们收听了延安日语广播以后，滋长了反战思想，陆续出现个别或集体向八路军投降的情况。

解放战争期间，新华社制定了语言广播暂行工作细则，其中有关语言广播部的任务确定为："宣传党的政策和主张，报道国内外时局的动向，有计划与有系统地宣扬我党我军与解放区的事业和功绩，揭发国民党的腐败黑暗统治并宣传与鼓励其统治区广大人民的民主运动。"在具体业务方面有如下规定："收听国内主要电台语言广播及国外华语广播，并作摘要或记录。""研究别人的语言广播技术，包括节目配备、新闻与文稿的写作技巧、广播技术等，以作为改进自己业务的借鉴。"

当时，凡是中共领导人的重要活动、党的政策和主张、人民解放战争的重大胜利消息、时局述评等都及时通过电台英语播出。上述内容的广播，有力地配合了党领导的人民解放战争逐步走向胜利。

二、对外广播阶段

(一) 对外广播的概况

从 1949 年中华人民共和国成立到 1956 年，中国迅速恢复了国民经济，并开展了有计划的经济建设，在全国绝大部分地区基本完成了对生产资料私有制的社会主义改造。1950 年爆发了朝鲜战争，中国派出志愿军，与朝鲜人民军并肩作战，1953 年 7 月 27 日实现朝鲜停战。从 1953 年起，中国开始了第一个五年计划的经济建设，1954 年制定了《中华人民共和国宪法》，全国到处一派欣欣向荣景象。

在国际方面，新中国的成立在国际上产生了巨大影响。新中国以独立自主的姿态走上国际舞台，坚决反对帝国主义的侵略政策和战争政策，坚决支持各国人民的正义斗争。一些国家纷纷与中国建立外交关系。世界各国人民希望了解新中国发生的变化，海外华侨渴望知道祖国和侨乡新貌。这种形势要求中国必须迅速发展自己的对外广播事业。

1. 北京广播电台 (Radio Peking) 的成立

1949 年新中国成立后，中央广播事业管理处改组为中央广播事业局。12 月，北京新华广播电台改名为中央人民广播电台。当时对内广播和对外广播是一个机构。随着对外广播事业不断发展，一批批怀着强烈爱国热情的归国华侨青年参加了对外广播的行列，逐步形成一支有编辑、翻译和播音员等分工的专业队伍。1949 年 10 月，中央人民政府设立新闻总署，负责领导全国的新闻事业，管理国家新闻机构。下属一厅（办公厅）、一社（新华社）、三局（广播事业局、国际新闻局、新闻摄影局）、一校（北京新闻学校）。国际新闻局成立后，原新华社英语部的一部分并入该局改称新闻处，仍负责编写英文对外文字广播和北京新华广播电台英语广播稿件。1952年新闻总署撤销时，英语部文字广播部分归入新华社对外部，英语口播部划归中央广播事业局。

1950年4月10日，对中国人民对外广播事业来说，是一个具有划时代意义的日子。从这一天开始，新中国的声音，正式以北京广播电台（Radio Peking）呼号向全世界广播，对华侨广播使用"中央人民广播电台"的呼号。从这一天起，中央人民广播电台成立了国际广播编辑部（简称对外部），负责对国外广播稿的编辑、翻译和播音工作。对外联络工作均用"北京广播电台"的名义。

2. 对外广播语种快速发展

1953年开始执行的第一个发展广播事业的五年计划，规定了"先中央台、后地方台，先对国外广播、后对国内广播"的建设方针，并开始建设大功率发射台，以适应国内、国际形势发展的需要。在中央和有关部门的支持下，中央广播事业局调集和培养了各种外语翻译、播音和技术人才，为开办新的语言广播创造条件。

新中国成立初期，中国人民对外广播的基础极为薄弱。第一个五年计划期间，中央的方针是，发展对外广播优先于对内广播，首先是开办对周边国家和地区的广播和对华侨广播。当时，熟悉对外广播的干部也十分缺乏，一批批怀着强烈爱国热情的归国华侨青年参加了对外广播的行列，逐步形成一支有编辑、翻译和播音员等分工的专业队伍，使最早开办对东南亚地区的几种语言广播的计划得以实现。

1950年4月，对外广播除原有的英语、日语和汉语广州话、厦门话、潮州话以外，又增加了越南语、缅甸语、泰语、印尼语广播以及汉语客家话广播。从此时起，上述4种汉语方言广播正式对东南亚地区播出，对外广播开始用"北京广播电台"（以下简称北京电台）呼号播音。其后又陆续增加了对东南亚华侨和对欧洲中国大使馆人员、留学生广播的汉语普通话广播，以及对苏联的俄语寄送节目。1950年6月25日，朝鲜战争爆发。同年7月2日，朝鲜语广播正式开播。最初每天播出1次，30分钟。但形势紧张时增加到每天播出3次，每次30分钟。先是以朝鲜民主主义人民共和国的听众为对象，后扩大为以整个朝鲜半岛听众为对象。1956年，西班牙语、柬埔寨语、老挝语广播相继开播。

3. 对外广播实力迅速增强

新中国成立初期，在百废待兴的情况下，中国先后研制成功了120千瓦发射机、15千瓦短波发射机，构成了20世纪50年代对外广播的基础力量。1956年年初，中央决定建设1000千瓦对外中波发射台，这是当时世界上功率最大的发射台之一。由周恩来总理确定地点在云南昆明，该发射台由中国工程技术人员自行设计安装，很多设备是国产的，于1959年新中国成立10周年前夕投入使用。

在发展和建设对外广播发射台的同时，中央确定中国对外广播以亚洲为重点，对美广播重于对欧洲广播。1950年4月10日，对外广播除原有的日语、英语和对华侨广播的汉语广州话、潮州话和厦门话以外，新增加了印尼语、越南语、泰语、缅甸语广播。在播出时间方面，1949年6月，日语广播每天播出2次，每次15分钟。英语广播每天播出2次，每次30分钟，主要对象为东南亚地区。汉语广州话、厦门话、潮州话每天分别播出2次，每次各15分钟。到1950年4月，对海外华侨广播记录新闻每天播出 2 小时，汉语广州话、潮州话、厦门话、客家话各 30 分钟。从这时起，正式确定汉语普通话和四种方言对东南亚地区华侨广播。印尼语、越南语、缅甸语每天分别播出 1 次，每次 30 分钟。泰语每天播出 1 次，15 分钟。英语、日语每天分别播出 1 次，每次 30 分钟。朝鲜语广播开始试播。

1952 年，随着新的发射机投入使用，对外广播各语言广播播出时间也陆续增加。日语、英语广播每天各播出 3 次，每次 30 分钟；朝鲜语、越南语、印尼语、缅甸语和泰语广播每天各播出 2 次，每次 30 分钟；汉语广州话、厦门话、客家话和潮州话广播每天各播出 2 次，第一次 15 分钟，第二次 30 分钟；汉语普通话每天播出 1 次，30 分钟。到 1956 年年底，中国对外广播拥有发射机 11 架，总功率为 1175 千瓦，使用 14 种语言，每天播音为 25 小时。北京电台从 1951 年收到 18 个国家和地区的听众来信共 650 封，到 1956 年增加到 68 个国家和地区，达 15284 封。

（二）对外广播的主要任务

1950 年 2 月 4 日，国际广播编辑部向中央作了书面工作情况报告，并得到批准，其中提出了对外广播宣传的四项主要方针：①宣传中国人民解放战争的胜利，人民民主专政的增强和巩固，以及经济和文化建设方面恢复与发展的成绩，使亚洲各国人民了解新中国的现况，认清自己的前途，提高斗争的胜利信心，使海外侨胞更加热爱新生的祖国。②介绍中国革命工作的经验，以帮助亚洲各国人民解放事业（此条刘少奇批示时删去）。③宣传以社会主义苏联为首的世界和平民主阵营力量的强大和发展，以及中苏友好的增进，报道亚洲各殖民地国家的民族解放、人民民主运动和人民武装斗争，以鼓舞各国人民的斗争意志和胜利信心。④揭露以美帝国主义为首的反民主阵营的危机、恐慌和矛盾及其侵略备战的阴谋，号召为反对帝国主义——首先是美帝国主义而共同斗争。

随着对外广播事业的快速发展以及建设经验的积累，对外广播的主要任务和方针也随之厘清于明确。1964年4月3日至21日，在第八次全国广播工作会议上，梅益局长作了《为进一步提高广播、电视宣传的质量而奋斗》（即宣传业务整改草案《提纲》）的报告。这是中央广播事业局党委在深入调查研究的基础上，对人民广播创建以来，特别是新中国成立十几年来正反两方面的经验总结，也是对外广播史上首次比较全面、系统、完整地提出对外广播方针、措施和意见等发展战略的文件。

报告在"业务工作的基本估计"中指出："我们的广播在国内外的影响是不断增长的。""我们的广播电台是世界上几个大广播电台之一。在思想战线上，它已成为党联系和教育国内和国外广大群众的重要工具，成为和美帝国主义、各国反动派以及现代修正主义进行斗争的强有力的武器。现在，中央台拥有空前众多的听众，北京电台的影响越来越大。"在谈到不足时，报告说："我们的广播和电视还没有巩固地占领国内外的阵地；我们在宣传党的路线、政策和配合国内外斗争方面还不够有力；我们的影响和作用与党和国家在国内外的巨大威信很不相称；我们事业的规模，特别是队伍的状况和客观的实际需要还有不小的距离。"报告强调，要从总结工作入手，进一步明确各项业务工作的方针，同时提出改进措施和今后的奋斗目标。

报告指出，"北京电台今后一个时期的中心工作是：宣传我国的政策、情况和革命经验并结合这些宣传毛泽东思想，同时在政治和思想战线上展开反对帝国主义、各国反动派和现代修正主义的斗争。北京电台要通过它的广播积极支持、鼓舞共产主义运动的左派，革命的劳动人民和亚、非、拉民族民主运动的革命派；大力团结、教育中间派，同时千方百计地争取尽可能多的其他各种听众"。

报告对改进新闻性节目提出了切合实际的、比较好的建议。报告说，"新闻应该快些、多些，短些。从政治利益考虑，该快的就要抢，不该快的就要压。我们目前主要的弊病是迟缓。肯尼迪之死可不可以快点进行客观报道呢？应该是肯定的。当迅速和准确两者不能兼得的时候，我们宁可等一等。准确是我们必须遵守的原则"。报告强调，要扩大国内新闻的来源，同时还要增加国际新闻的比重。要设法收听重要外台的广播，挑选一些经过我们的比较、分析和判断证明它是准确的加以客观报道，以丰富国际新闻的来源。

报告说，"北京电台的新闻性节目主要任务有二：一是报道我国的情况，一是阐述我们对重要问题特别是国际问题的观点。除了关于建设成就的报道外，介绍我国的情况，要着重介绍我国人民的情况，这是外国听众所最感兴趣的。要告诉他们，我们的人民在想些什么，在做些什么，他们怎样生活。要着重介绍我国劳动人民的精神面貌和共产主义风格，外国听众从这些报道中得出结论：只有在社会主义制度之下，人才变得这样高尚和美好"。

"为了介绍我国的情况，应该扩大选材的范围，从各个角度叙述我国建设的成就，从外国听众最感兴趣的同时又是最平凡的一些事情，比如中国妇女如何解决带孩子和工作的矛盾，罪犯的改造，一个工人家庭，劳动人民如何过星期天等来说明我国社会主义制度的优越性。"

"关于中国的一些常识（如文字改革）和风俗习惯（如春节）的介绍，也是外国听众感到兴趣的，并且有助于他们了解中国。"

"最后，还要介绍中国人民和各国人民的友好活动。对外广播要重视友好的宣传，要把中国人民对全世界人民的友好愿望传播得更广更远，以加强他们同我们之间的团结。"

报告总结了办好对内对外新闻性节目的6条经验，至今仍有指导意义。这6条经验是：

第一，要通过事实来进行宣传。"对外广播要十分重视摆事实、讲道理的做法。要靠事实说话，要充分利用事实来支持我们的观点，把道理说透，使人心悦诚服。"

第二，"要实事求是，还要留有余地，重要的事实一定要经过核对"。"在挑选典型问题上要有区别：关于精神方面的应该挑最先进的，可是关于建设成就和人民生活方面的就不宜拔尖。建设成就和人民生活有十分最好说八分，更不要把少数突出的当作普遍的事例来宣传。""对外宣传是不是可以讲困难？广播主要是进行正面宣传，我们可以讲克服困难的过程，宣传成就是在克服困难之后取得的，是在发奋图强、自力更生的精神指导下取得的，宣传我国人民为克服困难所表现的英雄气概，但是决不消极地暴露困难，给敌人以造谣诬蔑的弹药。"

第三，要掌握"两点论"，防止片面性和简单化。"马克思主义者是一切从时间、地点等具体条件出发的，介绍一种先进经验，必须要有分析，把背景和具体条件讲得一清二楚，以便各地因时制定，因地制宜，仿效推广。""过去我们宣传先进人物和先进经验，时常是绝对化，一好百好，什么都好，这就是片面性，这种宣传的实际效果不好。"

第四，要善于吸引听众。"首先要选取听众最关心的和最感兴趣的那些题材；其次是要写得生动、有说服力，使人听之有味，想听下去。新闻的导语和文章的题目都要吸引人，可惜这方面我们做得并不理想。吸引听众，不是要求我们去迎合迁就听众，而是要更多地考究宣传的艺术和技巧。""我们赞成广播和电视中要有些有趣味的东西，比如黄山瀑布、中国的烹调。但是这样的东西可以有而又不宜多，因为无害的东西多了就会变成有害。"

第五，要少而精。"广播的新闻和文章都要做到精简，即撷取内容的精华，力求形式的简净。一般说一篇广播稿只求讲清楚一个问题。要重点突出，不要面面俱到，四平八稳，拖泥带水。广播不仅文章要短，段落要短，句子也要短。要少用地名、人名、政治和科学术语以及数字。数字要用，它最具体地说服了事物的消长变化，有很大的说服力，但决不能多用。当然，广播有时也播送文章，那是另一种情况，其实文章能否吸引人，本来不在于长短，而决定于质量的高低。但是从日常的广播来说，它必须力求简短。听众大多是忙人，短了才有人听，才能耐心听下去。"

第六，要多反复。宣传中心一经确定就要集中地、连续地进行反复宣传。"所谓反复，不是把原来的文章拿来多播几次，而是围绕同一个中心，从各个角度用各种材料和形式来反复加以阐明。广播不同于文字，不反复不容易求得更大的效果。"

由此可见，对外广播在强调其宣传属性时，已经开始关注广播的具体效果了。

(三)"文革"对对外广播的影响

1966年,我国开始执行第三个五年计划的时候,一场长达10年、给党和人民造成严重灾难的"文化大革命"爆发了。对外广播在宣传方式上,内外不分,强加于人。有关中国情况的宣传报道,不论是新闻也好,专题节目也好,最集中地体现在宣传"文化大革命"和宣传毛泽东思想方面,并成为压倒一切的中心任务。原有的各种固定专题节目都被取消了,一切与此无关的节目内容都被停止宣传,一切传统的常规都被打破了。国外听众来信急剧下降,来信批评性意见明显增多。总之,"文化大革命"期间,中国对外广播事业受到严重的干扰与破坏,整个对外广播宣传受到极左路线影响,节目内容、形式与国外听众收听需求距离越来越远,电台的形象受到很大损害,电台在国外听众中的影响降到了最低点。

三、国际广播阶段

(一)国际广播的概况

1976年10月粉碎"四人帮"以后,中国对外广播事业进入新的历史时期。随着改革开放形势的发展,对外广播的机构也不断地进行调整。1978年5月1日,对国外广播的机构改名为中华人民共和国国际广播电台(简称为中国国际广播电台或国际台)。但对国外广播的呼号仍用"北京广播电台"(Radio Beijing)。1982年5月,第三届全国人大常委会第23次会议通过《关于国务院部委机构改革实施方案的决议》,宣布成立广播电视部,撤销中央广播事业局。国际台隶属于广播电视部,是广播电视部领导下的"中央三台"之一,1993年1月

1日起统一使用中国国际广播电台呼号（China Radio International）。

1. 驻外记者站的建立实现了国际广播的历史性的跨越

1980年4月19日，中共中央宣传部批准了中央广播事业局呈送的《关于向国外派常驻记者的请示》。国际台受中央广播事业局的委托，筹建驻外记者站。中央的这一决策开创了国际报道的新局面，实现了历史性的跨越。驻外记者站的建立大大提高了重大国际事件新闻报道的时效，提高了国际台国际新闻和国际评论的时效，而且使国际台关于国际问题宣传报道的计划性和主动性得到了增强。中国对外广播的43种语言，每天播出所需的稿件不仅数量大，而且要求报道面广，单靠国内通讯社或报刊是无法解决的。国际台驻外记者站建立后，记者发回的录音报道、口头报道、广播讲话等多种具有广播特点和形式的稿件逐步增加，对改进对外广播节目的内容和形式、加强节目的针对性起到了重要作用。国际台驻外记者在努力向本台供稿的同时，还积极为国内媒体提供准确、及时的重大国际新闻。

2. 听众工作获得空前大发展

20世纪80年代初，国际台每年的听众来信只有八九万封，相当于历史上最高纪录的1/3；而当时的美国之音、英国BBC、莫斯科电台每年听众来信都在30万封左右。通过加强对听众的调查研究，建立听众档案，加强节目宣传等一系列工作，1984年国际台听众来信直线上升，到1992年出现了"三个台阶，三大突破"的局面。即听众来信到1986年达到142908封，突破了10万封的大关；1990年听众来信达到211127封，突破20万封大关，创造25年来年度听众来信最高纪录。为此，中央对外宣传小组发来贺信。1992年中国国际广播电台听众来信飙升到328612封，创造了国际台历史上的最高纪录。与此同时，听众调查、节目宣传、建立和健全各项工作制度等方面也取得了显著成绩。

从1993年到2000年，国际台出现了听众来信跨越式增长的局面。1993年，国际台听众来信达到55万封。从全世界范围看，当年超过这个数字的只有英国BBC，它的来信数字为56万多封。从1995年到2000年，国际台听众来信连年超过60万封以上。1997年为650634封，2000年为689866封，几乎与英国BBC并驾齐驱。

3. 电视、互联网、报纸、出版等业务得到初步发展

20世纪后期，高科技迅速发展，数字技术、卫星直播技术、特别是国际互联网的出现，带来了信息领域的一场深刻变革。各种传播媒体逐步走向融合，走向一体化。作为传统媒体的中国国际广播电台，在密切跟踪国外媒体发展动态的基础上，确立了未来的发展方向。20世纪90年代，国际台逐步建立了多语种、多元化、多媒体的信息服务集群网站，开展了电视业务，出版了面向社会的报纸。在此之前，在80年代中期成立的中国国际广播出版社，及其后来发展的中国国际广播音像出版事业也有了很大发展。

改革开放以来，中国对外广播得到很大增强。20世纪80年代，一批中波和短波发射台相继在海南、浙江、云南等地建成，90年代又在新疆、云南等地区建成大功率短波发射台和中波发射台。1997年8月，国际台开始使用卫星传送，通过互转和租机形式在国外直接播出节目，大大提高了广播讯号传输和播出质量。在20世纪50年代初，中国对外广播只有11种语言，每天播出15小时，发射功率为80千瓦。到70年代，发展为43种语言，每天播出133小时，发射功率增加到1万千瓦以上。从1984年到2000年，国际台先后开办两套对内

外语广播，包括英语、西班牙语、法语、日语、德语、阿拉伯语、朝鲜语、俄语和汉语广州话等9种语言广播，并在全国20家地方电台转播其中的一种或多种语言广播。1992年10月，国际台开办覆盖包括港澳在内的珠江口地区的英语、普通话、广州话广播。到2000年，国际台每天累计播出211小时。随着现代化的国际广播新大楼于1997年投入使用，中国对外广播事业发展迈入新的阶段。至此，过去的对外广播变成对内对外的国际广播。

（二）国际广播的主要任务

在十年"文化大革命"期间，中国对外广播宣传的指导思想受到"左"的思潮干扰，强调"以阶级斗争为纲"，把"支持世界革命"作为对外广播的基本任务，不看对象，无视效果，强加于人，影响极坏。

1976年10月粉碎"四人帮"后，中央各对外新闻单位纷纷采取措施清理"文化大革命"中"左"的流毒，着重从宣传指导思想上拨乱反正。

1979年3月，中央宣传部召开新闻、广播、刊物对外报道工作汇报会。会议讨论了对外宣传指导思想、对象、任务和基本原则。认为在宣传对象方面应力争向尽可能多的外国人作宣传，不管是左派、中间派和右派，统治者还是普通人民，一切外国人都是宣传对象。对外宣传主要是为了增进各国人民对中国的了解和友谊，为了创造有利于实现四个现代化的国际环境。会议指出，要真实地、丰富多彩地、生动活泼地、尽可能及时地介绍新中国。这次会议，对于对外新闻战线从指导思想上拨乱反正，清除"左"的流毒，端正宣传方向起了积极的指导和推动作用。

1980年，中央《关于建立对外宣传小组加强对外宣传工作的通知》指出："对外宣传的根本任务是为党的总路线服务，为党的对外路线服务。对外宣传应当真实地、丰富多彩地、生动活泼地、尽可能及时地宣传中国，介绍中国政治、经济、文化、社会生活等方面的情况，宣传中国对外政策，增进各国人民对中国的了解和友谊，提高海外同胞爱国思想，团结一切可以团结的力量，以利于中国的社会主义现代化建设、台湾回归祖国和国际反霸、维护世界和平的斗争。"中央强调指出，对外宣传工作具有重要的战略意义，党在宣传工作上要实行对内对外并举的方针，新闻报道也要内外并举。中央提出，对外宣传工作总的要求是：大胆、活泼、全面、及时。大胆，就是要解放思想，勇于创新，反对墨守成规。活泼，就是要丰富多彩，鲜明生动，引人入胜。全面，就是要实事求是，既讲成绩、进步，也讲不足和困难。及时，就是要讲究时效，不失时机。

进入90年代，随着国际形势和中国改革开放的深入发展，中央进一步加强了对外宣传工作的力度，并提出了一系列方针政策。在1990年召开的全国对外宣传工作会议上，江泽民总书记指出，对外宣传是争取人心的。1990年12月，《中共中央关于加强和改进对外宣传工作的通知》指出："对外宣传的着眼点应主要放在争取国外最广大的群众上，同时要做好国外上层人士或接近决策层人士的工作。中间群众占人口的大多数，比较尊重客观事实，争取和增进他们对我们的了解和友谊，可以对其本国的决策层形成重要的影响。"

关于对外宣传应遵循的原则，中央指出，要"以国家的根本利益为最高准则"。在涉及国家主权、国家利益、民族尊严问题上，要坚持原则，绝不退让。在反对霸权主义、强权政治问题上，要旗帜鲜明，坚决斗争。同时，要讲究策略，注意分寸，掌握火候，做到有理、有利、有节。"对外宣传要坚持以我为主，以正面宣传为主，以事实为主的方针"，"对外宣传既要坚持原则性，又要有灵活性"。中央还提出，对外宣传要打主动仗，争取先发制人。

在1999年2月25日至27日召开的全国对外宣传工作会议上，江泽民总书记在谈到对外宣传工作的目标和任务时指出："对外宣传工作要继续坚持以邓小平理论和党的路线方针政策为指导，贯彻中国的对外方针政策，加大向世界全面介绍中国的力度，增进各国对中国的了解，积极开展国际问题报道和国际舆论斗争，加强和维护社会主义中国的国际形象，更好地为改革开放和现代化建设服务，为祖国统一、世界和平和人类进步做出新的更大的贡献。"

第二节 国际台的历史经验

一、明确职能定位，服务国家大政方针

（一）坚持服务于党的中心工作

国际广播的职责，既有新闻传播，又有文化交流，更有政治宣传。国际台作为中国唯一向全世界广播的国家广播电台，肩负着"向世界介绍中国，向中国介绍世界，向世界报道世界，增进中国人民与世界人民之间的了解和友谊"的重大责任。

在马克思主义的新闻思想中，工人阶级的报刊有着鲜明的阶级性

和政治倾向性，是无产阶级同资产阶级当权者进行斗争的有力武器，是工人运动和人民群众的喉舌。中国共产党在领导新闻事业的过程中，坚持把新闻事业当作人民的喉舌、党的喉舌，国际台也不例外，必须保证其社会主义性质，为社会主义政治、经济、文化服务。对外广播是为党的政治路线服务的，是为党和国家的对外战略服务的。它是争取世界人心的工作，关系到在全世界树立社会主义中国形象的问题，具有战略意义。

1941年年底，陕北延安窑洞里传出的一组日语广播信号向世界发出了中国的声音，庄严宣告了中国人民对外广播事业的诞生。在抗日战争中，日语广播向日本普通士兵宣传了中国共产党的政策主张及中国人民的抗战斗志，瓦解了敌军士气。中共中央批示"广播电台是各抗日根据地目前对外宣传最有利的武器"。

解放战争开始后，党中央迫切需要有计划有系统地宣传党的政策主张，报道国内外时局动向，揭发国民党的腐败黑暗并鼓励广大人民进行民主运动。根据中央指示，利用当时已有的日语、英语、粤语等广播节目向受众宣传中国共产党对时局的看法和主张，极大地打击了国民党势力，为新中国的建立赢得了良好的广泛的群众基础。

1949年，北平新华广播电台用英语、日语和汉语方言向全世界庄严宣告："占人类总数四分之一的中国人民从此站起来了！"新中国以独立自主的姿态走上国际舞台，一些国家纷纷与中国建立外交关系。但是妄图称霸全球的美国拒绝承认中国，企图在政治上孤立中国并对新中国实行经济封锁。另一方面，世界人民和海外华人渴望知道新中国正在发生的变化，中央指示"发展对外广播优先于对内广播"。北平新华广播电台为了更好地服务于党的中心工作,广招人才,逐步建立了一支有编辑、翻译和播音员等分工的专业队伍,增开了客家话、潮州话、越南语、缅甸语、泰语、印尼语、西班牙语、柬埔寨语等广播语言,重点宣传中国社会主义革命的胜利,人民民主专政的巩固,经济文化建设的恢复等国内情况,同时宣传世界和平民主力量的发展并揭露美帝国主义反民主的阴谋。在20世纪四五十年代的无线广播发展黄金期,为新中国打造了良好的国际舆论基础和友好交往氛围。

20世纪七八十年代,中央一方面实行改革开放大力发展经济,另一方面需要应对苏联东欧剧变之后攻击我国社会主义制度的西方势力,西方国家借助其庞大的舆论工具推行所谓"西化战略",散布"中国威胁论",国际台为配合外交与其展开了国际舆论斗争,开始了一场"没有硝烟的战争"。国际台坚决维护国家的根本利益,在涉及国家主权、国家利益、民族尊严等问题上坚持原则毫不退让;在反对霸权主义强权政治上旗帜鲜明斗争坚决,该时期广播节目内容和形式也有了极大的突破。

进入21世纪以来国际格局发生巨大变化,世界力量正在从西向东、从北向南转移,依附其上的国际舆论传播格局也经历着深刻的变革。国家间的政治制度之争、价值观之争、发展理念之争、软实力之争、话语权之争等全都依托对外广播得以实现。国际广播是维护国家安全、促进祖国和平统一的重要舆论工具,是沟通中国与世界的有效载体,也是推动构建和谐世界的重要力量。随着我国综合国力的增强和国际地位的提高,世界各国人民了解中国的愿望也更加迫切,国际台应势不断增加语种,扩展业务范围,力求快速、高效、多渠道地向世界报道真实的中国,秉承"中国立场,世界眼光,人类胸怀"的传播理念,为实现构建现代综合新型媒体集团,让中国的声音传播得更广、更远,为构建和谐世界贡献自己的力量。

(二)坚持服务于国家的发展战略

当前,随着我国改革开放的不断深化,综合国力的不断提高,我国的发展战略出现了新的动向。中国已经成为世界第二大经济体,正在经历从经济大国向经济强国转变的过程,但我们也看到,这一过程不是一帆风顺的,中国既要面对传统强国的阻碍,也要以新的姿态出现在同为发展中国家的第三世界国家面前。这就要求我国重塑国际形象,重视国际传播力的提升就显得尤为重要。其次,随着我国经济发展模式的转型,"中国制造"正在向"中国创造"转变,越来越多的中国企业"走出去",中国的经济正在经历前所未有的国际化进程。作为中国最早,也是平台和传播语种最齐全的外宣媒体,国际台在国际传播上有着天然的优势,应当紧紧结合我国的"走出去"战略,将国家形象、文化输出、经济合作三者有机结合,建立一个三者相互补充、相互促进的本土化传播体系。最后,作为世界上最大的新兴经济体和发展中国家的典范,中国的发展历程对世界其他国家有重要的借鉴意义,无论"中国奇迹"也好,"中国模式"也罢,都是中华民族艰苦奋斗、辛勤劳动的成果,也是中国社会价值观的具体体现。国际台的对外传播工作应当紧紧围绕这一主题,做好文章,讲好故事,充分利用多平台、多语言的资源优势,将中国的主流社会价值观用本土化的传播手段传递给受众,为我国进一步深化开放,为中国的国际化进程做出独特的贡献。

（三）坚持贴近舆论斗争的焦点

国家借助现代大众传播媒介，利用信息维护和谋求本国利益的竞争，即国际传播舆论斗争。全球化和信息化时代，国际传播能力是一个国家综合国力的重要组成部分，没有国际传播能力提供舆论支持，一个国家不仅难以和平崛起，甚至维护正当利益都会非常艰难。特别是在危机状态下，国际传播能力不足，将会丧失新闻话语权，导致虚假新闻横飞，国家形象被妖魔化，国际处境孤立，严重影响国家政局稳定和社会发展。国际台作为国家的外宣机构，负有在国际舆论斗争中维护中国形象和利益的使命。

东欧剧变及冷战之后，西方传播机构继续把反对共产党执政和反对社会主义制度作为战略目标，企图对中国进行和平演变，此时树立中国形象、宣传有中国特色的社会主义成为对外传播的重中之重。国际台审时度势，丰富节目类型和内容，同时广泛展开听众工作，扩大中国与世界各国人民的友谊，为中国新的发展起步赢得了舆论支持。改革开放以来中国经济飞速发展，"中国威胁论"、人权、民族、宗教问题以及经济问题成为新的舆论焦点。国际台依然坚持新闻的真实性原则，向世界说明中国的政策和社会发展、说明中国的历史、回答对中国的问题、反击对中国的攻击。

在世界多极化、经济全球化和科学技术日益进步的新形势下，国际舆论对国家发展的作用越来越大，国际社会对一个国家的评论，大多数媒体的报道和评论形成对该国的舆论环境并对之产生影响。在这样的背景下，国际反华势力利用互联网等手段对我国进行渗透，我国面临的国际舆论形势更为复杂。在现今国际传播中，西方媒体依然处于垄断地位，他们的涉华报道比我们的媒体报道传播得更广，影响也更大。西方对华舆论表现得很复杂，总体上承认我国经济的发展，也及时报道我国的重大时政信息；但在选题和评论上则往往带有强烈的负面色彩，从他们的意识形态和商业利益出发经常炒作甚至制造一些中国的热点问题。而由于舆论垄断，世界上许多国家的人民对中国真实情况所知不多，这在某种程度上给了对反华舆论制造者歪曲中国的机会，因此我们就更应该努力向世界报道中国，增加传播的针对性，结合热点发声，结合舆论斗争焦点，主动发声。这是我国建设社会主义强国的需要，是改革开放的需要，是在激烈的国际竞争中赢得主动的需要，是维护我国最根本利益的需要。

二、创新传播方式，构建技术保障体系

技术建设是搞好对外广播的基础和保障，每一次技术的革新都会不同程度地推动广播事业的革命，带动广播行业的发展和进步。在中国人民对外广播的发展历程当中，对外广播技术体系建设一直伴随着对外广播事业同步成长，同时也推动着中国人民对外广播事业不断发展壮大。它为保障对外广播节目的有效播出，逐步扩大和加强节目的有效覆盖，积极地参与国际竞争，进一步提升中国的对外影响做出了重要的贡献。可以说，构建技术保障体系是发展对外广播事业的重要力量，是保证中国国际广播电台对外广播工作得以稳健、长足发展的关键环节。只有紧贴媒体自身的发展战略、节目形态的调整以及编播部门的需求，不断改进和创新传播方式，构建牢靠稳固的技术保障体系，才能做到让受众听得见，听得清，听得进，将对外广播的效果最大化。

(一) 技术建设贴近国际台发展战略

在漫漫的发展历史长河当中,中国人民对外广播一直跟随着时代的步伐、国际形势的变化,以及党和国家在不同发展阶段的外宣需求,持续调整着自身的发展战略,坚持以国家和民族利益为最高准则,介绍党和国家的方针政策,真实地报道中国。从仅拥有简陋设备的延安窑洞电台发展为位居国际前列的数字化全媒体电台,从仅有单一语种的外语广播成长为拥有65个语种的国际传播,国际台为中国树立良好的国际形象,增进各国人民之间的友谊做出了伟大的贡献。这一切都离不开技术的支撑和保障。紧跟发展战略,加强技术建设,是保障对外广播事业稳步前进的法宝。

国际通行的判断一个国家对外广播实力的三个标准分别为发射功率、语言种类和节目播出时长,而广播技术的发展是影响发射功率大小的决定性因素。因此,为实现我国对外广播发展战略和目标,中共中央非常重视广播技术的发展建设。在新中国成立初期,尽管整个国家百废待兴,但党和政府依然决定大力投入人力物力进行技术建设,先后成功研制了120千瓦发射机,15千瓦短波发射机,组成20世纪50年代对外广播的基础技术力量。此后,还陆陆续续在新疆和海南等地修建了功率更大的发射台。改革开放后,我国又对原有的发射设备进行了改造更新,启用10部500千瓦的短波发射机及4部600千瓦的中波发射机,扩大了广播的发射功率。

在加强短波广播的同时,国际台还开发了租机互转和寄送节目的合作,这使中国的对外广播实现了全球的覆盖率,成为综合实力仅次于美国之音(VOA)、英国广播公司(BBC)的世界三大国际广播电台之一。为了弥补短波广播传播信号弱、覆盖面积小等不足，国际台还与国外一些电台进行合作，将制作好的节目寄送给国外电台，或者通过通讯卫星或国际电话向国外电台直接传送国际台的节目，由该台使用中波或调频在当地播出，实现节目"落地"。由于中波或者调频广播具有距对象听众近、声音信号清晰、播出时段理想等优势，因而有效地增强了对外广播的传播效果，使中国对外广播有效地进入各国的主流社会，让世界听到了中国的观点和立场，让各国人民看到了这个新生国家的力量，让遍布全球的华人华侨看到了祖国崭新的容貌和可喜的变化。

1997年，经中央批准建立的总建筑面积达4万多平方米的中国国际广播电台业务大楼正式启用。该大楼是集编播、语言录制、节目传送和播出、通讯、楼宇管理等为一体的具有世界先进水平的全数字音频广播系统的建筑，使国际台的技术装备实现了从模拟技术到数字技术的转变，实现了对外广播系统的数字化、现代化和自动化。1998年12月26日，国际在线（CRI Online）正式对外发布。网站以中文、英文、德文、西班牙文四种文字向受众发布新闻、文化和经济方面的信息，对全球发生的新闻事件进行及时报道。此外，还增加了英语、德语、西班牙语、汉语普通话、广州话的网络广播节目，特别是实现了华语、英语的24小时直播。往日通过电波传播的广播节目传送至网络后，解决了传统广播"转瞬即逝""过时不候"的线性传播弊端，凸显了网络传播的信息容量大、更新速度快、兼备点播、直播功能以及双向互动等优势，加强了广播节目的保留性、时效性、互动性和收听的便利性，成为国际台拓宽对外广播范围的另一条佳径。

强大的技术实力是实现对外广播发展战略的重要手段，也是国际广播赖以生存和扩大影响的保障。随着技术建设的不断发展，国际台的节目播出方式逐步由原来单一的短波平台扩展到了中波、调频、有线广播、卫星直接入户系统、网络广播等多媒体平台，实现由传统媒体向现代综合新型媒体的战略转变，在抢占国际舆论制高点、增强发展中国家在国际上的话语权等方面取得了初步成果。

（二）技术建设贴近国际台节目形态的调整

广播节目形态包括节目的构成模块和组合形式、播出方式和形态，它是节目的存在方式，是节目内容的基本载体，是对各类节目要素综合加工之后呈现于受众面前的物化产品样式。一个广播电台的节目形式是扩大传播影响力、吸引受众关注的重要因素。它的演变受到传播理念、工作流程、管理机制、技术条件、受众需求等诸多条件的制约和影响，其中，广播技术是影响广播节目的内容和表现形式的关键。每一次广播技术的革新，都势必会推动广播节目形式的创新，直接影响媒体传播的质量和效果。

随着时代的发展，社会生活的进步，广播的生态环境也随之发生了巨大改变，受众收听习惯和需求出现了相应的变化。利用新技术开发新的节目形态成为广播发展的必然趋势。从烽火连天的战争年代直到缔友谊重发展的和平年代，中国对外广播技术建设的脚步从未停止，它一直与时俱进，跟随节目形态的调整不断改进升级，创造出更为有效的传播方式和更加多样的节目形态。在对外广播发展初期，国际台的节目多为以提前录播为主的口播新闻、广播评论、专题板块、音乐放送等传统节目形态，而后在广播技术出现多元化发展的情况下，国际台逐渐形成了热线访谈、现场直播、网络电台节目等新型节目形态。随着广播节目形态的演变，也使得广播节目的内容题材更加广泛，节目形态更加灵活多样，互动性、贴近性和伴随性得到了大大提升，能够满足不同受众的收听需求，增强了广播传播的有效性。

直播系统的启用让国际台节目播出形式出现了新的突破。进入20世纪80年代之后，国际台开始对重大事件和活动进行实况直播。1984年10月1日，英语广播首次对北美及北京、上海和广州等国内城市现场直播首都军民在天安门广场举行盛大国庆阅兵式和群众游行，庆祝新中国成立35周年的实况；1988年，英语广播首次直播人大开幕和"两会"闭幕实况，这是国际台"两会"报道的新突破。直播的节目形式为听众呈现了极强现场感和真实感，充分地发挥了广播的优势。

网络技术的发展既对传统媒体产生了严峻的挑战，又提供了发展的机遇。1998年年底，国际台将英语、德语、西班牙语以及汉语普通话、广州话五种语言广播节目推上互联网，实现在线广播，为广大受众提供了一种全新的收听和阅读形式。此外，国际台还通过网络平台对一些重大活动进行网络同步直播，得到了受众的强烈回应。1999年3月，国际台首次通过自己的网站使用英语和汉语普通话对九届人大二次会议开幕、朱镕基总理答中外记者问等重要活动进行了网上同步直播。1999年10月1日，中华人民共和国成立50周年庆祝大会在北京隆重举行。国际台不仅用英语和汉语普通话、广州话对庆祝大会、阅兵式和群众游行进行了现场直播，还向境外合作电台同步传送了直播信号，实现了在互联网上的直播。据统计，访问网站的人数超过了平时的五倍之多。

节目形态的衍生和革新是推动广播向前发展的不竭动力，而技术建设又是促进节目形态推陈出新的关键环节。在媒介快速发展的大环境下，国际台始终坚持加大技术建设，形成兼具传统广播、卫星传播、网络传播等多渠道传播格局，推动了节目形态的衍生和创新，促使广播节目形成自己的核心竞争力，突破我对外广播传播方式单一、节目影响力不足的困境。

（三）技术建设贴近国际台编播部门的需求

编辑、播音、采访、翻译工作是对外广播业务的主要工作环节。技术的发展不仅仅使广播节目的音效越来越好，信息传播速度越来越快，覆盖范围越来越广，同时还大大地简化了节目采、编、播、译的流程，为提高广播节目的时效性奠定了基础。国际台十分注重节目编、播、采、译方面的技术建设工作，一直以来根据编播部门的实际工作需求持续不断地投入大量的人力物力开发相关的技术系统，为编播采译工作服务，为节目安全播出保驾护航。

信息采编工作是开展对外广播的第一道程序。采访是新闻消息的获取和整合，而编辑则是对采访消息进行采选、删改、编排等步骤的系统工作。一个流程完整顺畅、使用科学成熟的文稿编辑技术有利于快速提高采编工作的效率。为了实现节目制作、稿件管理、资料检索、通讯服务的现代化，国际台在1986年建立计算机应用中心后，开始了具有国际台特色的新闻稿件管理系统的研发工作。1989年年底，计算机中心再次研发新的发稿技术，将新华社电讯发稿系统与国际台内部的新闻稿件编辑系统相连接，使系统内任何一个终端都可以随意调用新华社的稿件，极大地提高了新闻中心处理稿件的效率。到1990年时，通讯系统的加入使得该系统在编辑、打印、稿件查询、浏览等基础上又增添了接收外来稿件和台内通稿、多文种稿件处理等新功能，形成面向全台使用的新闻信息处理系统。而与之配套的驻外记者发稿系统和远程自动发稿系统也于1993年正式启用，率先在广电系统实现了新闻稿件的采编审发一体化的工作流程。在1997年国际台新业务大楼落成启用后，国际台的网络系统迅速发展起来，同时也带动了新闻编辑发稿系统科学、全面的发展。外出采访的记者或驻海外记者站的人员均可通过电话将采访稿件直接导入台发稿系统，同时台内编辑、记者也可以通过终端系统浏览、选取新华社、中新社和台新闻中心的稿件。经过多年的努力，国际台的新闻业务信息系统功能得到了很大的提升，实现了新闻稿件的采、编、译、发电脑化、一体化，大大提高了中外文稿的处理质量和速度。

广播是通过无线电波或导线传送声音的传播工具。广播的各环节包括声音的传播，音响的录制，节目的制作、存储及发射都与技术息息相关。技术是决定节目效果好坏、覆盖范围大小和传送速度快慢的关键。在开始建立对外广播之初，由于条件有限，广播设备和条件十分简陋，播音室仅有寥寥几个，录音机、传声器、增音机等设备都是外国制造的比较落后的产品。在播音员踏入录音间之前，要提前挑选好片花、开始曲，以及填充音乐等，程序繁琐、被动，工作效率较低。之后，随着广播事业的发展，国际台的播控技术设备得到逐步升级，录音室、节目传送室等功能明确、设备先进的机房数量大为增加，助力广播播送工作。1986年国际台与北京市自动化研究所合作研制主控自动化系统设备，以保证各套节目的按时播出。1990年，技术部门在中心控制室安装64轨慢速录音机，完整地记录了全台每天广播节目和技术播出系统技术联络信号，以监测和保证所有节目录制和播出方面的质量。1991年，播出部门将使用了近30年的旧式录播设备更替为瑞士生产的高级录音机，以提高节目录制的良好效果。此外，技术水平日趋成熟的直播、转播设备也让国际台开创了多语种同时进行现场实况直播和录音的辉煌历史。

20世纪90年代，广播节目制作播出技术进入了大发展时期，传统的模拟技术开始向数字化、网络化、自动化过渡。尤其是1997年拥有集编播、录制、传送、管理等于一体的全数字音频技术系统的国际台新业务大楼的落成，更是为对外广播编播工作提供了更为优越和便利的环境和条件。作为节目播出、交换、调度和编组中心的主控机房经技术部门扩容改造后，使节目播出通道得到大大的增加和拓展。新音频工作站的使用在保证节目大容量存储的同时也实现了节目经编组后自动播出。而利用音频工作站进行节目制作的技术工艺也让国际台录音、广播和传送节目达到数字化、自动化的先进水平。1998年4月，国际台43个语种广播全部实现数字化录制和播出。与此同时，节目上星和大功率发射机的陆续投入使用也使得国际台在技术设备和发射功率方面的实力跻身世界各国电台前列。

三、遵循传播规律，增强宣传管理实效

（一）宣传管理贴近中国发展实际

真实性是新闻存在的基本条件，真实性是从事实到新闻的必然要

求，是新闻报道中主观与客观相符合的特定标志。它表现着新闻的基本特征、性质和要求，没有它，新闻就丧失了存在的依据。尽管新闻的形态可以千变万化，但它对真实性的要求是恒定不变的，真实性是新闻传媒必须遵循的原则。由于真实性对于新闻存在和发挥影响力有着决定性的作用，因而它也成为新闻报道所追求的重要目标，成为传媒取信于受众的关键。

在当今时代的国际传播格局中，尤其是国际话语权更多地掌握在少数处于垄断地位国家的媒体手中的时候，"由于虚假的、失实的、甚至捏造的报道能够给对外宣传主体带来切实的利益，所以在对外宣传领域，在政治宣传领域，宣传媒介造假贩假的行为随处可见"。一种广为认同的观点是：只要是国家利益需要，该国对外宣传媒介就可以说谎。① 然而某一国家为了某一时刻的利益，通过其对外宣传媒介在国际传播中散播不真实信息的行为是短视的，一旦被揭穿，名誉受损的不仅是这家媒体，而且还是它所代表的国家。

作为国家的外宣媒体，国际台秉承"中国立场、世界眼光、人类胸怀"的指导思想，坚持"贴近中国发展实际"，围绕国内外重大热点新闻进行有的放矢的报道。所谓"贴近中国发展实际"，首先是指报道的客观真实性。其次是指报道选题的平衡，宣扬发展中的成效，不避讳现实中的问题。例如，报道汶川地区发生地震，地震的强度是几级，伤亡的人数为多少人，经济损失有多大，报道时必须言之凿凿。我们必须承认，西方媒体因该灾难中生命财产损失巨大而非议的中国地震预警系统和房屋建筑质量问题确实存在，但不可否认的是，

---

① 张昆：《国家形象传播》，复旦大学出版社，2005年版。

患难见真情，党和政府第一时间为灾区送去生活必需品，总理亲临受灾现场指挥救援，百姓踊跃捐款捐物，各地分区对口援建等安排，使灾区人民生产和生活很快恢复，都是汶川地震后的"中国实际"，是值得报道的。

（二）宣传管理贴近受众信息需求

广播从诞生的第一天起，它的声音就是为了大众的。受众是媒介产品的定制者、协同生产者和终端消费者。历经百年，融合现代传播技术的广播更加强化了受众介入、选择、消费和反馈的权利。如今，面对多种媒体的激烈竞争，广播人如何赢得受众？理论和实践已经给出了答案：了解受众需求，满足受众愿望，让广播声声入耳。

中国对外广播面向世界各国的听众播音，其受众具有跨地域、跨文化、多样性和认知开放的特点。他们年龄、文化背景、教育程度、宗教信仰的差异决定了他们的兴趣点和信息需求也完全不同。国际台的听众工作一直把受众研究作为一项重要的系统性工程。在"内容为王"的媒体竞争态势下，国际台定期进行受众调查并根据调查结果调整且定位本台各语种的节目内容及形式。

以国际台塞尔维亚语调频广播为例。2012年6月，国际台委托塞尔维亚 Fokus 电台和 Tri 电台在其首都贝尔格莱德进行了抽样调查。此次调查以 CRI 贝尔格莱德调频台208位听众为对象，通过网络、电话、问卷等方式进行。调查结果显示，该台的受众以年龄在20—50岁之间高收入的女性为主，他们普遍拥有了解中国的愿望，同时最喜欢音乐类节目。而根据该国调查机构 Ireks Promedia 于2009年在塞尔维亚全国进行的抽样调查结果显示，86%的被调查者最喜欢音乐类广播节目，36%的人喜欢新闻资讯类节目。

关于"您最喜欢哪类广播节目"的调查结果：

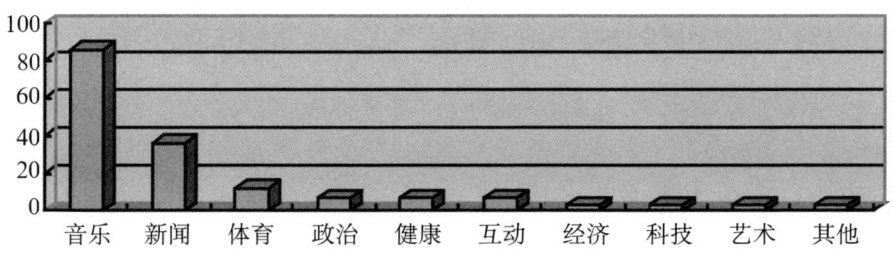

关于"您为什么喜欢听 CRI 贝尔格莱德调频台节目"的调查结果：

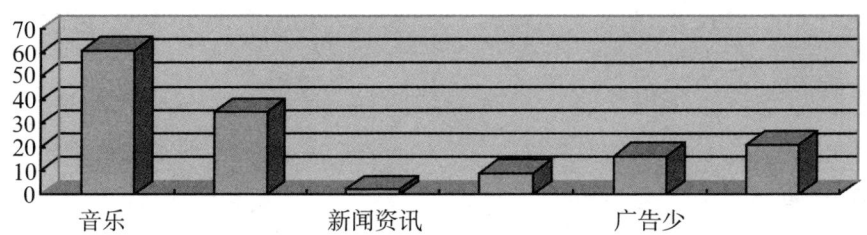

基于以上结果，国际台塞尔维亚语对其调频台节目作了如下设置：

时间	名称	内容		
07：00—12：00	早间速递	以音乐为主，插播最新路况以及贝尔格莱德城市新闻。		
12：00—18：00	午后小憩	（整点新闻，四分钟）以音乐为主的互动时段，听众通过 Facebook、手机、电邮参与。	12：30—12：40	美食健康
			13：00—18：00	中国新闻
			13：30—13：40	亚洲印象
			15：30—15：40	多彩中国
18：00—24：00	音乐，重播有关中国的专题。			

国际台贝尔格莱德调频台在节目内容设置上紧贴受众需求，将该台绝大部分内容安排为音乐节目，这样的编排符合塞尔维亚听众的收听需求，比较完美地结合了传播者需求和接受者需求。

(三) 宣传管理贴近受众收听习惯

影响人们广播收听习惯的主要是其生活环境和生活习惯,广播收听习惯包括收听方式、收听时间、收听内容等。在"多媒体融合,全媒体发展"的当下,各个媒体都在积极利用新媒体和新技术不断丰富自身的传播渠道,以期提高传播内容的到达率。要想做到有效传播,就必须选对传播方式。继续以国际台贝尔格莱德调频台为例。

根据问卷调查,一天中选择在上午或下午到傍晚两个时段收听该台节目的听众比例分别为31%和30%,而大部分听众都是通过收音机、网络以及手机等移动设备接收该台节目信号。

下图为"您通常在什么时间收听CRI贝尔格莱德调频台节目"的调查结果:

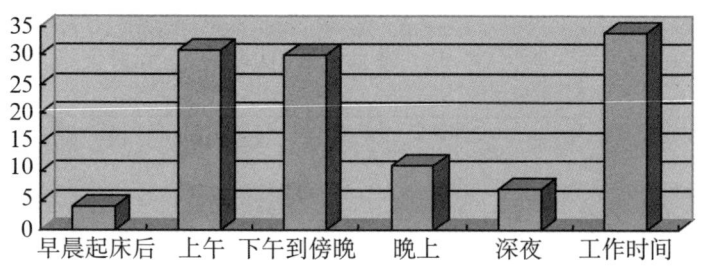

下图为"您通过何种方式收听国际台贝尔格莱德调频台节目"的调查结果:

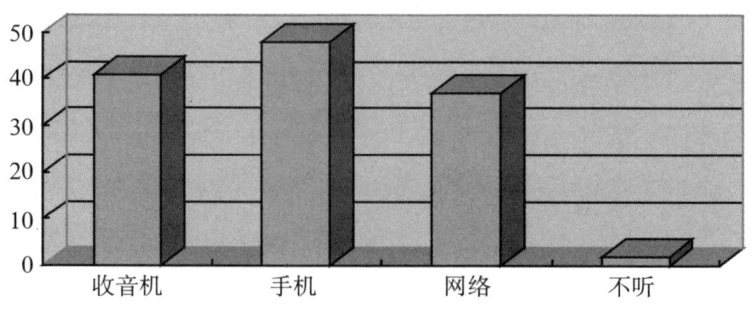

根据塞尔维亚本土的抽样调查结果，早晨 7 点到上午 11 点，塞尔维亚广播收听率逐步上升并在 11 点前后达到峰值。11 点到 13 点收听率下降但仍处于一天当中的高点。14 点至 18 点广播收听率比较平稳，而较低的时段集中在清晨和傍晚以后。据此，国际台塞尔维亚语把希望对外传播的内容即与中国相关内容散落分布在午后收听率最平稳的时段，有效保证了传播到达率。此外，调查中 34% 的听众选择上班时收听该台节目，而此时大多通过网络、手机等手段接收广播信号，因此该台在提供网络、手机等新媒体广播服务方面与业余受众的收听方式和习惯较为契合。

由此可见，只有在题材选择、内容贴合、趣味可听、播出方式、节目时间等多方面做足工夫，才能进一步提升国际传播效果。

四、强化对外特色，打造国际化人才队伍

对外广播是针对不同国家、不同民族、不同文化、不同语言人群的，具有很强的政治性、专业性、国际性的传播事业。它的传播对象是千差万别的受众群体，它的竞争对手是世界各国实力强大的国际媒体，因此中国对外广播事业需要一支政治思想坚定、业务水平精湛、作风扎实正派，并具有现代科学知识、电脑知识和音视频制作技术能力的对外广播尖兵队伍。建立国际化的人才队伍既是中国国际广播电台的特色与优势，也是它发展对外广播事业的重要战略之一。这支国际化的人才队伍既包括远道而来的外籍员工、国际友人，也包括工作在编播采译第一线的专业化人才。

(一) 外籍员工队伍迅速增长

在中国对外广播事业不断发展壮大的征途上,一直伴随着一支不可缺少的重要力量,那就是来自世界各国的外国专家和国际友人。尽管他们来自不同的国家,有着不同的经历,但他们都全身心地投入到了中国对外广播事业当中,与中国政府和人民发出了同一种声音,架起连结中国与世界人民友好的空中桥梁,为改进对外广播工作发挥了不可小觑的作用。

在20世纪40年代建台初期,国际台启用了来自日本的原清志、森健和野坂参三等播音员,进行对敌宣传工作。他们是最早在中国从事外语广播工作的外籍员工。在炮火连天的战争年代,他们与中国的对外广播工作者们一起在艰苦的环境条件下,把党的声音传遍大江南北,为中国人民的解放事业做出了积极的贡献。

1949年后,中国人民对外广播事业得到了蓬勃发展,语种逐渐增加,外籍员工队伍也今非昔比。许多外语部门都聘请外籍专家帮忙进行审译、改稿、播音、人员培训等工作。这些专家利用自身的新闻业务、广播专长、语言能力,以及对对象国情况的了解,为对外广播工作提供了极大的帮助。

泰语专家妮达·蓬达碧于1959年到国际台泰语组工作。多年来,她工作兢兢业业、勤恳认真,直到逝世前仍在为中国对外广播努力工作。1986年,她曾被国家外专局授予"具有在华永久居留资格的老专家"称号。此外,由于对中国对外广播事业做出了卓越的贡献,国际台的日本专家高野广海、谷内百合子、添田修平、内海博子也被外专局批准为在华有永久居留资格的外国专家。缅甸语专家吴苏伦原在缅甸国家电台担任主持人，来到国际台工作后他除了每天修改中国翻译人员的稿件，还主持专题节目，受到大批听众的欢迎。1993年，他获得了中国政府颁发的"友谊奖"。除了缅甸专家吴苏伦外，获得"友谊奖"的还有菲律宾专家小拉蒙·埃斯卡尼拉斯，他始终把对菲律宾广播事业当作自己的事业。他曾利用自己的关系和力量在菲建立了国际台的听众俱乐部，缓解了国际台菲律宾语部长期缺少与听众联系渠道的问题，使菲律宾听众来信得到了明显增加。

有些外国专家到国际台工作达到数十年，他们把自己最美好的年华和全部的精力都贡献给了中国对外广播事业。他们既是良师，也是益友，他们与中国人民缔结了珍贵的友谊，是中外友好的使者，他们将自己在中国的所见所闻带回到自己的祖国，为中国播撒友谊的种子，为真实客观地宣传报道中国、树立中国良好的国际形象贡献了自己的力量。

来自罗马尼亚的专家伊瓦什库曾二度到华工作，为中国对外广播工作贡献了自己的力量，与中国同行结下了深厚的友谊。在回国后，她将自己在国际台的工作经历和感受写成了《永恒的中国》一书并在罗马尼亚出版，继续帮助宣传中国改革开放的成果。而俄罗斯专家安德烈·克鲁申斯基也在国外媒体和别有用心的人借西藏问题攻击中国的时候赴西藏采访，撰写了数篇关于西藏的报道，并在俄罗斯的《真理报》上发表，引起了良好的反响。

聘请外籍员工，有利于改进对外广播工作，增强国际台对外广播的特色，打造出更符合受众"口味"的节目。国际台非常注重引进外籍人才，不断拓宽招聘外籍员工的渠道，如通过各语种的外文网站公开发布招聘信息，从在华外籍人员中挑选，通过对象国的相关组织选派，通过驻外记者站物色，或者与国外电台建立人员互换的合作机制等，吸引了一批又一批对华友好、热爱广播事业、具有一定媒体从业经验的外籍人士到台工作。20世纪80年代，国际台与澳大利亚、朝鲜、德国、加拿大、罗马尼亚、匈牙利、波兰等多个国家广播电视机构联系或签订协议，由他们定期向国际台推荐专家，或者进行人员互换，为国际台的国际化人才队伍不断注入新鲜的血液。

70多年来，一批又一批来自世界各个国家和地区的爱国华侨、国际友人、外籍工作人员先后加入到我们的对外广播队伍中。他们以主人翁的精神为中国的对外广播事业做出了卓越的贡献。在中国成长的每一个阶段，他们都陪伴在旁，无私地贡献自己的力量，在中国革命和建设的每一个重大事件中，他们都热情地支持我们的政策，与中国人民同呼吸、共命运。可以说，在中国国际广播电台的成长中，外籍员工是不可或缺的重要建设力量。

（二）专业化采编队伍形成初步规模

国际广播竞争说到底是人才与人才、智力与智力的竞争。因此，国际台一直以来都十分注重"以人为本"，将"人才兴台"作为办台理念。在对外广播成立初期至今，人才一直是推动对外广播事业发展的中坚力量。几十年来，国际台这支经受过延安精神的熏陶，沐浴过太行山的风雨，经受过社会主义建设和改革开放的洗礼的队伍逐渐成长、壮大，成为一支高素质、复合型、国际化的人才队伍。这支队伍不仅具有艰苦奋斗、敬业贡献的高尚精神，还通晓国内外情况，熟悉新闻业务，具有较高的外语水平和中文水平，并掌握电脑、摄影摄像、音频制作等新兴技术知识。

1949年新中国成立后，随着对外广播事业的向前发展，一批批爱国的归国华侨青年加入了对外广播行列，逐步形成一支编辑、翻译、采访和播音的专业团队。1950年4月10日，中国对外广播正式以北京电台的呼号向世界传出中国的声音，专门负责对外广播稿件编辑、翻译和播音工作的国际广播编辑部也正式成立，让对外广播采编工作走向系统化。1956年，中共中央副主席刘少奇在听取中央广播事业局关于发展规划的报告会上表示，对外和对内广播的对象不同，应该分开。担任对外广播的干部水平要高一些。他还建议聘请外国专家来为中国对外广播事业助力。20世纪50年代中期以后，国际台外语广播的翻译、播音人员大致有外国专家、归侨青年、毕业自外语学院的中国毕业生。在外语方面具有独特优势的外国专家们在播音、翻译工作方面对海外归侨青年和国内高校培养的外语翻译、播音人员进行帮助和带动，使得这支队伍快速成长，业务水平得到大大提高。此外，北京电台还明确提出改进翻译和播音工作的要求，要求翻译人员保证译文准确，语句流畅、自然，并提出应提高翻译速度；播音员则要将政治差错、错放录音、念错字和其他技术性错误都降到最低程度。经过几年摸索和实践，对外广播的采编播队伍越来越充实，外语广播的翻译、播音工作实现了大跨步。在1950年，北京电台只有工作人员58人，而到20世纪80年代末，国际台全台工作人员达到1000多人。

采访队伍是对外广播队伍的一支不可或缺的生力军，它的存在为国际台对外广播工作发展注入了巨大的能量。对外广播有三支记者队伍，即本部采编记者、驻国内记者站、驻外记者站。1979年起，国内新闻部设立时政记者，参与报道国内重大会议和重要时政活动，丰富了对外广播国内报道的内容，并且促进了国内重大会议和事件方面报道的准确性和时效性。从1977年开始，北京电台驻国内各省市的记者站有32个，为电台提供新闻稿件，从根本上改写了过去完全依靠新华社、报纸和国内其他电台的历史。到2000年，发广播新闻1014条、网络新闻1506条。国际新闻是对外广播报道的重要内容，建立驻外记者站也是国际台快速获取国际新闻的有效办法。从1980年在日本东京建立了第一个驻外记者站后，国际台开始相继在世界各国和地区设立自己的驻外记者站，每站设1—2名记者。随着驻外记者站的逐渐增加，国际台还于1987年8月在国际新闻部建立了记者管理组。到2000年，国际台在五大洲共建立了29个驻外记者站，每年新闻发稿量由1982年的1191篇，增加到2000年的13797篇，增加了12倍多。驻外记者站的建立从根本上解决了国际新闻报道的稿源问题，提高了重大国际事件新闻报道和国际评论的时效性，增强了国际问题宣传报道的计划性和主动性，保证了全台43种语言的稿件使用，开创了中国对外广播国际报道的新局面。

几十年来，国际台不断扩大人员队伍阵容的同时也更为注重人员队伍的质量。国际台在干部培养方面采取了一系列措施，包括开办外语学习班、文化学习班、安排外国专家授课、选派人员到国内或国外高校进修，以培养政治好、业务强、集采编译播制作能力为一身的复合型新闻工作者。此外，还实行专业技术职务评聘，有效激励人才的成长。在人才队伍建设的路上，国际台一直坚持在改革中求发展，建立科学的人才培养机制、管理机制、激励机制，培养了一批又一批享誉中外、德才兼备的采编播人员，成为中国人民对外广播事业的中坚力量。

第三节　国际台的历史教训与启示

一、东西方文化差异对国际传播的影响

（一）东西方文化差异对国际传播的影响

国际传播是指特定的国家或社会集团通过大众传播媒介向其他国家或地区的受众所进行的跨国传播或全球范围传播，它是世界各国、各地区政治、经济与文化发展综合实力的一个局部的具体体现。[①] 从某种意义上来讲，这种传播本身就是一种文化交流的信息传播，如果没有文化作为载体，传播就失去了其存在的意义。而文化作为社会的整个生活方式，是人类赖以生存和发展的基础，它包含人们的社会风俗习惯、生活方式、相互关系、服饰居室、宗教礼仪、行为规范、时空观念、伦理道德等。[②] 由于民族不同、信仰不同、风俗习惯不同、意识形态不同、语言不同，每个国家在经历了自身特有的历史发展后，都会形成自己的专属文化。文化是一个群体共同遵守的一套价值观、态度和信念，它指引着该群体的沟通和互动行为，并为他们提供了各自观察和思考的模式。

[①] 刘继南、周积华、段鹏等：《国际传播与国家形象：国际关系的新视角》，北京广播学院出版社，2002年版，第2页。

[②] 谢明：《文化差异对国际传播的影响》，载《当代传播》2002年第5期，第6页。

东西方文化均有其各自鲜明的特点。"东方文化",实际上包括以中国为中心的儒家文化圈,以印度为中心的印度文化圈,以阿拉伯为中心的伊斯兰文化圈。① 儒家文化内敛含蓄,谦虚忍让,注重人与自然和谐相处的"天人合一"。我们通常所说的"西方文化",从地域上讲,主要是指欧洲文化以及18世纪以后的北美文化;从内容上讲,西方文化之源是古希腊罗马文化。西方文化率直刚硬,以自我为核心,崇尚个人奋斗,主张人与自然的"二元对立"。从这个意义上讲,东西方两种文化近乎是相对的。然而,在国际传播中,文化的因素又是非常重要的,它决定着受众对于传播内容最终的认可,也影响着传播的效果。任何国家、群体或个人在进行国际传播活动中,如果不了解、不尊重他国的文化传统和规范,就无法走近受众的身边。东西方文化的差异势必会对国际传播产生较大的影响。

首先,东西方文化习俗的差异对国际传播的影响是不容忽视的,它在一定程度上决定着国际传播的成败。我们通常所说的习俗即习惯、风俗,指个人或集体传承的传统礼节、风尚、习性,它是文化的一个重要组成部分,是一个民族在特定的历史条件和地理环境中产生并沿袭下来的,能够体现出文化的形态特征,反映一个民族的价值观念、社会心理和道德传统。习俗的定义和特质决定了人们往往习惯按照自身的传统风俗、思维习惯和自己所熟知的一切去解读异质文化,这也使得国际传播易于受到文化习俗的影响。在国际传播的过程中,如果不了解、不尊重传播对象的传统文化和风俗习惯,将本方的文化强制等同他方的文化,将会不可避免地产生文化误读,导致传播失

---

① 陈敏毅主编:《当代国际传播研究》,中国国际广播出版社,2006年版,第340页。

败，甚至产生严重的后果。因此，尊重对象国的传统文化和风俗习惯是有效进行国际传播的前提和重要法则。

其次，东西方思维方式和表达方式的不同是国际传播从业者面临的关键问题。由于东西方在思维方式和表达方式上存在较大的差异，媒体的报道在新闻题材选择和报道倾向方面也有差别。西方媒体往往在报道题材上倾向于冲突性、负面性的报道，以陈述为主，对正反两方的意见都进行报道，运用平衡的报道手法展现公平公正的传播姿态；而中国传统文化中避免冲突、追求和谐的思维方式让中国媒体的报道往往以正面宣传为主，夹叙夹议，以将报道中传递的正面信息转化为正能量，报道的主要基调是感性和激励的。由此一来，中国媒体的部分报道容易让受众特别是西方受众对其在新闻报道完整性、真实性、公平公正性方面的印象打折扣，从而导致受众流失，影响国际传播的质量。

第三，关注东西方文化意识认同感和价值观的差异在国际传播中也尤为重要。不同的文化背景造就不同的行为准则和价值判断，而这一切又会影响传播方式和传播对象的接受程度，所以，在国际传播中，如果缺乏对传播对象文化背景的了解，用本方的价值尺度去评判他方的行为，常常会引发歧义、曲解，甚至造成冲突。对于西方的民众来说，来自遥远东方的古老的中国文化是神秘而极具吸引力的。然而，以儒家文化为根基的中国文化和西方文化在文化意识和价值观方面有着很大差别，这种差别既给中国带来了独特的美丽，同时也让西方民众出现一些文化误读。

第四，文化禁忌是导致国际传播出现障碍的一个主要因素。禁忌文化习俗在国际传播中是一个敏感而重要的话题，因为民族不同、地区不同、文化不同，所以在跨文化传播中，有些禁忌存在着失之毫厘、谬以千里的可能。不同的文化背景，必然存在不同的禁忌习俗。例如，中西方人们对动植物的看法不尽相同。在中国，由于语音的相近，人们给"蝙蝠"和"鸡"赋予了吉祥的寓意，是"正面""美好"的代表；而由于"蝙蝠"有着丑陋的外表，"鸡"有着弱小的体态，在西方国家，人们将它们与"负面"和"胆小"联系在了一起。可见，有时中西方文化会出现相悖的情况。

（二）国际台在国际传播工作中克服东西方文化差异影响的尝试

改革开放以来，国际台鼓励开放思想，大胆创新，突破以往报道的条条框框，抛掉政治色彩和宣传性过强的"高、大、空"报道风格。例如在1986年"两会"期间，国内新闻部采用编辑、记者座谈的形式，生动活泼地向听众介绍了中国人大、政协的性质、作用和大会情况等。而在人物专访方面也改变了过去对劳模和先进工作者典型式的报道，在报道中着重突出代表、委员的参政议政能力和表现。在介绍国家新任领导人基本情况时，也摒弃了过去列举名单的公式化报道。在1987年党的十三大召开期间，英语部根据新华社稿件改编了7位领导人的简介，不仅仅介绍了他们各自的经历，而且突出了他们的贡献，介绍了他们富有人情味的家庭生活和个人爱好，真实地向听众呈现了中国领导人的形象。这样的报道方式直接、真实、自然，符合西方受众的思维方式。

面对新的形势，要想更好地推进中国的国际传播活动，首先要认识到文化差异是一种普遍存在的客观事实，考虑到文化差异对国际传播的制约和影响，正视与他国在语言、文化、意识形态方面的差别等问题，寻求打破国别、接近听众的传播方式，推出具有强大文化影响力的媒介产品。国际台在大力加强传播渠道建设的同时，依然面对着传播内容建设方面跨文化交流的问题。面对民族不同、制度不同、习惯不同、语言不同、文化意识不同、思维逻辑不同的世界各国的广大受众，如何克服由东西方文化差异产生的屏障以增强传播效果成为国际台进行国际传播所要面对的一个重要课题。

第一，努力克服文化习俗差异的影响，在国际传播的过程中勇于承担弘扬本民族文化和吸收世界优秀文化的双重任务。目前，国际台一方面在努力增强自身民族文化的特色和现代化特质，推动其走向世界，另一方面积极推行本土化的传播，拓展传播版图，为不同地区、不同民族的受众提供符合他们风土人情和文化心理的内容产品。在几十年的发展过程中，国际台一直紧紧围绕克服东西方文化差异的课题不断改革创新节目内容和报道方式，寻找两种传播任务的平衡点，以在全球化语境下面向多元文化进行最有效的传播。

例如，中西方文化中对"龙"的认知是最具有代表性的文化差异之一。在中国文化中，"龙"是一种代表着高贵、威严、祥和、美好的神异动物，自古中国人就对"龙"进行图腾崇拜，并以"龙的传人"自居。端午赛龙舟，过节舞龙庆祝，喜用"龙腾虎跃""龙马精神""龙飞凤舞"等成语的习惯等都是中国孕育了数千年的"龙文化"，它已经深深地沁入中华民族的血液和扎根于中国人的思想深处。可以说，"龙"在中国有着无比崇高的地位和深远影响，是中国人独特的一种文化的凝聚和沉积，是中华民族的象征，中国形象的代表。然而，"龙"（Dragon）在西方世界被认为是一种凶残暴力具有攻击性的庞然大物。这样的文化认知让一些对中国历史文化了解甚少的外国人片面地产生文化误读,将"凶残、野蛮、暴力"与中国的形象相关联,甚至成为一些别有用心的西方媒体用以"妖魔化"中国的手段。在这种情况下,一方面我们应该加强对外文化宣传的力度,让更多的受众了解中国文化;另一方面则可以继续挖掘中国传统文化中的积极元素,选择"熊猫""中国结""长城""瓷器""京剧脸谱"等极具中国文化特色的象征物作为我们向世界推介中国的名片,或者在翻译上避免这种对译的方式,可以使用音译的形式把龙译成"LONG",这样既能够规避因东西方文化差异而产生的文化误读,也可以达到传播中国传统文化的目的。为了避免文化误读,我们需要考虑到信息接收方的传统文化、民族、宗教信仰等影响文化认知的因素,同时反观本方的文化,选择既能规避国际传播中有可能产生的误读又能发挥因文化差异而产生的具有感染力和吸引力的有效的传播方式。

第二,大胆转变思维模式,充分考虑受众需求,以全球视野进行国际传播。努力做到中国立场、世界眼光、人类胸怀;向中国介绍世界,向世界介绍中国,向世界报道世界。放弃长期以来形成的传播"本位主义",充分考虑他国人民的思维方式、价值取向、生活方式、风俗习惯和心理认知等因素,避免强加于人,造成对方的反感。

对海外受众来说,他们不仅希望了解中国的改革和发展,也希望了解中国存在的一些问题。例如在对 2008 年北京第 29 届奥运会的报道当中,大多数中国媒体的报道注重的是对中国的正面宣传,借奥运的话题将目光投向中国的高速发展、社会进步等成绩以及体现中国"天人合一"的"和"文化。在这类报道当中,极少可以看到批判性的、对立性的报道。而西方媒体的报道中则处处体现了西方文化中的"二元对立"和"冷思考"的传统思维方式。如在"绿色奥运"方面的报道，中国媒体多在承认空气污染存在的现状的同时强调北京乃至全中国都在通过各种办法减少污染，提高空气质量，体现出了乐观积极的态度；而《华尔街日报》等西方媒体则列举了北京机动车数量暴涨、北京沙尘暴问题未能解决而导致北京存在严重的空气污染问题等来推理和论证"北京难以兑现绿色奥运的承诺"。重事实、轻理论，是西方媒体惯用的报道手法，它们通常将自己的观点隐藏在表面客观、公正的事实之中，让受众在接受事实的同时不知不觉地接受它们的立场和观点。由此可见，在报道新闻事件的时候，我们应该尊重对象国受众的思维方式和文化认知习惯，借鉴西方媒体的传播理念和风格，以西方的方式回击西方，兼顾正反两面的报道，在对积极正面的事件内容进行宣传的同时，也要将事件产生的实际问题进行实事求是的报道，这样才能够增强我们媒体的真实度和可信度。除此之外，减少灌输式、政治性的宣传，多提供事实，多做软性报道，给受众"讲故事"，也是达到"润物细无声"的传播效果的好办法。

第三，推动我们的对外广播积极迈步"走出去"，真正走到受众身边，从当地受众的生产生活中获取第一手信息，提供最新鲜的文化信息，在满足受众需要的同时，实现节目内容、人员、管理、运营等方面的"本土化"，是有助于我们翻越"文化围墙"，传递我方文化信息的重要战略手段。在中国对外广播发展初期，短波广播是主要的传播方式，由于其存在信号弱、覆盖范围小、收听效果差等弊端，对外广播效果差强人意。随着信息技术迅猛发展，中国对外广播出现了在境外建立中波发射基地、境外开办或租用中波或调频广播、通过卫星入户、互联网传播等更为多样的传播方式，解决了我国对外广播发射功率弱、远距离广播收听效果欠佳的不足的问题，大大提升了传播效果。其中，在境外开办或租用中波或调频广播，实现海外阵地前移，更是加速了国际台进行本土化产品的生产、本土化人员队伍的建设、本土化管理的推行、本土化运营的开展，为我们的媒体快速融入对象国文化进而有效地进入到当地的主流社会提供了有利条件。

以国际台中柬友谊台为例，2008年12月11日国际台金边中柬友谊台在柬埔寨首都金边正式落地开播。2011年中柬友谊台海外节目制作室也入驻金边，2012年7月开始进行直播，聘请当地人员在当地取材、制作、播出"原汁原味"的本土化节目，同时北京语言部的工作重点由节目制作逐步转变为为前方本土化节目制作打造资源库，为前方本土化节目提供中国元素，让受众更多地认识和了解中国文化、中国社会以及中国人的普通生活。前后方报道团队将中外文化内容相结合的传播形式真正实现了不同文化在国际传播中的共存与交融，既顺应了对象国受众的文化需求，也宣传了中国的文化，取得良好的收效。金边听众摩尼说，从中柬友谊台播出直播节目开播，她就一直收听这个调频电台，有益的节目内容、客观的新闻报道、丰富的生活资讯、动听的歌曲，这个频率的每一档节目她都非常喜欢。暹粒的听众拉蒂龙说，通过收听中柬友谊台的节目，他得到了很多有益的知识，通过这个台他也对中国有了进一步的了解，他一定会继续支持中柬友谊台。柬埔寨国家电台台长丹阳表示，中柬友谊台金边节目制作室播出本土化直播节目以来，大大拉近了受众与中柬友谊台的距离，柬埔寨听众通过中柬友谊台对中国的社会和经济发展有了更进一步和更全面的了解，他衷心希望中柬友谊台为加深和巩固中柬两国和两国人民之间的传统友谊做出更大的贡献。

在跨越了地理距离后，要克服文化差异形成的障碍，真正做到让我们的节目"入耳、入脑、入心",即不仅让受众听得见,还要听得进、能接受。"听得进"和"能接受"主要是指节目内容等软件建设的问题。要想在节目内容上能够打破民族的界限,跨越文化差异,并且能够弘扬中国文化,进而表达中国的立场和观点,就需要我们从报道手法、节目内容选择、翻译方式等方面进行文化适应、文化转换、文化融合的"加工",在文化表达"求同"之后,实现文化价值"存异"。

第四,实行节目内容和报道形式的改革,调整传播内容的定位,不断优化节目形式,树立新形象、新目标。我们过去的对外报道以硬性新闻报道居多,容易出现缺乏感染性和人情味的口号式宣传和因缺少对境外受众在文化意识、思维共性和收听需求进行了解而产生的针对性差的问题,不易让受众接受,生硬的报道口吻甚至会使受众产生反感、抵触的情绪。由于意识形态、社会制度和价值观等方面的差异,国际社会对中国缺乏全面客观的了解,加之反华势力依然猖獗,一些国家时常发出别有居心的言论。特别是中国在改革开放后,经济发展速度迅猛,国家综合实力不容小觑,遭到一些西方媒体利用"西藏问题"、"台湾问题"、中国"威胁论"等过激论调来妖魔化中国。

在国际传播中,一国的国家形象是本国媒体和他国媒体博弈的结果。如何利用国际传播,应对国外媒体对中国形象的负面报道,塑造中国的正面形象,是一个亟待解决的问题。宣扬中国和平的发展观,展示中国文化的魅力,需要我们进行具有很强感染力、说服力的软性宣传报道。文化兼具的差异性和共通性能够产生巨大的亲和力和吸引力。因此,在节目内容选择方面,我们既可以选择与对象国文化相呼应的内容,也可以选择与对象国文化完全不同的内容。例如,由国际台阿拉伯语广播部制作的庆祝穆斯林传统节日开斋节的专题节目——"斋月里的婚礼"选择了斋月里举行的一场特别婚礼作为题材。节目讲述了一位穆斯林女青年和一位汉族小伙儿恋爱结婚的故事。节目体现了两种不同宗教信仰的融合相通，突出了中国宗教信仰的自由、开放、包容，也展示了中国的"和"文化。此外，我们也要看到，虽然跨文化给国际传播带来障碍，但人们同时也会对别国的东西存在一种好奇的心理，产生一种美好的幻想。《中国少数民族》《在中国旅游》《中国音乐》《学中国话》等展示和介绍中国民族文化、旅游资源、音乐艺术、语言学习类的软性服务类节目用中国艺术文化有效地吸引了大量受众的目光，满足他们对异国风情和文化的兴趣，有利于"软化"外宣生硬的宣传手法，以及"模糊"外宣服务外交的传播目的，寻找文化认同。而在节目报道形式方面，我们不应拘泥于陈旧的新闻报道方式，可以大胆地开创新的报道方式，如举办《红白歌会战》、中越"同唱友谊歌"等以"友谊"为主题、"艺术文化"为载体的软性文化类节目，或者"中俄友谊之旅""中巴媒体母亲河之旅""CRI中外记者行"等中外记者互访的大型活动，借助外媒的声音、文字和镜头推广中国文化，既让对中国的报道真实可信，也解决了因为文化认知不同而产生的新闻报道手法不同的问题，既打响了国际台的媒体品牌，也有效提升了中国的良好形象。

第五，不断提升语言修养，提高稿件翻译和播出质量，实现语言上的"本土化"。语言与文化不可分割，没有一种语言不是植根于某种文化当中的，也没有哪一种文化不是以某种自然语言结构为其中心的。翻译活动从本质上讲也是一种跨文化交流活动，是进行国际传播的重要环节。

由于东西方文化的差异，使一些词语在中国、在东方所蕴含的意义很美好，但在西方由于宗教信仰不同、地域文化不同，人们对这些词汇的理解与中国人的不尽相同甚至完全相反。

在我们的对外广播当中，难免会出现一些中国味浓重的词语，比如"三农问题""科学发展观""和平发展道路""三个代表"等具有中国特色的政治术语，以及游离于国际话语体系之外的方言俚语，如果不选择正确的翻译方法，有可能让受众产生文化误读，无法正确地传递信息。原国务院新闻办主任赵启正强调："外宣不只是语言的翻译、文字的翻译，而是文化的翻译、思想的翻译"，"严格地说，让外国人读的文章应当是一篇再创作的新文章"。① 1955年，美国学者韦努蒂（L. Venuti）提出翻译的"异化"（Foreignizing translation）和"归化"（Domesticating translation）。所谓异化翻译，是指对文化价值观的偏离主义的压力下，接受外语文本的语言及文化差异，把读者带入外国情境。归化是指采用民族中心主义态度，使外语文本符合译文的文化价值观，把原作者带入译语文化。② 异化和归化可以反映出人们对不同的社会文化背景和主张的认知。在针对对外广播稿件的翻译过程中，译者将中文稿件译为外文时，不能仅仅停留在"直译"的层次上，应按照对象国受众的文化意识、思维习惯进行再创作，使用国际通用的话语体系介绍中国、报道世界，让国际社会看到中国已经成为一个重新崛起负责任的世界大国。

---

① 中国外文局对外传播研究中心选编：《向世界说明中国——赵启正的沟通艺术（续编）》，新世界出版社，2006年版，第96页。
② 引自 http://www.yingyudaxue.com/book/domesticating-translation-foreignizing-translation。

国际传播不仅仅是新闻的传播，还是国家外交的延伸。塑造国家形象是对外传播的首要职责。国家形象是国际社会对一国的整体认识和综合评价，是综合国力的集中体现。良好的国家形象是一国对外交往的旗帜、走向世界的通行证、社会和经济发展的助推器，其对提升一国的民族自尊、自信，推动外交关系发展，争取更多的国际发言权，甚至在吸引外资等方面都有着重要的作用。美国学者阿巴斯·迈勒克（Abbas Malek）在《媒体与外交关系》（News Media and Foreign Relations）中指出："媒体在国家本体与国家形象的提高方面有极其重要的作用。每个国家都能通过控制国内媒体塑造本国的本体意识，但要影响本国的国家形象，就必须拥有全球媒介优势。"[①] 尤其是在信息传播全球化的时代，国际传播更是担负着配合国家外交的重任，它以语种丰富、接受便捷、覆盖面广、感染力强等优势成为塑造和维护本国良好国家形象和在国际社会中提升本国影响力的主要力量。

国际传播面对的受众是国际性的，它是面对不同国家、不同民族、不同文化、不同信仰的复合式传播，"跨文化性"是其重要特征之一。著名的国际传播学者拉里·萨穆瓦（Larry A. Samovar）曾说过："文化与传播，如同声音与回音。"[②] 因此，单一的"自话自说"的传播内容和传播方式是不受欢迎的。也就是说，国际传播的内容必须是多元的，传播方式必须是多样化的，既要具备强大包容性而又能保留自身的独特性。在传播过程中，面对东西方的文化冲突，我们需

---

① 张桂珍主编：《国际关系中的传媒透视》，北京广播学院出版社，2000年版，第3页。

② （美）拉里·萨穆瓦等：《跨文化交流》，北京大学出版社，2009年版，第1页。

要全面、科学、理性地认识东方文化及西方文化的特质与差异,规避、扬弃东西方文化中的糟粕,弘扬、吸收东西方文化中的精华,在努力保持中国优秀民族文化本色的同时又大胆积极地吸收外国文化中先进、有益的成分,打造西方人群能够接受的并具有中国特色的文化内容。

国际传播的对象是世界各国人民,只有认真分析各国人民的民族文化差异和探知各自文化相近相通之处,实现文化的"求同存异",才能成为世界性的媒体。中国要想使自己的国际传播走出中国,走向世界,成为国际性的传媒大国,就必须放下传统的"本位主义"理念,站在全世界的高度来反观自己,这样才能看得更远。同时逐渐淡化自身意识形态同别国意识形态之间的差异和冲突,寻找它们之间的共同点,特别是文化间的共同点,以文化的融合来适应跨文化国际传播的要求,力求在全球化语境下宣传中国、报道世界。

二、外宣报道选题和角度对国际传播效果的影响

国际台要是根据受众的不同特点及需求,通过不同类型的报道来向国外受众"解读"中国,要把新闻的传播作为立台之本。任何国家战略、政策报道都要通过日常的新闻及专题报道来实现,新闻采编、报道切入点选择是一切外宣工作的根基。而任何事情都可以一分为二,正如鲁迅所说:"一部《红楼梦》,经学家看见易,道学家看见淫,才子看见缠绵,流言看见宫闱秘事。"同一新闻事件,报道选取的角度不同,给人们传递的信息也将会大相径庭,所起到的效果也截然不同。因此,如何用好手中的笔和面前的话筒,成为对外广播至关重要的第一道选择题。

（一）明确核心竞争力，重新定位自身角色

所谓媒体的核心竞争力，是指"媒体胜过竞争对手的核心资源和能力的总称。它是媒体以其主体业务为核心形成的能够赢得受众、占领市场、获得最佳经济和社会效益，并在众多传媒中保持独特竞争优势的那些资源和能力。其特点是：优越性、独特性和稀缺性、难以模仿性和难以替代性、延展性"。① 国际台的核心竞争力的确定主要取决于三个关键因素：中国自身的传播需求、受众对中国的悉知愿望以及国际台的媒体资源特征。换言之，即国家使命、市场定位和突出优势。必须把握好传播需求与市场需求之间的关系，把握国家使命与受众期待的分寸，争取动机与效果的统一。

自20世纪20年代国际广播诞生以来，国际广播即作为从事国际舆论斗争的国家工具，为国家的政治和外交服务。国际台也不例外，伴随着国家发展和国际环境的变化，特别是20世纪90年代国际广播进入快速发展时期后，国际台在新的国际背景和国际语境下进行了自我调整，以塑造负责任、不威胁、求共赢的国家形象为目标，把"向世界介绍中国"作为新的报道准则。

（二）锁定目标受众，做到"内外有别，外外有别"

国际传播的目标受众主要是外国公民，他们不是中国人，所以他们对中国的关注点必然和中国人不同，这是"内外有别"的基础；国际台面向全世界生活在不同文化背景中的听众播音，他们对中国国情的了解程度不同，感兴趣的话题也不同，这是"外外有别"的基础。

---

① 王庚年：《国际传播：探索与构建》，中国国际广播出版社，2009年版，第302页。

不同群体有不同的兴趣爱好和价值观，针对不同受众，媒体报道的侧重点就应该不同，这就是报道选题的选择。例如，发展中国家听众或许可以理解中国为什么要计划生育控制人口过快增长，发达国家听众则不然；对美国、日本传播，台湾问题就很重要，对众多非洲国家来说根本不存在"台湾问题"。再比如，对有些国家我们可以揭露法轮功的真实面目，而对有些国家我们则根本没必要提，因为他们不知道法轮功为何物。

斯图亚特·霍尔认为，电视节目（或者它类似的媒介文本）根据大众媒介生产组织以及其主要支持者的意义结构来进行编码，但是，却根据不同的意义结构以及不同情境中的受众的知识结构来进行解码。[1] 因此，作为从事国际传播的中国媒体，国际台要通过新闻报道介绍中国立场，也要充分考虑受众的思维方式和习惯是否能够接受我们的传播。我们在报道前必须思考以下问题：受众是否感兴趣？即确立好选题；如何报道能被明白？即把握好角度；会不会引起反感？即追求好效果。

（三）决定外宣报道选题的因素

作为国家的外宣媒体，国际台秉承"中国立场、世界眼光、人类胸怀"的指导思想，坚持"贴近中国发展实际"，围绕国内外重大热点新闻进行有的放矢的报道，充分展示中国公正、民主、合作、进步和负责任的国家形象。我国外宣的重点是在国际舆论中表达中国的声音，在国际事件中表述中国的价值，因此我们要报道的首先应该是我

---

[1] （英）丹尼斯·麦奎尔著，崔保国、李琨译：《麦奎尔大众传播理论》，清华大学出版社，2006年版。

国外交和国家政策需要我们去对外宣传的选题，即"我想说什么"。

其次，报道应始终从受众兴趣出发，即"别人想听什么"。在技术水平高度发展的当下，受众有众多种方式接收各种信息，他们自然会选择自己感兴趣的。如果无法在第一时间引起其关注，那么无论我们的报道多精炼、内涵多深刻，也无法为受众认识。要想传播有效，就必须结合受众的信息需求。

第三，外宣报道应紧跟国际舆论，即"别人说什么"。国际舆论是指民族国家在国际公共空间对共同感兴趣的问题所形成的态度和意见的总和，它一般表现为一种外交压力，并通过国际传媒的新闻报道发挥作用。[①] 随着中国的快速发展，其国际影响力越来越大。在国际舆论焦点中，国际社会期待听到中国的声音，而中国也需要在"国际表达"中体现"中国价值"。

第四，外宣报道应紧跟国际涉华舆论和我国舆论的热点发声，即"别人说我什么"。这又可以分为两种情况。

1. 持续存在的舆论斗争和舆论焦点

对我国有利的涉华舆论可以为中国发展创造良好的外部环境，不良的涉华舆论则会起到反作用，甚至会在国际上形成对中国的偏见并一定程度上扭曲中国的形象。近年来，国际媒体，特别是美国媒体所制造的涉华国际舆论，大多是有关中国的负面报道，"中国威胁论""人权问题"等选题比比皆是。对此国际台编播了《外交部发言人驳斥"中国威胁论"》《中方对美人权报告中对中国的无端攻击表示坚决反对》等稿件，有效地驳斥了涉华舆论中的不实之词，向世界说明了

---

① Makiko Nishitani："What is International Public Opinion"。

真相。这种有的放矢的采访报道有利于传播效果的提升。

2. 突发事件

近年来，我们越来越注意尊重对外传播规律，中央也一再强调外宣要做到"三贴近"，但在处理尊重客观报道规律和遵从主观宣传意图的关系上还存在一些问题。我们更倾力于成绩的宣传，而避讳在负面的突发事件中发出声音，"报喜不报忧"造成的信息缺失无疑给西方媒体创造了传播失实和偏颇信息的机会。"非议"即为"兴趣"，有争论的地方肯定有传播的价值。例如，克罗地亚媒体近期紧跟中国热点，以"男子蓄意摔女婴致死""子女探望年迈父母需被写进法律条款"等话题来抨击中国社会道德的沦丧，国际台克罗地亚语部也有针对性地编播了以上两条新闻的我方陈述，目的不在于抨击外媒的以点带面，而是尽我所能向听众和网友还原更为真实全面的客观事实。媒体从来不能代替受众做出判断，但可以有力地引导其做出符合实际的判断。

（四）外宣报道角度选择的技巧

同一个新闻事实往往蕴含着多种信息和意义，从不同角度报道同一事实也就必然会从同一事实上看到不尽相同的信息和意义，因而呈现的舆论导向就会不尽相同。古人做诗很注意选择一个好的角度，如叶绍翁在《游园不值》一诗中写道："春色满园关不住，一枝红杏出墙来。"面对大好春光，诗人不直接描写园内百花齐放的盛景，却以独特的视角描绘一枝出墙的红杏，只写一枝，却让人想象出园内的许多美景。同理，对外传播更需要选择一个巧妙的角度，其目的是要把事实的新闻价值更加充分、突出地挖掘和显示出来，更好地起到报道吸引人、感染人的作用，从而达到更好的国际传播效果。

美国宣传研究奠基人之一的哈罗德·拉斯韦尔认为，宣传是以操纵表述来影响人们行动的技巧。尽管宣传与新闻都属于传播的范畴，但新闻是对新近发生的事实的报道或描述，而宣传的本意是"运用各种符号传播一定的观念以影响人们的思想和行动的社会行为"，它的目的是向受众灌输观点。鉴于此，我们的外宣要尽量淡化宣传味和空洞的说教，侧重用新闻事实说话，增加节目的可信度和真实性，这是所有报道角度的基础。

1. 刚性选题柔性传播，大选题小切口

作为国家的外宣机构，国际台的身份决定了我们的报道选题必然涉及大量的硬话题，例如每年的"两会"。对于这类选题，直接报道很容易让听众觉得"宣传味"浓厚，从而产生厌恶情绪。对于此类必须报道的刚性话题，选择小切口，将其转换为柔性传播，使抽象的概念具体化，用"故事"来引起受众的了解欲望，是最行之有效的报道角度。

以第十八届人大新闻奖广播电台作品系列报道三等奖的《永乐小区的故事》为例。该系列用"平平买房"、"社区医疗"、"君君学琴"、"妈妈姨田英"、"社区托老所"、"理发师王乃贵"、"代沟"和"曹润兴和他的小花园"八个故事分别阐述了住房、医疗、教育、就业、养老、环保等中国社会最突出的民生问题，用广播剧的形式把"永乐小区"这样一个最普通的北京社区变为国外受众了解中国的平台，从侧面展示了中国政府在民生方面投入的力量及其效果。该系列节目在当时的俄东地区引起了很大的反响，受众反馈的信息数量居历年"两会"报道之首。

对于受众来说,"人"总是新闻报道中最富感染力的因素之一。研究显示,以讲故事的方式向人们提供的信息更容易被理解和记忆。这种方式让人放松并觉得有趣,以这种方式整合的新闻素材能够更加有效地吸引受众。

2. "逆向思维,出其不意"找角度

顾名思义,逆向思维是指遇到有些事可以倒过来想一想,在这种类似"反思"的过程中寻找新闻角度。逆向思维可以帮助我们摆脱困境,突破老套的模式。

以第十四届中国新闻奖广播专题一等奖的《互联网的发展——SARS无情,网络有情》为例。据该节目主创人员介绍,这个选题是亚广联下发国际台的任务。提起网络发展,想到的大多是各种数字的增加更新,各种设备的普及应用等,这样的节目丝毫没有竞争亚广联奖项的实力。当年正值非典盛行,整个京城人迹罕至,互联网成了分离的亲友们联系的最好选择。这种逆向思维方式为主创人员开拓了一条新思路,他们讲述了这样一个故事:一个被隔离在家的小女孩,她的妈妈在医院救治患者不能回家,她的小伙伴也都因疫情严重而不能再在一起嬉戏,顷刻间小女孩的世界被掏空了,她无助又无聊地在家里想念妈妈和同学,而此刻,互联网派上了用场。节目依然使用了大量的音响和音效素材,采访配音情感饱满,整个故事情节连贯且感人,节目入耳极为震撼,因此该节目也获得了当年的亚广联大奖。

3. 求异求新寻角度

新是新闻的特征,是新闻的基本要求。同样的题材,要做得比别人更具特色,过去已经报道过的题材,要想法子赋予其新意。

以2009年获得全国人大好新闻奖系列报道三等奖的《就业》为

例。就业问题年年讲，难免重复引起反感，要想吸引受众，就需要推陈出新。该节目以大学生创业为着手点，向听众传递了中国政府在促进就业难方面的努力。

以下是该节目的片段：

（配乐：《外面的世界》"外面的世界很无奈"）（音响1）
"我都跑了好几个招聘会了，还是没找到工作。"
"去年年底被裁（员）了，现在想继续读书，先缓两年再找（工作）吧。"

2008年，全球性金融危机爆发后，中国的各种机构和公司纷纷紧缩编制、减少开销，大学生就业形势不容乐观。预计今年全国各大院校即将毕业的大学生共计710万人，而社会能够提供的工作岗位却不足250万。大学生就业路在何方？

（配乐：婚礼进行曲——交响乐版）

这是"都之琥珀"的主打歌，永远或恢弘或轻柔地萦绕在这间工作室。房间算不上宽敞，里面整齐地放着各种样式和颜色的婚纱、旗袍、鞋子。它的老板是四个自己干事业的大学生，他们一起经营这间设计婚纱礼服和新娘造型的工作室。（音响：杨淼）

"创业要顺势而为。大的市场是给很多人准备的，我们作为创业者，没有大集团那样雄厚的资金，也没有广阔的人脉，所以必须顺应这种趋势，从中找到适合自己的机会。"

4. 从采访对象的特点中发现角度

人如果没有特点，就会千人一面；文章如果没有特点，就会千篇一律。每个人都有自己独特的地方，这是采访报道角度中最值得发掘的点。把握住了采访对象的特点并将之充分展现，报道也必定有吸引受众的独特魅力。

以2010年中国新闻奖广播访谈三等奖《情同父子的赛场对手——鲁能及申花主教练访谈》为例。该节目是在2010中超联赛后对鲁能及申花俱乐部的克罗地亚主帅伊万科维奇和布拉泽维奇的专访，两位克籍主帅分别率队夺得冠军和季军。两位克足坛泰斗级教练相识多年，而今在中国率队同场竞技，节目抓住二位场上对手、场下父子的"情感交流"，直面中国足球丑闻、球迷事件等"硬问题"，入理入情。

一篇好的外宣稿件，首先要准确结合中国的传播需求和受众的信息需求，妥善利用国际台的媒体资源特征；其次必须选择新闻角度，以敏锐的目光，从最佳视角来观察并报道。恰当的报道角度能够让稿件"活"起来，稿件有了灵魂，就能贴近中国实际，抓住人心，引人入胜，从而达到良好的传播效果。

第三章　新形势、新挑战、新实践

新世纪的新形势，使得承担国际传播重任的中国国际广播电台站在新的节点上，面临新的挑战：如何通过全球性事务的报道，来提升国际传播的权威性与影响力？如何搭乘新媒体快车拓展新的国际传播竞争空间？如何赶上中国日益增强的经济实力与国际地位的步伐有效地开展舆论斗争？……凡此种种，最核心的解决办法就是实现"转型"，即实现由传统媒体向现代媒体转变，由单一媒体向综合媒体转变，由本土媒体向跨国媒体转变，建设现代综合新型国际传媒集团，自立于世界媒体之林，为国家的发展与形象的塑造营造良好的舆论环境。

进入 21 世纪，随着全球化越来越深入地渗透到经济、政治、社会、文化等方方面面，信息传播理念与传播模式发生巨大变化，一个最鲜明的特点是进一步打破信息屏障，将各个国家、各个民族的文化与传播内容全都纳入国际传播大循环当中，在全球范围内接受检验与评价[①]。与此同时，随着互联网技术飞速发展，原有的传媒格局被打破，网络媒体以前所未有的发展态势不断挤压传统媒体的发展空间，

---

① 程曼丽：《新世纪的国际传播观念》，载《中国记者》2001 年第 4 期，第 29 页。

迫使世界主流国际传播媒体纷纷加快发展新媒体业务，争夺新的竞争空间。随着全球化纵深发展与信息技术的日新月异，国际传播的受众也表现出兴趣多元化、需求碎片化等新的特征。为此，各大国际传播机构均加强了受众研究工作，进一步细分受众，提升国际传播的针对性与有效性。

第一节　国际台面临的新形势

21世纪初，国际传播界的基本格局仍是美国媒体占据主导地位、发达国家媒体影响全球舆论、发展中国家媒体积极争取国际话语权。考察西方主流广播机构在全球化时代的发展战略，是国际台实现突破、谋求发展的必由之路。总的来看，进入21世纪之后，西方主流广播机构借助全球化的发展与新技术的更新，纷纷调整发展战略，努力拓展新的竞争空间，抢占国际舆论制高点，国际广播因此呈现出全球化、综合化、本土化、品牌化的发展态势。

一、国际广播覆盖的全球化

全球化的不断发展，必然带动国际广播机构走出国门、融入世界。国际广播覆盖的全球化，即是指媒体在全球化浪潮推动下，依托高新技术，在全球范围内进行信息传播和运营活动。这里所说的"覆盖"主要体现在四个方面：一是传播范围的全球化，媒介产品全球流通；二是传播信息的全球化，信息资源全球流动与共享，使人类社会由封闭走向开放，由隔离走向融通；三是传播受众的全球化，面向全球 60 多亿人口进行国际传播；四是传播影响的全球化，主要表现在：影响有影响力的人、影响有影响的媒体、影响有影响的重大国际事件。①

（一）背景及原因

1. 国际形势的变化赋予国际传播新使命

诞生于 20 世纪 20 年代的国际广播，曾在第一、第二次世界大战中发挥了重要作用。当时国际广播的主要使命是进行对抗性的政治宣传，内容多是政治制度与民族解放方面的内容，意识形态色彩浓烈。到了 20 世纪 90 年代初，随着东欧剧变和苏联解体，东西方两大阵营对峙的格局结束，国际广播随之淡化了对抗色彩，更多地报道本国经济、社会、文化、科教、军事、体育以及人民生活等多方面的内容，承担起了促进国家间交流与合作的使命。

进入 21 世纪之后，国际格局多极化趋势日益明显，谋发展、求合作成为各国普遍的利益诉求。特别是 2001 年中国加入世界贸易组织后，东西方交流进一步加深，和平与发展成为新世纪鲜明的主题。在这种背景下，国际广播媒体更多地报道全球性事务，关注全人类的共同利益，增强服务意识，促进国家与民众之间的交流与合作，同时更加注重利用议程设置与角度选择来重点传播本国文化，潜移默化地传递本国价值观。比如，美国之音长期以来赤裸裸地对外宣传美国的价值观，进入新世纪之后加大了关于美国生活方式、科技文化方面的宣传，就是根据国际形势变化所做的传播策略调整。

---

① 王庚年：《当代世界的国际传播》，载《中国广播电视学刊》2011 年第 11 期，第 5 页。

2. 传播技术的突破带来信息传播全球化

在媒体手段欠发达的时代,信息获取的平台较为单一,广播成为人们获取信息最常用的手段。但是,这种"我讲你听"的单向传播模式,不仅信息量小而且传播范围狭窄。随着信息技术的发展,电视、网络等媒体相继出现,人们获取信息的方式越来越多元化,特别是进入21世纪后互联网广泛运用,信息传播突破了国家与民族界限,真正使地球变成村落。这必然要求国际传播媒体突破国门界限,借助先进的传播技术在全球范围内谋兵布阵,增加传播的信息量,加快传播的速度,拓展传播的范围,实现信息传播全球化。

(二) 世界主要广播机构的全球化覆盖战略

进入21世纪后,西方主流国际广播机构为适应全球化发展与技术革命的变化,纷纷"走出去",提升对全球事务的参与程度,更好地传递本国价值。具体来说,世界主要广播机构的全球化覆盖战略主要体现在四个方面:

1. 从业人员的全球化

人才是竞争的核心。国际广播覆盖的全球化,首先要求建立一支具有"全球化报道思想、本土化操作手段"的全球采编队伍。在这方面,国际主流广播机构主要采取以下三种方式:

(1) 向海外派驻记者。

这是国际广播机构最常用的方法,其优点是使报道触角直接伸到全球各地,而且便于本部统一指挥调度,实现报道专业化。比如CNN在海外记者达到上千人,其在选拔记者时有一条重要标准,要求对驻在国有足够的认知与了解。

（2）雇用当地特约记者。

这种办法的优点是通过当地人的本土化视角进行报道，既能对事件做更透彻的分析，还能节省成本。比如，德国之声没有自己的驻外记者站，但是它的各个语言广播在国外都拥有特约记者；美国之音也在全球各地雇用了特约记者或报道员，提升了信息传播的时效性与针对性。

（3）与各国媒体进行交流与合作。

这种方法的优点是可以迅速建立一支新闻信息共享网，随时接收或传送最新的新闻节目。比如，CNN与亚太地区各国电视台签署了新闻合作协议，可以共享相关的新闻报道，提升时效性。

需要指出的是，国际广播机构在实现从业人员全球化时，并不是随意而为，而是有目的地进行布局，确保资源合理分配。一般来说，美国、俄罗斯、中国、欧盟等世界重点国家或地区都是国际广播机构派驻驻外记者的首要选择；另外，中东、东亚等新闻高发地区，也是国际广播机构派驻人手或雇用特约报道员的热点地区；此外，与本国海外利益相关的地区，国际广播机构一般也会增加报道人员。比如，韩国KBS在境外只有十几个记者站，但有一半是设在美国与中国，就是基于国家战略利益的考虑。

2. 报道内容的全球化

这是指国际广播机构报道的内容不限于本国事务，而是放眼全球，强调全球利益共享与合作，通过对全球事务的报道传递本国价值。具体来说，报道内容的全球化体现在以下三方面：

（1）事关全人类、全世界的国际性话题。

随着全球化的飞速发展，任何一个国家都无法在自己的领土和主权范围内解决所有问题，必须积极参与到国际化的经济、政治、文化组织中，参与能源、环境、气候等全球议题的解决当中。这些涉及领域广泛、错综复杂的国际事务，是国际主流广播机构"全球性报道"的重要组成部分。比如，历次联合国气候变化大会都被BBC、ABC等西方广播机构广泛报道，就是因为气候变化议题事关全人类的利益，也关系到世界各国，特别是发达国家与发展中国家的利益之争。

（2）与本国海外利益相关的事件。

全球化的发展，必然使得各国的国家利益不断向全球拓展，那些与本国海外利益密切相关的事件，也被纳入国际广播机构"全球内容"的范围之中。比如，法国国际广播电台（RFI）是制作和播出非洲专栏节目最多的国际电台。在其每周播出的6个专栏节目中，关于非洲的就有4个，其原因就是非洲曾是法国海外殖民地，法国在非洲有着传统利益。

（3）传播对象地区的重要事件。

当前国际传播的主战场已由一国国内转移到海外，国际广播机构纷纷在海外落地。面对所在国家和地区的特定受众，国际传播内容就不能仅仅是报道传播主体所属国家的事务，而是需要更多地报道"本土的""当地的"新闻和信息。这也是国际广播机构报道"全球内容"的应有之义。比如，德国之声的英语节目有一个叫《亚太报道》的新闻杂志类栏目，专门播出亚太地区受众关心的新闻事件，并配以德国媒体的分析与评论，提升了收听率。

需要指出的是，国际广播机构虽然力求报道内容全球化，但其报道核心与本质并没有改变，仍是维护本国利益、传递本国核心价值观，只不过手段更为巧妙，是通过对全球事务的报道，通过更高层面的议程设置与角度选择，将自身立场寓于客观报道之中，潜移默化地传递自身观点。这种更为间接的传播，仍是以广播媒体自身及其所属国家的立场与利益为第一考虑的。

3. 受众用户的全球化

从理论上来讲，全球60多亿人都是国际广播的潜在受众。国际广播机构都会尽量扩大自己的受众用户群，提升传播影响力与权威性。路透社在全世界有37万个信息终端，包含各国主要媒体约2万家。美联社为世界121个国家和地区的10000多家新闻媒体提供稿件。CNN在全球212个国家和地区落地，用户人数达10亿以上。

当然，在扩大受众用户群时，国际广播机构会进行深入的研究，确定重点受众，进行有针对性的传播。具体来说，有两类受众用户是其主要发力点：

（1）重点国家和地区的受众用户。

美国、欧盟等国家地区的受众用户是国际主流广播机构固有的传播对象。进入21世纪以后，不少广播机构的对外广播重心开始向不断展现潜力的东欧、中东、亚洲和拉美转移。比如2005年法国国际广播电台重新制订发展计划，重点发展英语、阿拉伯语、西班牙语和中文广播业务。2008年开拓了汉语、俄语、波斯语和越南语的网上播出业务，并加强法语、英语、葡萄牙语（针对巴西）、西班牙语、豪萨语和斯瓦希里语频道的建设，实现重点地区传播政策。[①]

（2）与国家利益相关的国家地区的受众用户。

"9·11"之后，美国国家广播管理委员会将阿拉伯语广播从美国

[①] 雷菲：《法国对外广播的改革与发展》，载《海外传媒》2011年第8期，第57页。

之音剥离出来，创办了"中东广播网"，专门针对中东地区 15 岁至 30 岁之间的年轻人，主要传播阿拉伯音乐和西方音乐，并搭配新闻和深度分析，让受众潜移默化地接受美国的观点，改善美国在当地的形象，扭转当地的反美声浪。根据尼尔森公司 2003 年 8 月的调研，中东广播网在埃及、约旦、科威特、卡塔尔和阿联酋等 5 国 15 岁以上人口中的收听率达到 31.6%，远高于其他国际电台。①

4. 机构运营的全球化

随着报道人员、传播内容、受众用户全球化的推进，机构运营的全球化必然随之推进，以提供足够的机制保障。这具体表现在三方面：

（1）设立海外记者站。

这是向全球派驻报道人员的基本机构保障。比如，英国 BBC 在全球设立了 40 多个记者站，业务范围涵盖 170 多个国家；美联社、路透社、澳大利亚广播公司等均在全球设立了多家记者站，以记者站为根据地开展相关报道业务与外联业务。

（2）建设海外分台与节目制作室。

比如，美国之音在全球 80 多个国家通过 800 多家电台实现了节目落地；英国 BBC 在 150 个国家实现调频落地，整频率电台达 400 多家，拥有 2300 多家合作电台；澳大利亚广播公司驻外机构集节目制作室、记者站与海外办事处等功能于一体，开展发稿、外联、节目制作与交流等诸多活动。

---

① 丁园园：《国际广播本土化竞争战略初探》，载《东南传播》2009 年第 8 期，第 32 页。

(3) 以并购、控股、合资等形式投资全球媒体业。

比如 2002 年开播的星空卫视，就是默多克的新闻集团以 9.5 亿美元收购李泽楷的 STAR TV 电视台组建的。它的开播拉开了新闻集团进攻亚太市场的序幕，成为其向亚太地区扩张的排头兵。

二、国际广播手段的综合化

国际广播手段的综合化，是实现全球事务报道的必由之路。综合化包含三层含义：一是指综合运用音、视、图、文等多种表现形式，通过无线电波、视频、纸媒、互联网、移动通讯等一切能够使用的传播载体进行综合传播，扩大本国声音的全球覆盖和投射能力。二是指通过跨行业的并购联合，形成强大的综合传播平台，参与国际市场的媒体集团竞争。三是指通过行业内部的要素重置与资源搭配，实现传播效果的扩大化与收益的最大化，最大程度地发挥媒体的综合竞争力。①

（一）背景及原因

任何一种新媒体的出现，都不可避免地对既有媒体产生冲击，进而带来传播手段的革新与发展。国际广播手段综合化的出现，正是缘于网络媒体的发展对传统媒体造成的猛烈冲击。

1. 传统广播手段失去竞争优势

21 世纪初，互联网在人们的工作与生活中得到广泛应用，互联网最大的优势就是使信息传播突破时空界限，使信息发布高度平等。这是长期依赖"我讲你听"式单向传播的广播媒体无法比拟的。于是，

---

① 卜伟才：《国际传媒综合化战略初探》，载《中国广播电视学刊》2011 年第 2 期。

在互联网传播的冲击下,传统国际广播面临着收听率下滑、听众流失等诸多困境,失去了曾经拥有的主流、权威媒体的光环,面临着被边缘化的危险。

2. 谁拥有新媒体,谁就拥有未来

新媒体在世纪之交展现出的蓬勃发展势头让传统国际广播机构既面临挑战,也找到了转型之机。只有将传统媒体的内容优势、公信力优势、品牌优势、权威优势与网络媒体的覆盖面广、传播速度快、信息收发便捷、无国界时差等优势有机融合,才能使传统广播媒体在新媒体时代获得新的发展。为此,BBC、VOA等国际广播机构纷纷开设网络广播,强化在新媒体领域的影响。2006年,BBC提出"创意未来"的新媒体战略计划,并把以前独立的电视、广播和网络新闻运营平台整合成一个世界最先进的跨平台多媒体新闻中心,研发了互动型下载播放器"iPlayer",可以让用户下载观看过去七天内BBC的所有节目。2008年的一项调查显示,iPlayer使得BBC观众中35岁以下的比例从其问世之前的17%上升到37%。为此,BBC信托委员会认为,iPlayer的问世是BBC历史上具有里程碑式的事件。[1]

(二)世界主要广播机构的综合化战略

媒体综合化是世界传媒的发展趋势。全球知名媒体集团,比如迪士尼、时代华纳、新闻集团都是通过综合化手段,搭建多媒体传播平台,整合旗下多元业务类型,建立高效互惠的产业链与运营平台。具体来说,世界主要广播机构的综合化战略体现在行业发展与产业经营两个层面:

---

[1] BBC: Annual Reports and Accounts, 2007/08, P32—33.

1. 媒体的综合化发展

从国际广播的行业层面来说，综合化战略通过两种途径来实现，即：传播手段综合化、内部资源综合化。

(1) 综合运用所有传播手段，搭建多媒体传播平台。

这一平台应该包括纸媒、广播、电视、网络、移动新媒体等所有传播形态，涵盖文字、声音、图像、动画、视频等所有表现形式，对应视觉、听觉、触觉等人们接收信息的全部感官，而且基于广电网、互联网、电信网所支持的终端进行全方位传播，为全球受众随时随地获取资讯提供最大便利。在这方面，BBC可以算是典型代表。它将原来独立的电视、广播、网络新闻运营平台整合成一个跨平台多媒体新闻中心，又称"360度全平台采编"。这种多平台战略能够创造规模化效应，可以扩大媒体的传播覆盖面、提升受众影响力。

(2) 大力推进内部资源整合，实现优势互补。

2000年3月，总部位于美国佛罗里达州坦帕市的媒介综合集团成立新闻中心，将旗下的《坦帕论坛报》、WFLA电视台和坦帕湾网搬到一座大厦办公，报纸的记者经常在WFLA电视台上露面，电视台的记者经常为《坦帕论坛报》写报道，而坦帕湾网则为所有平台提供服务。这被视为媒介融合的初步实践。这一战略的特点是媒体通过行业内部的要素配置，最大限度发挥了媒体竞争力。

2. 媒体的产业化经营

在产业层面，媒体的综合化战略指媒体通过跨行业的并购，形成强大的综合传播平台，参与国际市场的媒体集团竞争。这种方式使得媒体产业的资本相对集中、新闻产品的规模生产成为可能，同时可以使媒体集团更容易进入对媒体市场管控严格的国家，以小成本获得已有的品牌与市场，从而快速实现扩张。因此，并购是目前国际传媒界最常见和最有效的产业经营方式，新闻集团、贝塔斯曼、维亚康姆、时代华纳等基本上都是通过并购的方式快速成长，影响并主导着世界传媒格局。

一般来说，媒体并购分为三种类型：

（1）横向并购。

通过对同行业强势资源的整合，实现媒体国际范围内的横向一体化。2001年1月11日，美国在线与时代华纳合并案获得通过，由此美国在线成功组建了全球最大的媒体公司——美国在线时代华纳，旗下包括广播、电视、出版、音乐、数字媒体等多元业务；2002年，美国国家广播公司NBC收购了西班牙电视公司TELEMUNDO COMMUNICATIONS，由此可使用该电视公司旗下18个电视台，从而快速占领不断扩张的西班牙语市场。

（2）纵向并购。

在同一行业上下游之间，对供应商和需求商环节进行整合，实现媒体在市场整体范围内的纵向一体化。迪士尼集团兼并美国广播公司ABC即属此类，这就将强大的媒体产品公司与强大的媒体传播公司结合起来，自然大大提升了市场的占有率与影响力。

（3）混合并购。

发生在不同行业间的并购，实现媒体资源的相对聚集。2000年，新闻集团收购福克斯体育网的全部股权，收购曼联足球队，并参股两家体育公司，由此拥有了高收视率的体育网络与体育节目制作商[①]，

[①] 胡正荣：《外国媒介集团研究》，中国传媒大学出版社，2003年版，第173页。

就是跨行业并购的典型案例。当然，混合并购并不是随意而为，而是要选择与媒体发展目标一致的行业作为目标，才能起到事半功倍的效果。

三、国际广播制播的本土化

国际广播制播的本土化是媒体传播全球事务、传递核心价值的关键手段，它是指媒体根据传播对象国受众的价值观念、文化背景、信息需求、接受心理、风土人情等方面的因素，所采取的有针对性、贴近性和亲和力的传播措施。

国际广播制播的本土化，主要表现在三个方面：一是传播内容的本土化，即在选择节目内容时，必须以当地受众是否关心关注来取舍；二是媒体人才的本土化，即雇用当地专业采编人才更易获得对象国和地区受众的信任；三是媒体运营的本土化，即选择本土经营者作为合作伙伴，有利于突破对象国法规限制和市场壁垒。在上升周期，新闻集团、维亚康姆等国际传播机构，均通过本土化战略构建了庞大的海外传播体系，掌握国际舆论话语权。

（一）背景及原因

1.内容本土化符合受众对身边事更感兴趣的传播规律

受众心理学研究表明，人们总是更关注发生在身边或附近地区的事情，因为这可能涉及自己的切身利益。例如，欧盟出台某项经济政策即使比中国人民银行的政策对世界的影响大得多，也不能使中国人马上改变投资方式，因为中国人的生活更易受本国银行政策的影响。正是基于本土化对人们利益取舍习惯的影响，国际广播机构在制作报道时，必须要通过对本地元素的强化来吸引受众，使其乐于接受外国的新闻与信息。

2. 媒体本土化便于突破外国政策上的限制，进行有效传播

由于传媒产业的特殊性，许多国家或地区对外来传媒采取了政策上的限制。比如在拉丁美洲，阿根廷限制外商投资本国媒体，巴西禁止外商投资电视媒体，但开放报纸媒体；在亚洲地区，印度规定外商最多只能拥有新闻媒体26%的股份；在中东，许多阿拉伯国家成立了地区性有线电视传播网，西方广播电视公司同意接受节目审查方可加入这些传播网。国际广播机构要想把触角伸进一个新地域，都要充分考虑当地特有文化背景之下的特有政策情况，灵活地进行本土化改良以适应新的政治环境，从而打入其市场。

3. 运营本土化有利于降低管理成本，提高收益

一般来说，当地分支机构全权负责本土化内容的开发、生产与传播，并负责雇用当地员工；总部可派驻分支机构负责人，并在内容的制作、采编原则等方面给予指导性建议，同时为分支机构提供足够的技术、管理、资金的保障。这样的本土化运营方式有效地节约了直接向海外派驻人员的成本，同时充分调动了分支机构的主动性与积极性，可取得所覆盖区域传播效果的最大化。

（二）世界主要广播机构的本土化策略

世界主要广播机构的本土化策略，主要体现在内容、人才与运营管理三个方面：

1. 报道内容本土化

美国之音广播管理层和决策层认为，"一个标准不可能放之四海

皆准，不同国家的听众有着完全不同的兴趣和关注"，"了解听众和潜在听众所在国社会政治环境和精神文化传统的情况、价值观、接受心理、节目爱好、关心的问题和需求，有助于安排那些适当的、贴近性强的内容"①。实现报道内容的本土化，应从两方面入手：

（1）多报道本地重要事件，契合受众关注点。

受众最关注的新闻，往往就是最具价值的新闻。国际广播机构在从事传播活动时必须要考虑这一原则。正因此，CNN国际频道根据服务地区的不同，提供欧洲版、拉美版、美国版与亚太版等不同的节目，努力充实本土化元素，以报道当地事件为主；法国国际广播电台的《非洲时事》、《非洲音乐》和《非洲足球》栏目，就是根据非洲受众的需求特点而设立的。在该类节目的输出过程中，编辑还注意根据非洲受众的习惯选用合适的语言表达和播放时段，以保证收听率。

（2）用本土化视角报道国际新闻，挖掘当中的本土元素。

除了本土化内容之外，一些重大的国际新闻，国际传媒机构也想尽可能地进行传播，这就必须通过本土化视角，对非本土化的内容进行编排改造，挖掘其中的本土化元素；此外，还需要对栏目名称等品牌进行本土化包装，以吸引不同地区的受众。比如，新闻集团旗下的星空卫视进军中国后，引进了FOX电视网的一些名牌栏目，但没有全盘照搬，而是进行了改造。像《美人关》《人小鬼大》《拍案惊奇》等名牌栏目的名称都来自中国的古代典故或成语，可以看出星空卫视实施本土化战略的努力。

---

① 赵明：《美国国际广播的听众调研机制》，载《世界广播电视参考》2006年第2期，第30页。

2. 报道人才本土化

说到底，一切竞争是人才的竞争。人才本土化，是国际广播机构实施本土化的关键与核心。人才本土化体现在两方面：一是对本部专业人才进行本土化培训，使其熟知当地的政策法规与风土人情；二是直接在当地雇用人员，进行采编制播及外联等相关活动。从国际广播机构的具体运作来看，这两种方法通常会一起采用：

（1）非本土人员的本土化培训。

通常来说，传媒总部派出的记者虽然不是本土人员，但是会更加了解所属国家与传媒机构的政策理念，更加注意总部与分支的协调。对这些"把关人"进行本土化培训，可以使分支机构的报道既有本土元素，又能区别于当地媒体。在这方面CNN的培训是比较出名的。它通过在全球几十个国家的150多个合作电视机构，对派驻的记者进行本土化把关，每年还会举办7天的发稿编辑培训班，由负责不同区域的部门进行讲授，以提高稿件的本土化，这种系统地将委托把关者扩大到不同价值观、不同国度、不同民族的传媒，在国际传播史上是独树一帜的。[①]

（2）雇用本土化专业人才参与报道。

本土化人才对当地的政治、经济、语言、文化、法律、风土人情非常熟知，他们的加入既可以增加内容的本土化特色，还能获得对象国受众的信任与好感，有助于提高市场占有率。比如，法国国际广播电台就聘请对象国的资深人士、著名记者担任主持人，参与节目策划和制作，从而提高了节目在当地的收听率。

---

① 唐颖：《CNN国际新闻的传播策略》，载《新闻前哨》2004年第4期。

3. 运营管理本土化

国际广播机构在开展境外业务时，大多实施"全球化运营，本土化落地"战略。在分支机构的管理方面，通常会聘用当地管理者，采用当地的管理模式；在对外合作方面，一般选择本土经营者作为合作伙伴。

（1）运用当地模式管理分支机构。

跨国传媒集团在全球各地均设有分支机构，要让这些分支机构与总部实现良性的"点面"互动，最好的办法就是以全球市场为导向实现管理本土化，具体来说，就是聘用当地管理人才、采用当地管理模式、把控当地节目与人员。比如，新闻集团在多年的扩张过程中就建立了独特的全球性地区管理机构，它在主要的业务地区设立一个公司来负责相应区域的业务，具有一定的管理权与控制权。1998年，默多克把香港卫视主席一职交给中国人刘长乐，从而实现了"把亚洲的天空还给亚洲人"的目标，可视为管理本土化策略的典型例证。

（2）选择本土合作伙伴展开运营。

国际传媒机构在扩张对象地区业务时选择本土经营者作为合作伙伴，有利于自己在最短的时间熟悉对方国家的人文环境，适应其经济运行模式，了解其市场需求和受众消费心理。另一方面，也有利于化解对象国许多针对外国资本和经营者的限制法规和市场壁垒，在一定程度上消除对象国政府或同行业的敌意[①]。

[①] 王庚年：《当代世界的国际传播》，载《中国广播电视学刊》2011年第11期，第6页。

四、国际广播发展的品牌化

品牌是媒体的核心竞争力。一个成功的媒体,一定是有品牌的媒体。迪士尼、时代华纳等传媒巨擘无不是通过一个个品牌的打造来参与市场竞争、扩大影响力的。那么什么是媒体的品牌?它是指能给拥有者和受众带来溢价、产生增值的一种无形资产,它的载体是用以和其他竞争媒体的产品相区分的名称、术语、象征、记号或设计及其组合,增值的源泉来自于在消费者心智中形成的关于其载体的印象[①]。国际广播品牌同样适用于这一定义,其内涵应该包括公信力、影响力、忠诚度、美誉度这四个元素。

(一) 背景及原因

1. 品牌化是媒体发展的重要手段

随着媒介融合的深入,不同媒体行业之间的界限日益模糊。传统媒体原有的内容优势与传播平台优势日益削弱,不再是唯一的、权威的信息源。品牌,作为媒介融合时代新的核心竞争力,以其不可复制、容易延伸、与消费者联系密切等属性,正日益成为许多媒体组织的竞争力来源。与此同时,新媒体技术的发展为媒体行业报道的创新开拓了极大的空间,受众面临的选择越来越丰富。面对海量信息,受众更多地借助品牌来进行选择。因此,越来越多的媒体将品牌化作为重要的发展手段。

2. 品牌化是提升国际传播影响力的必然要求

全球化时代,主流国际广播机构的报道内容几乎覆盖全球,那么

---

① 薛可、余明阳:《媒体品牌》,上海交通大学出版社,2009年1月,第8—9页。

如何在激烈的竞争中脱颖而出呢？必须依靠打造独特的品牌，来给受众提供一种体验、一种情感、一种社会归属与认同，从而牢牢地吸引住更多的受众，提升国际传播影响力。比如，BBC新闻报道以客观严肃著称，CNN新闻报道以快速生动见长。如果想了解重大突发性事件，受众往往第一选择CNN；如果更注重事件报道的准确性，受众就会更多倾向看BBC的报道，这就是不同的品牌打造在受众心中留下的不同印象，使得他们在看具体新闻报道时做出不同的选择。而BBC与CNN则通过差异化的品牌打造，巩固了自身在国际传播界的地位。

（二）世界主要广播机构的品牌化策略

由于媒介融合和受众细分，国际广播机构在打造品牌时，将市场划分为一个个具有不同品牌的媒介组织。因此，在国际广播品牌市场上，呈现出多层次的特征：既有新闻集团、时代华纳这样的传媒集团品牌，也有FOX电视网、CNN这样的媒体品牌，同时还有《60分钟》《今天》这样的新闻节目品牌，当然，拉瑞·金、奥普拉更是为全球受众熟知的主持人品牌。多层次的品牌建设与打造，可以吸引不同类型的受众，创造更大的品牌价值。具体来说，国际广播发展的品牌化体现在四个方面：

1. 媒体集团品牌化

根据英文版维基百科的解释，媒体集团指的是由多家子公司组成的集团公司，子公司业务涵盖电视、广播、出版、影视和网络等多种媒体形态。基于这一定义，BBC、新闻集团、时代华纳、维亚康姆等都属于品牌媒体集团。它们的品牌策略虽然各有侧重，但仔细研究具有以下一些共性：

(1) 坚持内容为王。

2006年3月,新闻集团主席默多克就"报纸产业的未来"这一主题发表演讲时说:"我一直认为杰出的内容,无论是在过去、现在还是未来,都将是媒体王国里的国王。"① 正是基于这一理念,新闻集团在其英文主页上明确提出自己的品牌战略是:在世界各地创新和分发高质量的新闻、体育和娱乐。与之相比,英国老牌媒体集团BBC同样将"内容为王"作为第一发展战略,并把自己的品牌战略重点定为:最好的新闻、鼓舞人心的知识、音乐和文化;非凡的英国戏剧与喜剧;优秀的儿童节目、把社区和国家联结在一起的事件。2011年年底,BBC将品牌战略升级为"提供优质服务为第一优先考虑"。对此,有专家评价说:"当你在全球范围内审视BBC时,你看到的是一个拥有世界上最强大媒体品牌的组织机构。"

(2) 品牌全球化。

全球化时代的媒体集团,必然要立足于全球市场来发展自己的品牌。新闻集团的目标就是要建立一个全球分销平台和发展持久盈利的品牌。BBC不管是在发展子品牌还是生产节目时,都非常注重它们与集团品牌的关系,并通过向全球提供新闻、出版、教学、交响乐等各种服务,在全球获得高知名度,实现了品牌全球化。

(3) 品牌多元化。

一个媒体集团同时经营多个品牌,它们相对独立,又互相协作,形成合力,可扩大媒体集团的影响力。比如,新闻集团就善

---

① 唐华山:《危机中的企业领袖:总裁演讲录之二》,人民邮电出版社,2009年3月。

于利用多元化跨媒体组合，全方位扩大生产领域，争取更多的受众。而迪士尼也通过旗下的主题公园、影音娱乐、零售消费品等各品牌，共同给迪士尼这个媒体集团品牌注入了更多的"快乐文化"的内涵。

2. 子媒体品牌化

一个媒体集团的发展，离不开强大的具有品牌效应的子媒体。媒体集团的多个子媒体由于各自的差异从而打造出各自的品牌，就是子媒体品牌。新闻集团旗下的FOX电视台、维亚康姆集团旗下的哥伦比亚广播公司都属于世界知名的子媒体品牌。子媒体品牌打造的重点主要有以下两方面：

（1）区域化。

区域化是向某个地理区域或语言区域进行传播，要求"精准、贴近"。比如，2007年BBC阿拉伯语电视台开播，主要播出国际新闻和聚焦报道中东地区的重大新闻事件。这一区域化的开拓，使得BBC世界台成为第一个也是唯一一个用广播、电视和网络对中东地区提供全阿拉伯语新闻、时事和信息服务的国际广播机构。

（2）本地化。

新闻集团的子媒体具有强烈的本地特色。当初默多克从李泽楷手中买下STAR TV之后，在不同地区播出不同语言与类型的节目。在印度，其员工几乎全是印度本地人，节目也按照印度受众的需求设计与包装，提高了收视率，打造了品牌效应。

3. 栏目/节目品牌化

栏目是指有固定名称、在固定时间播出、有固定长度与风格的信息单元，是按照新闻、知识、文艺等一定内容编排布局的板块化表现形式；节目是指媒体播出的具体内容，一般以栏目为载体与依托。换句话说，栏目由节目构成，节目是栏目的组成元素。栏目与节目的品牌化，实际上是媒体的产品品牌化。像 CBS 的《60 分钟》、ABC 的《20/20》、NBC 的《今天》等品牌栏目吸引了大量的广告源，成为媒体的重要经济来源之一。具体来说，栏目/节目品牌化主要从两方面入手：

（1）定位精准。

从品牌学角度讲，定位是品牌之母。所谓定位，就是指借助调查数据进行精确寻找，选择一块属于自己的市场，体现差异，突出个性，针对目标受众做出让他们满意的内容，以战胜对手，吸引受众。比如，在新闻集团诸多全球化产品中，FOX News 的国际新闻是相当抢眼的产品品牌。它的定位是及时、准确、权威、公正、平衡，使受众可以听到多方面的声音、多角度的评论，以尽可能适应不同国家和地区受众对于新闻事件报道的要求。这一明确的定位使得 FOX News 的国际新闻在 40 多个国家和地区的地方电视台播出，极大提高了品牌知名度。

（2）加强互动。

与听众的互动是广播栏目非常注重的事情。一些品牌广播栏目或节目在开播前会做受众调查，播出时还会通过短信、电话等方式与听众交流，甚至将听众请进直播间直接参与节目。这样一些方式使得栏目与节目能够更贴近受众，更容易获得受众认同与喜爱，打造品牌。比如，BBC 世界电台除在管理委员会中设置一名专门负责受众、市场和推广宣传事务的成员外，还在世界七大城市设立监听站，成立国际电台研究小组，加强与受众的互动。而一些真人秀节目，更是以受众为主体，自然大大增加了节目的收视率，打造了品牌。

4.员工品牌化

员工是栏目或节目的灵魂。因此，打造员工品牌，也是国际广播品牌化战略的应有之义。

（1）制片人品牌。

对于一个栏目或节目来说，制片人是灵魂，其制作理念直接决定了栏目的生死存亡。在这方面，哥伦比亚广播公司CBS名牌栏目《60分钟》制片人唐·休伊特极负盛名，他以"讲故事"的理念来做节目，使得节目既富有新闻的严肃性，也具有娱乐性与观赏性，成为美国人的必看节目。而他所倡导的"讲故事"的成功理念，也成为诸多节目制片人努力追寻的成功之道。

（2）主持人品牌。

在一个栏目或节目中，主持人是直接面对受众的，不少受众认可一个栏目或节目，就是冲着栏目的主持人来的。所以打造主持人品牌是员工品牌化最常用的方法。比如CNN的《拉瑞·金现场直播》、奥普拉脱口秀，就是以主持人名字直接命名的，他们就是吸引受众的金字招牌；而BBC王牌主播爱德华兹更被公认为是收视的保障。2003年起爱德华兹担任BBC新闻旗舰《10点新闻》的主持人，结果这档节目在全英国的收视调查中成为收视率最高的电视新闻节目。

第二节 国际台面临的新挑战

21世纪初，国际广播出现的新特征使得国际台面临外部和内部两种因素的挑战。在外部，新技术、新媒介的不断产生，使得广播这种单一的技术优势不再独特。同时，全球化为本土媒体、对象国媒体、国际主流媒体带来了新的发展契机，国际传播竞争更加激烈。在内部，国际台在传播手段、传播内容、传播人才、配套机制等方面发展滞后，不能满足中国的高速发展对国际传播能力的要求，自身地位面临着严峻的挑战。

一、新技术带来的挑战

传媒发达程度相对较弱的时候，受众选择信息的渠道较少，从国际广播往往能接收到新颖的信息以及不同的观点，容易引起兴趣。21世纪初，随着卫星技术、互联网技术、移动终端技术等新技术的蓬勃发展，传播手段逐渐增多，信息透明度逐渐提高，广播的优势渐微。卫星技术的应用拓展了电视媒体信息采集和传播的范围，提高了电视媒体的直播能力和视觉冲击能力。互联网媒体比广播的传播速度更快、范围更广、内容更丰富，其互动性打破了传统媒体的单向传播模式。具有便携特征的移动终端的发展和普及，进一步挤压收音机的空间。国际广播在各种新型媒体的挤压下，呈现急速萎缩的趋势。

（一）卫星电视的挑战

21世纪初，卫星技术在电视媒体领域的应用不断深入。通过卫星通讯设备，无论大城市还是偏远地区，人们都可以欣赏丰富多样的电视节目，感受实时的电视直播带来的视觉冲击。其中直播卫星系统和卫星新闻采集设备在提高电视媒体覆盖能力、视频质量、直播能力方面的作用尤为突出，提高了电视媒体的全球化传播能力和媒体影响力，相应地削减了广播媒体的受众群与影响力。

1. 直播卫星系统对电视媒体的影响

（1）直播卫星系统的概念。

直播卫星系统是由用户直接接收的卫星广播系统，在ITU（国际电信联盟）专门划分规划的专用频道上，利用设置在赤道上空的地球同步直播卫星，先接收地面电视台通过卫星地面站发射的电视信号，然后再把它转发到地球上指定的区域，由地面上的设备接收供电视机收看。用户只采用小型的蝶型天线就可收看到通过直播卫星系统转发的上百套丰富多彩的电视节目。

（2）直播卫星系统的优势。

直播卫星的节目提供能力强，能够提供标清、高清、3D类别的频道种类繁多的视频节目。直播卫星的覆盖范围广，为农村地区和边远地区接收高质量的电视节目创造了条件。直播卫星的接收方式简单，卫星接收机口径小易于调整且价格低廉、经济效益好。直播卫星的诸多优势推动了卫星电视广播业务在全世界的迅速发展，至今已有30多个国家和地区开展了此业务。在美国，卫星直播数字电视DTH用户超过了550万，频道总数超过了450个，美国有线电视与卫星电视总覆盖数超过90%。

2. 卫星新闻采集设备对电视媒体的影响

（1）卫星新闻采集设备的概念。

卫星新闻采集设备以卫星通信系统作为传输平台，电视台或其他新闻传媒机构在新闻现场所采集到的视频及音频信号，通过卫星车、卫星背包、卫星电话等卫星通讯设备发射到同步通信卫星，再转送回电视台或新闻机构总部，电视台或新闻总部可以直接转播或经过编辑后播出。

（2）卫星新闻采集设备的优势。

通过卫星新闻采集设备，电视媒体能够突破地形和区域的限制，迅速采集突发的重要新闻事件，直播重要的活动、赛事和会议，满足用户对实时电视直播的需求。在1997年英国前首相托尼·布莱尔访华、1998年海湾危机、2008年汶川地震等新闻报道中，卫星车都发挥了重要的作用。

3. 卫星电视对国际广播的挑战

电视与广播相比，电视媒体直观性强、形象生动；广播媒体传播速度快、覆盖范围广。而卫星技术在电视媒体的应用加强了电视媒体原本的优势，弥补了其传输速度和覆盖范围方面的不足，提高了电视媒体跨国界传播的能力。同样是通过媒体了解国际资讯，受众现在可以选择更有视觉冲击力的电视媒体。国际广播的受众受到分流，影响力日益下降。

（二）互联网媒体的挑战

互联网被称为继报纸、广播、电视三大传统媒体之后的"第四媒体"。21世纪初，互联网媒体蓬勃发展，涌现了如门户网站、网络报刊、网络电台、网络电视、社交媒体、博客、播客等多种新媒体类型。通过这些新媒体平台，人们可以更加广泛地接收音、视、图、文等各种形式的信息，更加充分地参与信息传播，还可以作为自媒体主动发布消息和观点。这种具有全球化、快速化、交互性、丰富性等特征的互联网媒体的崛起，颠覆了传统媒体单向化、固定化传播模式，给广播带来了很大的冲击。在国际台近年进行的海外受众反馈调查中，很多国家的受访者，如马来西亚83%的受访者、罗马尼亚60%的受访者,表示会优先选择互联网了解重大国际事件,因为互联网"更加及时""信息量大""方便快捷"等。

1. 全球化特征对广播的挑战

互联网媒体的全球化特征体现在传受双方的全球化,即信息传播的全球化和信息接受的全球化。互联网媒体不受时间和地域的限制,比传统广播的传播范围更快、更广。世界上每个角落发生的事情都可以通过互联网媒体很快地传播到其他地方。任何一个具备上网条件的地方,都可以浏览全球网站并且可以面向全球发布信息。可以说,网络媒体的快捷性、覆盖面、影响力是普通广播媒体无法比拟的。

2. 交互性特征对广播的挑战

互联网的交互性体现在用户既是网站内容的浏览者,也是网站内容的制造者。互联网媒体的交互性特征主要体现在三个层次,一是用户可随时依据自己的兴趣和需要,去检索和浏览各种信息;二是用户可以通过分享和评论等方式来参与信息的传播过程;三是可以通过微博、播客、博客等自媒体手段公开发布信息、表达观点、影响舆论。相比而言,传统广播主要靠单向传播,广播接收者只能在有限范围内选择听与不听,而网络接收者则能在近乎无限的范围内选择信息,并进行信息加工、处理修改、重新组合、反向传播。近年来,互联网媒体在伊拉克战争、利比亚战争、日本核泄漏等国际重大新闻事件上利用高度的交互性特征,吸引了全球网友实时跟帖回复以及微博、微信传播,从而产生了巨大影响。

3. 丰富性特征对广播的挑战

互联网媒体承载内容之多、类型之全、范围之广、速度之快,是广播难以企及的。传统广播节目播出的时间点和时间段是固定的,接收与传播是同步的,承载的内容有限。而互联网则是一个无限大的容器,即使事件过去很长时间,也可以通过搜索找到相关内容。

正是基于互联网媒体强大的影响力,国际广播机构纷纷进行转型。2011年10月1日起,美国之音停播中文短波、中波以及卫星电视广播,全面取消粤语广播,但美国之音的中文网站却被保留,其普通话节目悉数转入互联网播出。2011年4月起,BBC停播中文部普通话短波广播,与此同时加大对中文网站的建设力度。① 由此可见,掌控互联网媒体已经成为各大国际广播机构的新目标。

(三)移动终端的挑战

1. 移动终端的概念及特征

移动终端是指可以在移动中使用的计算机设备,如手机、笔记本电脑等。1999年,世界第一款智能手机摩托罗拉A6188面世,虽只具备电子名片、电子邮件、游戏等一些基本的功能应用,但却具有划时代的意义,标志着移动终端的发展进入了新的时代。以智能手机为代表的移动终端进入21世纪后快速发展,成为世纪初最大的技术亮点。移动终端和移动互联网的密切性使得其继承了互联网媒体全球化、互动性、丰富性的优势,又表现出了伴随性、碎片化、分众化等特性,正在成为越来越重要的媒体手段,发挥越来越强大的传播影响力。

2. 移动终端的媒体业务

物理层面上,移动终端可接收音频、视频、图文、数据,具备了

---

① 李庆莉:《关于国际传播新形势下如何做好国际台对外传播的几点思考》,《国际传播论文集(第十三辑)》,中国国际广播出版社,2012年版,第61页。

强大的媒介融合能力。业务层面上,移动终端作为传播和接收的工具,起着承载、传递和接收信息的作用。移动终端的媒体业务不断发展,逐步扩展到音频广播类、视频播放类、报纸杂志类、信息聚合类、自媒体类、社会交往类、生活服务类等各种媒体形式。移动终端不受传统媒体的资源渠道限制,在媒体形式和内容方面更易于推陈出新。如音频广播类应用程序"喜马拉雅"打破了传统电台、网络电台单调的收听模式,用户通过下载音频不仅可以随时随地"听我想听",还能够轻松创建个人电台,自己做主播或者分享好声音。

3. 移动终端对广播的挑战

(1) 移动终端的便携性冲击了广播伴随性优势。

伴随性是广播的基本特征,也是广播的重要优势。手机的出现和发展,使得移动终端的便携性、功能性和易用性已经远远超过了收音机,广播的伴随性优势不再独特。相较而言,手机等移动终端的伴随性更加明显。清晨人们出门前用手机查看天气,上下班路上用手机听广播,上班时可通过手机随时随地查阅新邮件,下班后用手机导航找想去的地方,等等。

(2) 移动终端碎片化和分众化特征,比广播更符合现代人的信息需求。

移动终端的碎片化特征表现在移动终端用户一般用零碎的时间接收和发布讯息。移动终端多样化的信息渠道和轻量化的传播内容,可以使用户快速地完成信息查看、发布、评论和转发。移动终端的分众化特征主要表现在两个方面。一方面,用户有针对性地下载应用、定制信息服务,满足个性化的需求。另一方面,客户端应用通过搜集和分析用户行为，推荐给用户更需要的内容。

二、全球化带来的挑战

在全球化时代，无论是对内媒体还是国际传播媒体，都在积极走向世界，将其在国内外的资源优势转化为国际竞争优势，国际台涉华报道的权威性和国际报道的时效性因而受到冲击。同时，随着国际广播机构纷纷向全媒体转型，国际台作为传统国际广播机构的竞争力也有所下降。

（一）与本国媒体相比，涉华报道权威性下降

新闻报道的权威性包含新闻的时效性、报道事实的准确性、研究问题的深刻性、信息服务的实用性、受众覆盖的广泛性等。进入21世纪之后，在向国内外报道有关中国及华人的内容时，国际台与国内主流媒体机构如新华社、中央人民广播电台、中央电视台等相比，由于诸多方面的限制，报道权威性方面有所下降。

在新闻采集方面，与新华社等媒体相比，缺乏时效性、原创性、贴近性。新华社在全国除台湾省以外的各省、自治区、直辖市以及香港特别行政区、澳门特别行政区设有33个分社，在台湾省派有驻点记者，在一些重点大中城市设有支社或记者站，在中国人民解放军、中国人民武装警察部队设有分支机构，并且在境外设有140多个分支机构，能够对新闻事件做出迅速、及时、有效的反应，同题报道快捷、准确、全面。① 新华社的报道已成为外国驻华机构和境外媒体驻华记

---

① 新华通讯社，百度百科，http://baike.baidu.com/view/60182.htm?fromId=14591。

者的重要信息来源。美联社、法新社和路透社从中国发出的报道中，有20%是转发新华社的报道或以新华社报道为基础[1]。而国际台在国内外的站点相对较少，缺乏收集线索能力，信息渠道不够健全，重要新闻的原创率、首发率、覆盖率和转载率等低于新华社等国家主流媒体，在国内的影响力较弱。

在内容制作方面有短板。与中央电视台等媒体相比，视频制作经验相对不足，视频制作速度和质量难以满足现代观众日益增长的信息需求。面对许多社会突发事件和热点问题，报道内容缺乏时效性、独创性、深入度。同时，精品节目不够丰富。央视策划的纪录片《舌尖上的中国》通过中华美食的多个侧面，来展现食物给中国人生活带来的仪式、伦理等方面的文化内涵，在国内外引发了深刻的反响。该片的成功，在节目制作方面给了国内媒体许多启发。

在受众覆盖方面，与中央人民广播电台、中央电视台等媒体相比，国内的覆盖能力有限。用户是媒体的基础和根本。中央人民广播电台是中国唯一覆盖全国的广播电台，具有16套无线广播节目，在中国拥有听众超过7亿。中央电视台在全国人口覆盖率超过95%，观众超过11亿人。国际台只拥有5套对内外宣频率，频率覆盖率、广泛收听率、国内影响力低于中央电视台与中央人民广播电台。

在信息传播全球化的大背景下，国内拥有重要传播影响力的传播机构，更有能力和条件将资源优势转化为国际竞争优势。以中央电视台为例，截至2011年5月，中央电视台促成了中、英、法、西、俄、阿拉伯六个海外频道与全球287家运营商达成合作协议，在141个国

---

[1] 侯迎忠：《三十年来中国对外报道研究综述》，载《对外传播》2008年第12期，第36页。

家和地区实现了节目落地和入户播出①。当国内各大媒体机构通过全媒体形态扩大资源优势、对外开拓市场和受众时,涉华报道市场的竞争必然日趋激烈,客观上削弱了国际台的涉华报道权威性。

(二) 与对象国媒体相比,国际报道的时效性与贴近性不足

新闻报道的时效性包含报道的及时性和取得的社会效益。美国新闻界有这样的说法:"无论新闻事件多么显著,与多么知名的人士相关,新闻价值都会随着时间的推移而锐减。"② 国际台在海外的国际传播活动,要面临与对象国媒体的竞争。在对象国本土新闻方面,由于地理位置、采集渠道、传播手段、文化习惯等诸多方面的天然优势,对象国媒体在本土新闻的时效性上是境外媒体难以企及的。随着本土媒体的全球化发展,对象国媒体国际报道的时效性提升也很快。根据国际台2013年组织的海外受众反馈调查,韩国、德国、斯里兰卡、古巴以及阿拉伯国家的受众会优先选择从本土媒体接收国际报道,并且资讯越发达的国家这种倾向越明显。

全球化为对象国媒体采集国际新闻带来很多便利,提高了国际新闻的生产速度。目前,各国经济、政治、文化的交流日益密切,国与国之间的人口迁移越来越频繁,这些在国外定居、工作、学习或旅游的人与自己的国家有着千丝万缕的联系,牵动着本国媒体的关注,同时也能为本国媒体提供新闻来源。伴随着通讯手段的日益发达,信息渠道越来越通畅,本土媒体能够更方便地得到国外的新闻材料。同

---

① 王庚年主编:《国际舆论传播新格局研究》,中国国际广播出版社,2013年1月,第一版,第255页。
② 来博:《浅析新闻的时效性和真实性》,载《青年文学家》2013年第22期。

时，在本土影响力大的传播媒体开始进行跨地区、跨国界经营，在别国开设分支机构或者和当地媒体机构合作，能够在新闻发生时直接赶赴现场获取一手资料，同时把本国发生的事情快速地传播到其他国家。

对象国的本土媒体形式齐全，受众覆盖面广，更容易产生较大的社会影响。国际台在境外的新闻报道以广播形式为主，而本土媒体则通过广播、电视、报纸、网络等各种媒体形式同步报道国际新闻，内容更加全面、直观、生动、深入。一些在本土有很好受众基础的媒体，报道的新闻更容易引起社会影响。对象国的本土媒体基于本国传统文化、报道经验等优势，有能力预判受众关注的国际新闻，提前做好报道准备。同时，对象国的本土媒体也更了解本国受众，在报道方式上更懂得如何抓住受众，以获得更大的社会效益。

21世纪初，国际台的境外分支机构受体制、编制、渠道等因素影响，采编力量有限，能提供的原创内容有限，缺乏有效的覆盖手段，时效性和贴近性显得不足。时代华纳、新闻集团、BBC、VOA等西方主要媒体通过多年的市场运作发现，传播内容要在国际市场适销对路，其本身必须具备鲜明的本土特征，也就是必须关注本土事件，提供当地信息资讯和文化娱乐服务。它们及时调整战略，在全球开展本土化实践并大获成功，形成了本土采集、本土制作、本土发布、本土互动、本土发展的国际传播本土化态势。

（三）与国际传播同行相比，国际台的传播力和影响力有限

1. 全球化对国际媒体竞争的影响

面对全球化的挑战，国际主流媒体机构纷纷制定全球化的发展战

略,将战略重心转移至全球化并购、全球化产品、全球化营销,逐步转型成为全媒体形式的跨国媒体集团,通过多种媒体手段共同作用,不断扩大其在新闻传播全球化和舆论全球化中的优势。如 BBC 等国际广播机构纷纷通过参股或并购等方式,进行资源优化组合,逐渐成为包含广播、电视、出版、影视、娱乐、通讯等众多产业在内的跨国媒体集团,开展本土化和国际化运作、产业化联合运营。媒体集团便于将不同媒体的采编业务有效结合起来,通过综合整理、提炼和加工,衍生出不同形式的信息产品,分发到不同的平台传播给受众,拓展传播的深度和广度,加强传播能力和社会影响。

2. 国际传播力和影响力的比较

美国学者罗伯特·萨缪尔森认为,"全球化是一把双刃剑:它既是加快经济增长速度、传播新技术和提高富国和穷国生活水平的有效途径,但也是一个侵犯国家主权、侵蚀当地文化和传统、威胁经济和社会稳定的一个有很大争议的过程"①。确实,全球化给所有国际媒体带来了新的发展契机,但同时也使得国际主流媒体优势更加突出。

(1) 传播力:主要体现在传播覆盖面上。

在卫星电视、互联网、移动终端等先进媒介技术的产生和应用过程中,西方发达国家一直占据着主动权,使得国际传播"强者愈强,弱者愈弱"。如美国在世界的各大洲都拥有自己的媒体,几乎垄断、控制了许多国家的信息发布与接收权,尤其是国际上发生的重大突发事件,几乎都要以它的画面、声音和观点为蓝本。如在利比亚战争中,西方媒体在战争爆发前利用现代化新闻信息等多种手段营造舆

---

① 舒展:《经济全球化与国家经济的自主发展》,载《红旗文稿》2010 年第 11 期。

论，在战争进行过程中，利用新闻作为打击手段，西方媒体一度出现卡扎菲儿子被击毙的虚假消息，给外界造成卡扎菲政权日薄西山的印象①。国际台虽越来越重视对重要国际事件的关注和报道，但仍面临点散人少的局面，重要国际事件报道的首发率、原创率上不去。

（2）影响力：主要体现在舆论控制与文化渗透两方面。

全媒体化的国际传媒集团通过传媒市场、娱乐市场、文化市场共同影响形成舆论市场，通过对国际新闻事件设置议程和舆论宣传，使国际受众按照其提示的角度和内容来思考国际事件或国际问题，从而控制国际舆论的主导权。相较之下，21世纪初国际台在国际报道中议程设置能力不足，对国际舆论的影响力不够，动员力和号召力有待提高。

在竞争中占有优势的跨国媒体公司通过新闻、广告、影视、文学等媒介产品，对目标市场国家的民族文化形成冲击。媒体是价值观和文化的载体，媒体的竞争也是不同价值观和文化的交锋。随着西方国家跨国媒体的传播力和影响力的增强，西方的文化品位和文化习俗也日趋全球化。在推动中国文化的国际传播中，国际台缺少对文化产品国际化、商业化和市场化运作，没有形成有影响力的中国文化品牌。

三、自身发展的挑战

随着改革开放的深入进行，中国经济快速发展，中国的国际地位越来越令人瞩目。在不少重大国际问题上，中国已担当起了大国的责

---

① 井一龙：《浅谈利比亚战争与新闻的真实性》，载《大观周刊》2011年第13期，总521期，第171页。

任。但是，由于资金投入不足、传播手段单一、人才机制不适应等自身发展的限制，中国国际传播的发展速度，没有跟上中国日益增强的经济实力和国际地位的提升，不能满足世界各国受众了解中国信息的需求，也就难以在国际舆论环境中有效地开展斗争。

（一）与中国日益增强的经济实力和国际地位不适应

改革开放以来，中国的经济实力不断增强，不仅带动了亚洲区域经济的整体发展，也在世界经济中发挥着积极的促进作用。与此同时，中国顺应和平、发展、合作的国际主流形势，积极主动地开展国际政治和外交工作。进入21世纪以来，中国加入世界贸易组织、成立上海合作组织、推动中国—东盟自由贸易区的建立，在国际政治中发挥着越来越重要的作用。同时，与世界上绝大多数国家建立了外交关系，"在国际活动中充分展现了坦诚、负责、务实、灵活、开放的外交风格和坚持原则、仗义执言的社会主义国家风范"。[①] 随着中国国力的兴盛，中华文化的吸引力也在增强。特别是北京奥运会、上海世博会成功申办，引起了国际社会对中国的广泛关注。全世界逐渐掀起学习汉语的热潮，孔子学院和孔子课堂在全球发展迅速，很多国家的人纷纷选择来中国旅游、工作和生活，中外文化交流进一步扩大和加深。

1. 中国国际传播能力没有跟上中国的快速发展步伐

改革开放极大地提高了中国的综合国力和国际地位，而中国要实现可持续发展，必须要有相应的国际舆论支持，营造良好的发展环

---

① 裴远颖：《新时期中国外交实践的新发展》，载《中国经济时报》2004年7月26日。

境。但是,21世纪初的国际传播格局,仍是西方占主导,美联社、路透社、法新社三大通讯社占据全球国际新闻发稿量的80%,全世界的国际新闻供稿量90%以上由西方媒体提供[①]。没有一家中国媒体在综合实力上能够跻身全球传媒集团的前20名。中国的国际传播能力与中国经济实力和国际地位不相匹配,舆论环境塑造权还掌握在西方媒体的手中。为此,主导国际话语权、提升国际传播影响力,成为实现中国梦的重要组成部分。

2. 原因分析

国际传播是以经济实力为基础的。国际台与国际一流媒体的竞争实力相比,之所以有不小的差距,一个根本原因就是经济基础薄弱。2009年一组统计数据说明了国际台与世界国际主要媒体的资金差距:时代华纳资产总额为7779亿元,总收入3209亿元;新闻集团资产总额为3628亿元,总收入2078亿元;美国全国广播公司资产总额为2307亿元,总收入1159亿元;维亚康姆资产总额为1536亿元,总收入999亿元;日本NHK资产总额为626亿元,总收入503亿元。而同一年,国际台各种资金总收入不到8亿元。虽然之后国家有关部门根据中央关于增强国际传播能力建设的部署,给国际台增加了经费投入,但同国际台事业发展的实际需求相比,仍有很大缺口。此外,国际台作为全额拨款的事业单位,经营资源比较匮乏,缺乏市场竞争力。而纵观世界主要国际传播媒体,它们的资金来源,都不是靠单一的政府投入。比如英国BBC 2009年517亿元总收入中,英国政府的

---

① 刘志富、赵和伟:《国际舆论斗争是综合国力竞争的重要战线》,载《求是》2013年第3期。

财政投入不到30亿元。因此,国际台要缩小与西方传播媒体的差距,除了要增加相应的政府经费投入外,还需要从市场中找活水,为事业发展赢得充裕资金。

(二) 与世界各国受众了解中国信息的需求不适应

1. 各国受众对中国信息的需求

中国一直以拥有五千年历史文明为世界所称道。同时,随着中国经济实力的日益壮大和国际地位的不断提升,世界各国与中国在政治、经济、贸易、文化、旅游等方面的交流、交往日益密切,中国的发展也越来越多地惠及他国。世界对中国信息的需求在不断增加,特别是中国今天的发展变化。除了中国的政治经济形势外,受众对中国的传统文化、历史人物、习俗礼仪、美食美景等也很感兴趣。国际台2012年组织的海外分台受众市场调研数据显示,各国受众普遍对中国高度关注。肯尼亚91.4%的受访者希望了解中国,意大利89.7%的受访者对中国感兴趣,塞内加尔对中国怀有浓厚兴趣者占受访总人数的72.5%。[1]

然而,国际社会早前对中国的认识大多来自于西方媒体的非客观和片面性的报道。很多外国人觉得中国是个很神秘的国度,对中国有着"贫穷、落后、封闭"的刻板印象,还有一些国家对中国的认识还停留在"人权、宗教、民族"等问题上。这些与中国的社会现状相去甚远,也是各国受众了解中国信息的需求不能得到满足的结果。

2. 国际台传播中国信息的状况

直到21世纪初,国际台传统的传播方式还是偏重宣传,传播的硬

---

[1] 王庚年主编:《CRI/CIBN 海外分台受众市场研究》,中国国际广播出版社,2013年1月,第一版,第332页。

性信息较多，传播历史、文化、旅游、体育等软性信息较少，缺乏符合国际受众需要和接受习惯的传播内容。而且在传播方法上较为呆板、生硬，目的性太强。介绍中国政策时，方法较为直白、内容较为空泛。展示中国取得的成就时，多用数字堆积，不够形象直观。传播软性信息时内容不够丰富，不够轻松活泼。同时，报道时往往缺乏背景知识的介绍，不方便国外受众理解。与此相比，同时期的西方媒体更注重报道事实和细节，它们通常采用中性化的叙事方式，将自己的观点隐藏在表面客观、公正的事实之中。受众在接收新闻报道的同时，不知不觉中接受了他们的立场、主张。

3. 原因分析

国际传播最初是由政府控制管理的对外传播，以维护和服务本国利益为根本目的，主要任务是对外宣传。随着国际社会日趋多元化，国际传播内容逐步扩大到经济、社会、法治、文化等各个领域。但是，21世纪初的国际台宣传色彩仍较浓，导致传播内容可听性不足，传播实效难以彰显。加之全球化使发达国家进一步垄断了信息技术优势，控制了国际新闻信息的流量和流向，建立了符合自身发展要求的世界新闻传播秩序，中国信息对外传播的阻碍更大，使得各国受众难以全面真实地了解中国。

（三）与开展有效国际舆论斗争的要求不适应

1. 国际舆论环境分析

全球化和信息化时代，国际传播能力是一个国家综合国力的重要组成部分，没有国际传播能力提供舆论支持，一个国家不仅难以和平崛起，甚至连维护正当利益都会非常艰难。进入21世纪后，国际舆论的生态环境更加复杂,国际传播实力对比严重失衡,西方发达国家的主流媒体拥有绝对话语权,而广大发展中国家在国际舆论中难有作为,发声的空间很小。

这种格局造成的后果是西方发达国家垄断和主宰了全球新闻、文化和媒介传播,它们的传媒、文化、影音产品,在全球市场处于绝对优势地位。它们所传播的中国声音、中国形象以及它们传播的方式,很大程度上左右了世界上其他国家受众对中国的认知。它们将中国发生的事情按照西方国家的思维方式和价值标准进行传播,形成了涉华舆论传播的强势,对中国的文化传统、核心价值观、内政外交形成冲击和干预[①]。

2. 国际台开展舆论斗争的状况

在21世纪初,国际台开展舆论斗争可以说是面临不少困难。国际台的本土化程度不高,编辑审核工作大多在中国国内完成;传播渠道与受众反馈渠道不够通畅,传播方式单一,主要还是靠广播。同时,国际台对内报道与对外报道的内容区分不够,很少考虑多元化的受众心理及复杂的国际舆论传播环境。此外,国际台作为政府媒体,在一些国家的公信力不强,"西方受众对政府创办的媒体有一种天然的不信任感,会采取一种怀疑的态度"[②]。这样的情况下,国际台只能是被动地应对国际社会对中国的负面舆论,还不具备主导国际舆论的能力。

---

① 吴立斌:《中国媒体的国际传播及影响力研究》,中共中央党校2011年博士论文。
② 冯建华:《论对外媒体公信力缺失的原因及对策》,载《云梦学刊》2010年第1期。

3. 原因分析

国际传播机构要开展有效的国际舆论斗争，必须在传播手段、体制机制、人才素质等方面都有相应的保障。但是，21世纪初的国际台，自身发展还不能满足开展有效国际舆论斗争的要求。

（1）国际台传播手段不够丰富。

广播是国家之间开展舆论斗争的重要工具，但是仅靠广播这一种手段是远远不够的。全球十大跨国媒体垄断集团，无一不是媒体形态的"超级舰队"，业务囊括了电视、电影、音乐、印刷物、电视网络、电视台、有线网络、卫星系统等。而在21世纪初，国际台的传播手段还比较单一，不利于各个媒体领域联合作战。同时，当今的舆论斗争形式纷繁复杂，仅靠正面的舆论宣传已经远远不够。用文化娱乐的方式进行引导和渗透，是更有效的舆论斗争形式。

（2）国际广播体制机制需要创新。

21世纪初，国际台的运行、人员编制、财务管理等基本停留在事业单位的机制上，直接在海外发展，会遇到很多的干扰和阻挠。例如许多国家在法律上明确规定，禁止社会主义国家或有国家背景的媒体在该国落地，因此必须在走出去的方式上创新。其次，现代媒体应遵循市场规律和新闻传播规律。21世纪初，国际台的经营方式还较为粗放，应充分发挥市场在资源配置中的基础性作用，建立健全符合市场经济需要的经营管理体制和运行机制。

（3）人才队伍需要提升和扩大。

优秀的国际传播人才应该是政治立场坚定、新闻业务精通、深入了解国情、熟悉国际规则、熟练运用外语、熟悉多媒体采编、懂得经营管理的外向型复合人才。21世纪初，国际台人才存量总体不足、人才梯次不尽合理、人才结构不够齐全、外籍工作人员规模较小。同时，由于体制机制的限制，国际台缺乏激励手段来充分调动员工的积极性，与外部环境相比薪资待遇不够优厚，人才流失问题突出。

第三节 国际台的新实践

中国经济社会快速发展和国际地位迅速提升、现代科学技术和媒体传播形态迅猛发展、中西方媒体国际传播实力的显著差距，都对国际台在21世纪的发展提出了更高的要求。

2004年年初，中央领导同志来到国际台调研，明确要求国际台加快转变步伐，以"构建现代国际广播体系"为目标，增强中国在国际上的声音。此后，中央要求国家重点媒体构建现代国际传播体系，形成与国家经济社会发展水平和国际地位相称的国际传播能力。

据此，国际台重新规划发展战略。2005年以来，以"构建现代国际广播体系"为目标，国际台对国际传播规律与媒体发展规律进行了广泛深入的调查研究，提出"从单一媒体向综合媒体转变，从传统媒体向现代媒体转变，从本土媒体向跨国媒体转变"的战略。自此，国际台开始了建设"现代综合新型国际媒体"的全面探索，不断增加和丰富报刊、广播、电视、网络、移动终端等媒体形态，卓有成效地提升国际传播能力。

一、由传统媒体向现代媒体的转变

传统媒体是指以传统的大众传播方式，即通过某种机械装置定期向社会公众发布信息或提供教育、娱乐等交流活动的媒体，包括报刊、广播、电视。

现代媒体，一般来说是指以互联网为基础，兼有报刊、广播、电视等多种元素在内的信息传播系统的总称。相对于传统媒体来说，现代媒体的传播速度更快、信息承载量更大、传播的方式更多样、传播的范围更广泛、影响力和控制力也更大。

由传统媒体向现代媒体转变，体现了媒体作为大众传播的手段，对社会发展规律的适应。现代媒体是传播理念上的现代、传播内容上的现代、传播手段上的现代和传播风格上的现代。可以概括为：以科技进步为前提，以现代化传播手段为依托，实现媒体传播理念、生产流程、管理方式的全面现代化。

国际台经过近10年的探索和实践，基本完成了以新媒体化为目标的业务结构战略性调整，经历了由单一的传统广播媒体形态进入多媒体格局，再拓展到移动互联网领域的历程，传统媒体向现代媒体转变迈出实质性步伐。

（一）转变的动因

技术革命的突飞猛进，缩小了地球上的时空距离，国际交往日益频繁便利。信息传播的无国界，使得国际传媒越来越显著地影响着国际政治体系，并在国际政治新格局形成的条件下，逐步承担起"外交工具"的功能。

1. 更好地服务国家发展与形势变化

进入21世纪后，国际形势发生了很大改变。经济全球化迅猛发展，技术进步日新月异，世界各国经济和贸易相互渗透，社会和军事安全领域的相互需求加大，世界各国的依存度增高，共同利益的领域扩大。发展经济、创新技术、提高综合国力已成为各国追求的首要目标，因而维护世界和平稳定越来越成为各国特别是各大国的共识。各大国日益注重沟通与交流，增强协作，避免对抗，从而使国际形势在总体上保持和平与稳定。

中国自改革开放以来取得了骄人成绩，也改变了世界对中国的认识。特别是在全球经济危机爆发后，发达国家遭到重创，发展中国家和新兴国家的力量得到了国际社会的新认识，国际力量对比发生了重大变化。

随着中国在国际政治、经济事务中发挥着越来越重要的作用，中国国际传播的重点和方法也悄然发生了改变，新闻报道的及时性、真实性、覆盖性、多样性变得越来越重要。向世界介绍中国，向中国介绍世界，向世界报道世界，增进中国人民与世界人民之间的了解和友谊成为中国国际传播的新方向。

2. 顺应传媒发展规律

纵观人类信息传播活动的历史，是紧紧伴随着人类文明发展和科学技术的进步而发展的，至今经历了4种方式：口述传播方式、手抄传播方式、印刷传播方式和电子传播方式。随着社会生产力的发展与技术的进步，尤其是现代信息传播工具出现后，传播形态不断变化，传播速度越来越快，范围越来越广，影响也越来越大。

人类经过几千年的社会实践发现，面对面的人际交流是最有效的传播方式，但受到时间和空间的限制。大众传媒的出现，拓展了人们获取信息的途径，信息通过媒体进行传播。但这种间接传播方式形成了客观现实与媒体现实的差异，降低了传播的效果。新媒体的出现、技术的进步，打破了时空限制，使得人们的交往方式以及人的社会和文化形态发生了重大变化，同时也正在使大众传播回归到"面对面"的人际传播。

传媒的发展正是为了更加快速、便捷、广泛地实现声音、文字、图像的传播。在新技术不断出现和应用后，新的传播形态产生，旧有传播形态不断改革完善自身，进而与新形态进行有机地融合，相互促进，共同发展，构建出新型媒体，以满足人们随时随地"面对面"交流的需要，使信息传播更加及时广泛。

3. 适应新技术革命浪潮

媒体发展与人类技术水平的发展过程是紧密对应的。每次新技术的产生与应用，都会使人们获取信息的需求发生变化，从而引起下一次新技术变革。

21世纪后，随着信息高速公路的快速发展，人类社会全面迈入信息时代。数字技术、卫星通信与光导通信的发展，特别是网络技术的迅速发展，使得不同国家、不同区域、不同企业、不同个人之间，可以以最便捷的方式相互联通，在一定程度上打破了种种地域乃至国家的限制，整个世界被联系在一起。

传统媒体是典型的点对面传播模式，信息流动是单向的。媒体拥有对信息的绝对控制权，其发布什么信息，受众就得被动地接收什么信息。传统媒体在技术上受时空限制，缺乏交互性，受众反馈有一定的时间间隔。传统媒体信息生产周期长，单次发布承载的信息量有限。

而基于互联网的现代媒体突破了时空观念和媒体限制，表现出极大的开放性，人们可以从网站上获取到全球任何一个角落的信息，想知道什么就知道什么，想什么时候知道就什么时候知道，受众既是信息的消费者又是传播者。现代媒体可以实现实时传播、同步传播、连续传播，提供音、视、图、文全方位立体信息与交互。

（二）转变的举措

自 20 世纪 90 年代末，网络技术飞速发展，网民数量激增，给传媒事业带来了新的契机。以互联网为基础的新媒体传播手段，在国际传播领域开始占据重要的战略地位。

2005 年以来，国际台自觉顺应新媒体发展趋势，以国家增强国际传播能力建设为契机，高度重视新媒体技术和数字技术的应用，加快发展互联网电视、网络视听节目、手机广播电视、多媒体移动广播等新媒体业务，稳步推进 IP 电视业务，加速传统媒体升级换代，用新技术、新机制、新思路、新办法，改造、加强和提升传统媒体，实现了传统媒体与新兴媒体的融合发展，积极抢占传播技术的制高点。

1. 大力发展以国际在线为主导的新媒体业务

早在 1998 年，国际台便创建了大型综合性官方网站"国际在线"。建站初期，主要是通过不同渠道发布新闻报道，实现媒体与受众、受众与受众之间的多向、交互传播。受众可以通过网站提供的交流论坛、留言板、电子邮件等及时表达自己对某一新闻事件、话题的观点、态度等。当国际台事业发展重点逐步由传统媒体向现代媒体转变后，国际在线便成为事业转型的依托，进入了快速成长期。

（1）建设多语种网络平台。

2005 年，国际在线正式开播了多语种网络电台 InetRadio，使用汉语普通话、英语、德语和日语播出。节目内容由资讯、谈话、音乐和外语教育四大类节目组成。2006年推出了汉语、英语、日语和朝鲜语国内首家多语种播客。2007年由9种语言组成的11个境外网络电台（CRIWebCast）正式开播，标志着以"本土化"为目标的新型多语种境外网络电台全面启动。从此，国际台的新媒体事业进入新的发展阶段。

（2）移动国际在线上线。

2008年北京奥运会前，移动国际在线英文版（Mobile CRI）开始上线试运行。此后，国际台相继推出了法语、西班牙语、德语、意大利语、世界语、葡萄牙语、希腊语等语言的移动国际在线，广泛适用于苹果iPhone的iOS、安卓（Android）等智能手机系统或其他手持终端，提供图文、音视频等多媒体移动浏览方式。手机用户只需输入简单域名，即可随时随地浏览多语种时政、财经、娱乐、旅游等方面的新闻和信息，学习汉语，欣赏多语种音视频节目。作为全新的移动媒体平台，国际台八个语种移动国际在线为加强中国和世界的相互了解提供了更为方便快捷的新渠道。

（3）推出移动客户端。

2007年4月和6月，CRI手机广播电视分别在中国联通和中国移动平台顺利上线。CRI手机广播电视除集成国际台自有的广播、电视、互联网多语种信息资源外，还整合了地方电台、电视台的节目内容，致力于打造最具特色的手机广播电视品牌。2011年，国际台3G手机电视集成播控平台通过广电总局验收。

针对智能手机普及率很高的日本和韩国，2012年国际在线日语网、朝鲜语网正式推出苹果版"知中国"移动客户端。内容主要包括中国国内的综合信息和汉语教学两大类，涉及社会、文化、科学、旅游、娱乐等领域，同时还包含受众反馈等功能。服务的主要对象人群为"希望了解中国相关信息"的日韩智能手机用户，兼顾中国国内日语和韩语的学习爱好者，目标核心受众为对中国感兴趣、希望了解中国、学习汉语的智能手机用户。

2. 建立依托数字和网络技术的多媒体平台

2007年开始，国际台采用混合云架构设计并建立了服务于全台多种业态的多媒体全业务综合服务云平台（MGBP）。它区别于业界目前传统意义上以面向内部媒体资料和传统播控为目标的"媒资系统"，而是以面向新媒体发展趋势、面向新媒体外宣市场以及面向"积累"式发展为导向。换句话说，这个云平台在建设时考虑的不仅仅是"适应"当时的应用场景，而是采用了诸多先进理念，来为"拉动"需求并快速过渡到服务于新媒体市场做准备的。因此，在功能结构上看，MGBP不仅阶段性地符合全台"音、视、图、文"多形态的业务"采、编、存、播"需求，而且在其结构上埋下伏笔，尤其是平台主体集中大量资源形成可自主掌控的云架构，并在"双总线"结构上留有大量灵活"插件式"接口，可供未来大规模扩展升级，为MGBP的高效扩张提供了有效的平台基础保障。基于这样的技术理念及其平台，MGBP形成双层功效：实现当前各种业务形态的工作角色在平台上协同工作、资源共享和业务流程自动化过程的"内涵"功效；具备自我延展能力和结构进化要素以满足下一步将内部资源以新媒体形态和渠道展现至最终用户的"外延"功效。①

---

① 王力劲、张秋野：《国际台多媒体全业务综合服务云平台面向新媒体的发展思路》，2010国际传输与覆盖研讨会，2010年，第226页。

国际台多媒体资讯平台的建成,极大地提升了国际在线业务支撑体系运行能力和多媒体音视频支撑能力,集采集、编辑、发布等众多功能于一体,逐步实现信息共享、互联互通,能实现不分时间、不分地域、连续传播、全球覆盖。

3. 成立中国国际广播电视网络台

2011年1月18日,中国国际广播电视网络台(CIBN)正式成立,它是国际台适应当代网络、数字等新媒体技术发展趋势,实现无疆界、跨媒体综合传播做出的重大选择。CIBN以多语种、多类型、多终端为特色,广泛涵盖网络视听节目、手机广播电视、IPTV、互联网电视、CMMB等各种新媒体业态,向全球受众提供综合信息服务。

同年年底,CIBN互联网电视正式开播,天地视频网站正式上线,富媒体广播在北京地区24小时滚动播出,为全面打造CIBN核心竞争力、完善CIBN传播新格局奠定了坚实基础。

(三)转变的效果

国际台在向现代媒体转变的过程中,把传统媒体与新兴媒体的优势进行整合,使其功能、手段、价值全面提升,将单一媒体的竞争力变为多媒体共同的竞争力,展现了语种丰富、受众广泛、信息量大、技术先进、运营力广、影响力强、覆盖全球等集群优势。

1. 现代媒体建设的成就

目前,国际在线已发展成为65种语言的网站集群,覆盖全球98%受众的母语,稳居全球传播语种最多的网络媒体平台地位,日均页面浏览量(pv)2464万,音频访问量日均40万,独立用户数(uv)月均2972万人。

"移动国际在线"网站语言已达22种,吸引来自世界168个国家和地区5000多个城市的访问者。

手机电视覆盖移动、联通、电信客户,包月用户规模已经超过250万户,点击量累计超过1500万次;每天制作和传送上星的电视节目已达5个多小时,在全国200多家电视台、近300个频道当中播出。

外文报刊读者遍布世界各地。截至2012年,全台各语言各媒体在境内外开办微博账号65个。环球资讯广播与新浪微博嵌入式合作,粉丝数量在全国同类型频率中处于领先地位。

在传统媒体向现代媒体的转变中,国际台始终致力于打造多语种网站集群、多语种网络电台集群、多语种网络电视频道和多语种移动服务终端,形成广泛涵盖网络视听节目、手机广播电视、IP电视、互联网电视、移动多媒体广播电视(CMMB)等各种新媒体业态的新媒体国际传播平台。

2. 现代媒体在国际传播中的成效

国际台向现代媒体转变后,其信息传播呈现多渠道和分众化,信息可以满足不同对象国、不同地区、不同语言、不同经济发展条件下受众的需求,更多地提供个性化、针对性、可定制的内容,受众的选择范围扩大,传播效果得到了尽可能的发挥,彰显了国家软实力。

(1) 新媒体参与高端访问直播,展现国际影响力。

国际台在高端访问中不断探索新媒体应用,以期展现和提升中国媒体的国际影响力。

2008年5月24日,到访中国的时任俄罗斯总统梅德韦杰夫在北京大学发表演讲。国际在线俄文网与俄通社—塔斯社网站合作,对此次活动进行了全程视频、音频、图片和文字直播。俄语部专门邀请中国外交部原副部长、中国原驻俄大使张德广和俄通社—塔斯社北京分社社长基里洛夫担任嘉宾。直播过程中，网民不但可以看到梅德韦杰夫在北京大学演讲的现场画面，还可以在演讲前后看到两位嘉宾用俄语进行的精彩介绍和点评，并可以通过主持人与在北大校园的记者和国际台驻俄记者的电话连线，了解北大学生和俄罗斯媒体对当天演讲的反应。此外，网民还可以通过发帖的方式发表评论或向嘉宾提问。

此次直播实现了两个"首次"。一是在国际在线多语种网站中，首次实现多个不同直播地点的"多点联动"式在线视频直播。二是国际台首次与俄罗斯主流网站合作进行视频直播。尽管直播恰逢莫斯科时间的周末上午，但在直播期间，仍有近9000人次网友观看了视频直播，取得了良好的宣传效果。

一位俄罗斯网友在直播后的第二天，给国际台俄语部发来的电子邮件中说："俄罗斯的电视台当天也对梅德韦杰夫的演讲进行了转播，但（俄罗斯电视台的）节目内容显然没有CRI的节目那么丰富，因为你们不但转播了演讲，还邀请了两位中俄嘉宾进行了点评，同时还在第一时间采访了在演讲会上提问的中国大学生……这个视频节目做得比我们（俄罗斯的电视节目）更精彩，我非常喜欢。希望以后能经常看到这么精彩的视频节目。"

2013年3月下旬，中国国际广播电台俄语广播先后对习近平主席出席俄罗斯"中国旅游年"开幕式和在莫斯科国际关系学院发表演讲两场活动进行了现场直播。

值得一提的是，"中国旅游年"开幕式在克里姆林宫大剧院举行，而国际台是该剧院建成后唯一一家进入直播的海外媒体。

习主席在莫斯科国际关系学院发表演讲，国际在线俄文网进行了在线视频直播。直播过程中，演播室与前方记者之间、主持人和嘉宾与Facebook、Twitter和俄罗斯最大的社交媒体"VK"的网友之间，均形成了良好的互动，许多俄罗斯网民通过国际在线网站和社交网站进行在线交流。网友鲁宾通过俄罗斯社交媒体平台"VK"留言说："看过不少国家领导人在大学的演讲。习近平主席的演讲给我最大的感受是'恳切'。毋庸置疑，俄中两国的发展，俄中青年的未来，都将朝着更好的方向发展。"

（2）新媒体报道重大突发事件，有效影响国际舆论。

新的历史时期，运用现代传播手段在重大突发事件发生时及时发声，有效引导国际舆论，是国际传媒机构常用的方法。2009年乌鲁木齐发生"7·5"严重暴力事件后，国际在线土耳其文网与土耳其伊斯坦布尔"方向"调频电台合作，在乌鲁木齐举办了"来自乌鲁木齐的声音"中土系列网络对话，就是国际台利用新媒体手段在重大突发事件中进行境外舆论干预的一次成功的尝试，对探索有效增强我国国际话语权的途径具有重要的借鉴意义。

由于民族、文化、历史等方面的渊源，2009年乌鲁木齐发生的"7·5"严重暴力事件引起了土耳其舆论的高度关注。在土耳其，"东突"分裂分子旋即粉墨登场，频频出现在土耳其各大媒体，竭尽造谣诬蔑、混淆视听之能事，掀起了一股前所未有的反华恶浪。在"东突"分裂分子和其他敌对势力的策动和蛊惑之下，当地主流媒体几乎无一例外地将矛头指向中国政府。一时间，土耳其民众受到蒙蔽，政府高层也出现了不利于中国的言论。

在这种严峻的局势面前，国际台以国家媒体高度的责任感，承担起了历史赋予的使命。

2009年7月13日至17日，国际在线土耳其文网与土耳其伊斯坦布尔"方向"调频电台合作，在乌鲁木齐举办了"来自乌鲁木齐的声音"中土系列网络对话。网络对话每天于北京时间18：00—19：00（土耳其时间13：00—14：00）从乌鲁木齐演播室通过国际在线土耳其文网直播，土方合作伙伴伊斯坦布尔"方向"电台同步直播。直播由国际台土耳其语部主任夏勇敏、土耳其专家布泽和"方向"电台台长于克塞尔·克林奇担任主持人，国际台土耳其语部退休的维吾尔族播音员茹克娅担任维吾尔语—土耳其语现场翻译。安卡拉"自由"电台、《土耳其新闻报》等多家媒体纷纷加盟，直播、转播、转载报道了网络对话节目内容。

在连续五场网络对话中，14位各界有代表性的嘉宾走进乌鲁木齐演播室，以其亲身经历分别就"7·5"事件真相、经济社会发展给新疆各民族人民带来的实惠、少数民族权益保障和各民族和谐相处、新疆的民族宗教政策等话题回答了土耳其听众的提问，其间还插播了大量最新动态消息、国际台记者在新疆采访录音和受众反馈，有效地传递了我国政府的声音，并与受众进行了充分的互动。

对话活动期间，还插播了土耳其驻华大使埃森利接受国际台记者专访的录音，第一时间向土耳其受众传递了大使就土中双边经贸关系、文化交流、安全领域合作等方面的积极表态。

据监测，中土网络对话共计5小时直播期间，国际在线土耳其文网直播页面访问量为33462人次，音频流量为3.58G。据"方向"电台提供的数据，五天里共有近120万人次通过该台收听了中土网络对话，且收听率呈逐日上升趋势。与此同时，对话活动受到了土耳其主流媒体的关注，直播节目过程中我方发布的权威消息被当地多家主流新闻网站引用。土耳其主流媒体舆论开始转向，从一开始的措词严重失实逐渐转向客观、真实。

据土耳其电台提供的抽样调查结果显示，其听众在收听网络对话直播节目后普遍认为国际台提供的信息比其他国内外媒体更全面、更真实。他们对当地媒体此前对"7·5"事件的片面报道表示不满，开始反思土耳其舆论和政界人士在事件后的表现。在对话进行到第五天时，在互动平台上首次出现了向中国人民致以慰问的手机短信。

可以说，中土系列网络对话充分发挥了国际台独特资源优势与新媒体传播优势，坚持用事实说话，向土耳其民众介绍了"7·5"事件真相，有力地回击了境外敌对势力和西方媒体在"7·5"事件上对我国的歪曲攻击，有效影响了国际舆论，增强了外宣实效性，扩大了国际台在土耳其的影响力。

二、由单一媒体向综合媒体转变

单一媒体，简单地说，就是仅具备一种传播途径的传播工具。其特点是：传播手段、传播主体单一，传受互动性弱；传播路径少，信息覆盖面窄；传播内容单一，新闻形式呆板。这些都制约了单一媒体的发展。

综合媒体，一般是指同时具有两种或两种以上信息载体的传播媒介。其特点是：运用各种表现形式全方位、立体化展示传播内容，同时通过文字、声像、网络、通信等多种传播手段来进行传输。作为一种新型传播形态，综合媒体是单一媒体发展的必然趋势。

自2005年起，国际台依托自身独特的媒体资源，积极突破单一媒体的发展瓶颈，在向综合媒体转变的道路上进行了有益的尝试。

（一）转变的动因

信息时代，各类新闻网站、手机报、桌面信息视窗、大型户外数字屏、移动电视、手机电视以及博客、播客等新媒体都无时无刻不在向受众传递着新闻资讯。这些新媒体突破了传统媒体"时间""空间""身份"的"围墙"，使受众传受信息变得十分顺畅和便利，传统媒体原有的单一的传播优势受到了极大挑战。

1. 单一媒体的局限

单一媒体发展至今，都不可避免地具有与生俱来的缺陷：

（1）报纸。

其阅读受文化水平的限制，而且报纸属于静止媒介，没有动感和变化，其生动性和及时性不如广播和电视。

（2）杂志。

发行周期长，新闻性弱，时效性差，并且杂志与报纸相似，对读者的文化水平要求高。

（3）广播。

只闻其声，不见其人，在视觉上缺乏直观、生动的形象；声音稍纵即逝，不便保存；信息无法选择，检索性差；顺序播出，无法捕捉重点。

（4）电视。

传播的内容稍纵即逝，无法保存；顺序传输，信息无法选择；更大的局限在于它制作的设备复杂，制作成本昂贵。

(5) 网络媒体。

最大的不足在于受众既是信息的接收者也是信息的发布者，导致信息的真实性无法保证。

2. 综合媒体的优势

在信息技术高速发展的今天，媒体不可能强迫用户接受自己单方面传送的内容，同样也不能强迫用户采用怎样的方式来获取内容，只能尽可能地按照用户需要的展现形式来满足用户的需求。因此，发展综合媒体是必然趋势，可以给用户提供更及时、更多角度、更多听觉和视觉满足的媒体体验。

综合媒体较之单一媒体具有很大优势。首先，可以最大限度地扩大受众覆盖面，提高信息的传播效率。其次，可以综合利用媒介资源，大幅度地降低传播成本，尽可能做到用最小的资源和成本最大限度地传播信息。再次，可以提高媒体的抗风险能力，降低传播信息带来的风险。

（二）转变的举措

经过数年的实践，国际台不断推进报纸、广播、电视、网络、新媒体等全媒体手段的业务布局，正在实现由单一媒体向综合媒体的转变，成为国内媒介形态最全的媒体。

1. 多媒体融合

随着终端、无线宽带等技术的不断发展，用户的终端不再像以往一样受到运营商的绑定，媒体发布的渠道也变得更公开、更透明化。在此基础上，无论是广播还是电视，都在传统传播模式的基础上开展新的创新和应用，旨在通过突破固有的传播模式，达到将更多内容信息传递到用户的效果。

需要指出的是，多媒体融合并不是媒体间的简单连接与组合，而是共存互补、有机结合，强调的是特性不同、传播力不同、影响力不同的各种介质的聚合。多媒体融合不仅将新闻领域的相关信息加以整合，同时将传播技术、传播形式和手段、营销方式等全方位整合。通过融合不同的媒介载体形式、内容形式以及技术平台，形成传播技术、内容、渠道、营销的集成体。

具体到国际台，在多媒体融合实践中主要考虑了内容、渠道、角色、机构等几个方面：

（1）内容融合。

内容融合是指将文字、声音、图像、动画、视频、实物等各种内容形式相结合，对受众的视、听、触等感官形成全面刺激，信息传递更有效。国际台近年来大力推进视频业务为主的新媒体化进程，使信息的国际传播更形象、直观、快捷、吸引人，更具渗透力。

（2）渠道融合。

渠道融合可以实现规模基础上的最大化盈利。媒体只有打通渠道边界，才能获得更大市场。因此国际台近年来综合运用报纸、杂志、广播、电视、音像、出版、网络、卫星通讯等传播渠道，跨越广电网、互联网、移动互联网等单一网络的属性限制，融汇各渠道优点，让受众可以随时随地获取所需信息。

（3）角色融合。

角色融合是今后媒体发展的关键点之一。网络传播模式的出现，使传播上下游界限模糊，内容不单单由媒体机构完成，受众也逐渐参与其中。同时媒体机构也开始向信息汇聚及传播平台提供者转变。机构和受众的交互将越来越密切，媒体的影响力越来越多地取决于对用户价值的深度挖掘以及对用户影响力的聚合能力。国际台搭建的多媒体信息共享平台，即是角色融合的典型代表。

（4）机构融合。

机构融合是媒体发展趋势。进入 21 世纪后，全球主流媒体整体呈现从单一媒体向综合媒体的发展趋势，通过资本运作方式打破印刷媒介、电子媒介和网络媒介的界限，逐渐转变为跨媒介、跨国界的企业集团。国际台目前已发展成为集报纸、刊物、广播、电视、网络五位一体的综合媒体。

2. 全媒体发展

"全媒体"指媒体机构及运营商采用文字、图形、图像、动画、网页、声音和视频等多媒体表现手段，通过报纸、杂志、广播、电视、音像、电影、出版、网站等不同媒介形态，通过融合的广电网络、电信网络以及互联网络进行传播，最终实现为用户提供电视、电脑、手机等多种终端的融合接收，实现任何人、任何时间、任何地点、以任何方式接收任何媒体内容。

全媒体发展的目标是为了让不同的媒介依据各自特点传递不同类型的信息，使受众接收的信息更加全面化，同时克服单一媒介传播渠道的缺陷，最大程度地发挥传播效果。

国际台目前的全媒体发展方向就是建成集无线广播、在线广播和多媒体传播于一体的新型媒体。

（三）转变的效果

1. 综合媒体建设的成就

近年来，国际台不仅大力发展新兴媒体，更致力于全方位的媒体建设，把一个传统无线广播占主导地位的单一媒体，发展成为集报纸、刊物、广播、电视、网络于一体、传统媒体与新兴媒体融合发展的新型媒体，成为统筹多种媒体手段、实现多媒体联动和交叉覆盖的综合媒体，全方位立体传播初见成效。截至2013年5月：

——45个语种无线广播，受众覆盖全球大部分国家和地区。

——65种语言的国际在线网站集群，覆盖全球98%受众的母语，稳居全球传播语种最多的网络媒体平台地位。

——《中国风》《悦生活》《彩虹》等38种外文平面媒体在世界众多国家公开发行。

——环球资讯、轻松调频、国际流行音乐，3套国内都市调频广播以及《世界新闻报》，逐步打开对内外宣新局面。

——"环球奇观""环球购物"电视频道及手机电视商务平台开播、开办，视频业务初显规模。

——电视专题片和多语种影视剧译制工作全面开展。2013年，由国际台组织摄制的《你好，中国》百集旅游电视系列片在俄罗斯"我的星球"电视台黄金时段播出，同时登陆俄广播、报纸、网络等主流媒体。圆满完成了《媳妇的美好时代》《北京爱情故事》《金太狼的幸福生活》等十多部国产影视剧的多语种译制工作并在境外热播，形成本土化配音、境外制作新模式。

——十多家境外广播孔子课堂在五大洲开展汉语教学、汉语培训以及中外文化交流活动。孟加拉国广播孔子课堂被国家汉办称为"全世界办得最好的孔子学院"。

——中国国际广播出版社、中国国际广播音像出版社，共出版了数千种介绍中国各方面情况的中外文图书，各国经济文化、新闻广播电视的翻译书，教中国人学外语、教外国人学汉语的课文和工具书等以及几百个盒号的录音带和少量录像带，许多在社会上享有盛誉并受到海内外读者的欢迎。

2. 综合媒体在国际传播中的成效

国际台遍布世界各地的报纸、杂志、广播、电视、网络集群、移动终端等传播平台，已成为世界了解中国、观察中国的重要窗口。

2013年3月25日，正在坦桑尼亚进行国事访问的国家主席习近平，在达累斯萨拉姆尼雷尔国际会议中心发表重要演讲。演讲中，习近平主席说，"中国电视剧《媳妇的美好时代》在坦桑尼亚热播，使坦桑尼亚观众了解到中国老百姓家庭生活的酸甜苦辣"。这番话在演讲会场爆发出会心的笑声和热烈的掌声，从中可以感受到坦桑尼亚民众对这部电视剧的喜爱。国际台正是斯瓦希里语版《媳妇的美好时代》的译制方。

中央电视台新闻频道多次滚动播出习主席的上述讲话和电视剧精彩片段，并认为，作为首部被翻译成斯瓦希里语的中国优秀电视剧，主人公毛豆豆在坦桑尼亚屏幕上，通过非洲使用人口最多的语言斯瓦希里语，演绎她和家人的情感故事，展现了当代中国百姓的多彩生活。《环球时报》同年3月27日用半个版面的篇幅，介绍了《媳妇的美好时代》的译制情况。新华社、中国日报、北京日报等十多家报纸，以及人民网、中新网、新浪、搜狐、腾讯、网易、中国青年网、凤凰网等100多家网站予以报道和转载。国际台斯瓦希里语部员工则接到诸多媒体的采访要求，并参与了北京人民广播电台的直播节目，探讨中国影视剧走向海外的话题。

目前，国际台承担的更多电视剧译制工作正在进行当中。比如

《金太狼的幸福生活》缅甸语版的译制、配音，是缅甸首部用缅甸语配音的外国电视剧，开拓了国际台对缅传播新局面。

越南语广播利用新媒体平台打造"同唱友谊歌"品牌活动，开展网络歌手海选活动，并对总决赛进行网络视频直播。活动在中越两国、特别是在越南的影响力和范围越来越大，活动的品牌形象在越南民众心中已经逐渐成形。

马来语广播通过Facebook平台举办"奥运因你而精彩——马来诗歌创作有奖参与活动"，收到原创作品50余件，评论210多条。

印地语网站首页开设多媒体音视频专区，将采访的视频经编辑后直接上网，为受众展示中印双边往来，推广中国文化，互动效果良好。

泰米尔语策划实施《泰米尔人在中国》系列视频拍摄，在对象地区引起强烈反响。制作泰米尔文彩信手机报"两会"和十八大专题，发送国内外泰米尔语受众，被听众赞誉为"耳目一新的报道方式"。

克罗地亚语网发展成拥有15个频道、近百个小栏目的多媒体综合网站，并开办了国际台首个非通用语远程常态直播的网络电台"律动·中国"。

意大利语《中意》杂志成功进入意大利政府机构，成为意大利国家领导人及官员的必读刊物，意大利总理蒙蒂赞誉杂志内容丰富、针对性强，并提出与《中意》杂志合作的意愿。

《对话——中德建交40年40人》在中德市场推出音、视、图、文多媒体产品，德文版图书进入德主流实体发行渠道。

2012年，由100位中国记者拍摄的《你好，俄罗斯》旅游电视专题片，同步登陆旅游卫视、环球资讯广播、《参考消息》、《国际先驱导报》、国际在线、天地视频、CIBN互联网电视、环球奇观、CRI手机电视等电视、广播、平面、网络、互联网电视、数字电视、手机电视媒体平台,得到中俄双方政府领导和受众的积极评价,成为中俄"旅游年"富有感染力的国家级文化传播项目。

在促进世界了解中国的同时,国际台的综合媒体建设,也为中国走向世界搭建了重要舞台。

2010年,国际台推出的"我想去四川"才艺大赛和"走进新疆"知识竞赛活动,吸引了60万海外受众"呈交"答卷。

2010年以来,国际台每年举行"中国城市榜"活动,数以千万计的海外受众参与了中国优秀城市的评选,有力展示了中国城市的海外形象。

今后,国际台将充分利用其全球传播平台,为中国企业开展海外投资贸易、为中国旅游文化走出去、为中国国家利益在全球拓展、为中国国际形象的树立,发挥重要的沟通和促进作用。

三、由本土媒体向跨国媒体的转变

所谓跨国媒体,是指媒体在跨国发展模式中出现的跨国化。这种跨国化可以跨国家、跨文化、跨民族地连接社会和群体,并保障信息传播的实时性和价值体系的交融。各个国家、民族的经济、文化和传播内容将突破地域限制,走向世界,并在全球范围内接受检验、评价,从中获得新的发展样式、发展动力和持续的生命力。

纵观西方发达国家传媒巨头,大多以媒体形态齐全、业务广泛多元的跨国传媒集团形式出现,并凭借雄厚的资本实力、灵活的市场机制,通过横向与纵向的重组、整合与兼并等市场扩张手段,实现传媒发展规模效应、协同效应与多元效应，发展优势非常明显。

自 2005 年以来，国际台不断拓展海外事业，以公司化、商业化、本土化、品牌化为着力点，努力建设现代综合新型国际传媒集团，正在实现由本土媒体向跨国媒体的转变。

（一）转变的动因

随着世界多极化、经济全球化、社会信息化的加快推进，国际舆论的形成和传播渠道日益复杂。舆论地域性特征明显减弱，本地舆论全国化、国内舆论国际化、国际舆论国内化倾向日益显现。新时期的这些信息传播特征，呼唤着国际广播机构向跨国媒体发展。

1. 本土媒体的局限性

本土媒体传播强调"以我为主"，脱离海外受众的心理需求和思维方式，容易忽视不同种族、不同地域受众的文化认同与文化冲突，导致吸引力、可听性不足，甚至出现误导、误判情况的发生，对外宣传的效果较差。

典型的外宣失效分两种类型："传而不通"和"通而不受"。

（1）传而不通。

传而不通指因国际传播渠道不畅通，我们所要传播的有关信息未能达到目标受众那里。如传统的无线广播，由于传播者无法真正达到受众所在的地理位置，并不了解目标地的收听状况以及信息是否送达。而信息反馈渠道的不通畅，同样让媒体与受众间无法沟通。

（2）通而不受。

通而不受指尽管国际传播渠道畅通，海外受众接收到我们想要传递的信息，但由于种种原因，受众对这些信息并不认同和接受。西方主流媒体对中国的不实报道，使相当多的海外受众对中国产生偏见，一个主要原因在于中国的本土媒体没有按照海外受众的思维方式和文化认同来进行报道，因而难以让他们接受我们的观点，消除对中国的误解。

2. 国际传播竞争的需要

在20世纪70年代，世界许多国家对外国媒体进入本国市场实行干预和控制，跨国媒体没有生存的土壤。进入80年代和90年代，随着苏联和东欧剧变，一些政府放松了对媒体的管制，外国媒介资本开始进行全球化扩张。到20世纪90年代末，随着技术进步和传播观念的更新，媒介资本不仅在发达国家之间流动，而且从发达国家向发展中国家渗透。进入21世纪后，越来越多的国际传媒以小额投资、合资、合作、并购、独资等方式投资全球媒介产业，运用规模扩张手段确立传媒全球化领先地位，在国际传播领域占据主导权。发达国家广播电视媒体采用市场化运作手段在世界范围内开办调频电台，输出电视节目，经营卫星电视、有线电视频道，加大网络广播、手机广播等新媒体传播。这种跨国媒体的传播形态，极大地提升了媒体的传播力，增强了综合影响力。

以国际广播节目境外落地为例。由于政治目标、经济实力和技术水平的差异，目前世界上大规模开展节目境外落地业务的西方国家，主要是英国、美国、法国和德国。英国BBC、美国之音、法国国际广播电台、德国之声，都是集广播、电视、网络、新媒体等多种媒体形态于一体的传媒集团。它们在节目落地上的一个重要指导思想，是"利用受众使用的一切接收手段，覆盖一切可能达到的受众"，为此，它们加快了由传统国际广播平台向新型多媒体综合性传播平台转变的进程。这些媒体使用新手段扩大节目落地覆盖，把重点放在中波/调频、卫星电视、在线网络传播三大领域，并大力开拓和应用一切有利于国家传播的新技术。在落地战略上，实施"一体化、有侧重"战略。在难于使用某一手段进入的地区和国家，就大力推进其他易于进入的技术手段，以达到三种手段的分工合作与协同配合，用有限的资金实现最大的效益。此外，还采取了"统一部署、多元实体"的策略，不仅通过主打电台直接与国外合作伙伴开展合作，而且改头换面，以不同实体或机构的名义落地。比如，有的以民用电台面目开展合作，有的以非营利公司或企业身份通过市场途径实现购买和开展合作，形式不拘一格，以达到殊途同归的目的。

（二）转变的举措

自 2005 年起，国际台深入研究了国外跨国媒体集团的发展模式，通过市场化运作，在一定程度上打破了发达国家对于外国媒体的政治壁垒，快速拓展了境外媒体阵地，取得了明显的传播效果。

1. 建立海外分台、边境分台和节目制作室

整频率落地和本土化，是世界主要国际传播媒体走出去的基本手段和运作模式。"走出去"是一项复杂的系统工程，除了资金、意识形态、社会制度等因素外，各国的法律制度和社会经济发展水平也各不相同。特别是许多国家在法律上明确规定，禁止社会主义国家或有国家背景的媒体在该国落地。这在制度上给国际台走出去带来了很大的困难。国际台在深入分析了自身优势和国际背景后，选择了市场化运作模式，很好地解决了这一难题。

2006 年 2 月 27 日，国际台在海外开设的第一家调频电台——肯

尼亚内罗毕调频台开播，开创了中国对外广播在境外整频率落地的先河。2006年11月19日，国际台老挝万象调频台开播，时任国家主席胡锦涛与老挝国家主席朱马利共同出席开播仪式并启动调频台的开播。目前，国际台的海外整频率电台已遍及五大洲50个国家，近半数分布在发达国家。

在实施海外整频率电台落地的同时，国际台还大力建设边境分台，加强对周边国家的传播覆盖和传播力度。

2009年10月23日，国际台首个边境分台——北部湾之声开播。2013年4月9日，国际台为南海海域及周边国家和地区服务的多语种广播——"南海之声"开播。"南亚之声""中亚之声""东北亚之声"等更多的边境电台也在建设之中。

与此同时，国际台全面实施节目制作室建设，通过与境外合作伙伴合作，推出节目的本土策划、制作、发布和推介。凡有境外整频率落地项目的部门，逐步调整、改变传统的短波广播节目制作地点和方式，将节目的采编、制作、播发前移，实现信息产品本土化、销售渠道本土化、人员聘用本土化、管理运营本土化，使境外调频台真正建成具有本土化特色、符合当地受众需求的城市台。可以说，海外节目制作室的加快拓展，促进了报道能力持续提升和新闻信息产品成功落地，使国际台国际影响力与日俱增。

2. 建立海外公司和地区总站推动海外事业发展

和西方发达国家国际传媒相比，中国国际传播的主要问题在于媒体的国际影响力不强、营销市场化不够。公司化、商业化、本土化是国际传播事业未来发展的方向和路径。

目前，国际台的海外事业发展，可以说是站稳脚跟、初具规模、形成影响和开始经营。海外地区总站的组建，扩大了国际台的布点密度，加强了对海外分台、记者站和节目制作室的统筹开发和管理，提高了新闻采编资源的高效利用，为进行更客观、更有效、更深入、多现场、多形式的报道，创造了有利条件。

与此同时，依托国广世纪及其控股的六家海外子公司整合海外资源，推进落地项目，设计制作有针对性的落地节目，进行海外分台的包装和推广。统筹考虑地区总站、驻外记者站、节目制作室建设和海外公司发展，打造一体化的海外机构工作网络。规范海外公司管理运行模式，建立完备的议事规则和办事程序，形成节目管理、人员管理、财务管理科学规范的治理结构和运行机制。通过股权等有效的方式，加强对海外公司监管。通过公司平台把境外整频率电台变成国际台建设、管理、经营的子媒体。

国际台从多年来海外事业发展中获得的主要经验是：必须坚持走本土化、综合化和品牌化发展道路。

所谓本土化，是指通过借力、嫁接等方式，积极寻求与本土品牌媒体、品牌企业的有效合作，实现海外媒体内容制作的本土化、运营管理的本土化、人才聘用的本土化，切实增强国际传播的针对性、贴近性和有效性。

所谓综合化，是指在国际台已经搭建的多集群、多媒体综合传媒架构下，努力构建纵向品牌延伸与横向多媒体互动的十字型产业链，继续完善现代综合新型国际传媒集团的业务格局。

所谓品牌化，是指加快推进国广世纪由项目代理公司向具有综合品牌的媒体公司转变，通过打造品牌推进媒体建设，通过经营品牌壮大公司经营，实现公司品牌、媒体品牌的有机统一。

3. 加快推进区域传媒集团建设

2013年,国际台加快建设区域传媒集团,根据受众市场需求的不同,在现代综合新型国际传媒集团总体框架下,在六个地区广播中心和英语环球广播中心建设区域媒体集团。形成以无线广播的海外分台与在线广播的外文网站为主体,以多语种外文报刊和影视译制等跨媒体业务为补充,集声音、图像、文字等多媒体传播于一体的综合业务布局。

(三)转变的效果

近年来,国际台着力突破短波广播、境内发射的传播局限,形成了海外地区总站、驻外记者站、海外节目制作室、海外合作公司和广播孔子课堂多位一体的海外业务发展新模式,搭建了海外本土化传播的新格局。

1. 跨国媒体建设的成就

近年来,国际台加快海外媒体建设步伐。截至2013年年底,通过多种方式先后在五大洲50个国家的首都或重要城市开办95家海外分台,覆盖这些国家近2.8亿城市人口;先后建成非洲、北美、西欧、东欧、中东、亚洲、拉美7家海外地区总站、25个海外节目制作室,实现了节目的本土采集、制作、发布与互动。到2020年,国际台的海外节目制作室将达到70家。

国际台在世界重要国家和地区建有32个驻外记者站,并在国内各省、市、自治区建有记者站,拥有庞大的信息网。

同时,国际台通过6家海外公司,实施公司化、商业化、本土化、品牌化的管理运作。

2007年12月6日，国际台成立了广播孔子学院，并依托条件成熟的听众俱乐部和国外民间友好机构，先后在肯尼亚、日本、俄罗斯、蒙古、巴基斯坦、孟加拉国、尼泊尔、斯里兰卡、意大利、突尼斯、澳大利亚、坦桑尼亚等地兴建了十来家广播孔子课堂，开展汉语教学和中国文化推广，极大地拉近了与听众的距离，并受到了所在地政府和教育文化部门的重视和关注。

此外，国际台还拥有4112家境外听众俱乐部，每年收到300多万件受众反馈。

目前，国际台初步形成以45个语种无线广播集群和65个语种在线广播集群为平台的台本部环球传播工程，以"北部湾之声""南海之声"等系列边境分台及若干节目制作室为平台的边境环球广播工程；以95家海外分台、25个海外节目制作室等为平台的境外环球广播工程。

2. 跨国媒体在国际传播中的成效

当今世界主要传媒的发展经验告诉我们，媒体真正做大做强，真正扎根世界每个角落，必须依托市场力量走向全球。

（1）海外分台直播领导活动扩大影响。

初步形成了全球布局和规模效应，在很大程度上扭转了传统无线广播信号不稳定、传播效果不好的不利局面，拓展了在海外传播中国声音、影响主流社会、引导国际舆论的重要阵地。据不完全统计，目前国际台海外整频率电台数量仅次于英国广播公司（BBC），位居世界第二位。在短时间内完成全球布点，对于抢占外宣阵地和争夺国际话语权，具有十分重要的意义。在许多国家，如老挝、泰国、柬埔寨、肯尼亚等，国际台整频率电台已成为当地主流媒体。中央对国际台海外整频率电台给予充分肯定。

2012年以来，国家领导人出访期间，中央要求国际台通过海外电台进行直播报道。2012年年初，国际台通过位于华盛顿、洛杉矶、纽约等地的海外分台，对时任国家副主席习近平的访美行程进行直播报道，成为国内唯一对领导活动进行现场直播的媒体。直播报道深受美国受众的欢迎，再次证明了海外整频率电台传播的强大吸引力。

与此同时，国际台海外整频率电台影响高端受众和主流媒体的范围扩大。老挝国家主席朱马利接受国际台记者专访时表示，中国国际广播电台万象调频台的开播，开启了老中两国新闻媒体的新纪元，他和家人都是国际台的忠实听众，他们把中国国际广播电台当作了老挝新闻媒体的一部分。

柬埔寨首相洪森高度评价国际台中柬友谊台在柬的地位和影响力，并表示他经常收听中柬友谊台的节目，还有官员用录音或文字形式记录广播内容供他参考。对于国际重大问题，也有官员专门收集中柬友谊台播出的相关信息。

国际著名学者约瑟夫·奈2012年年初在《纽约时报》上发表专文认为，BBC等世界各国的国际广播电台都在压缩播出时长，缩减节目，而中国国际广播电台却在不断增加语种，增加节目时数，扩大全球覆盖，这是中国国家软实力不断提高的表现。

国际台科摩罗莫罗尼调频台于2012年11月开播后，科摩罗国家电台电视台总编辑阿布卡利亚认为该台节目内容生动，与法国国际广播电台（RFI）、英国广播公司（BBC）等媒体在当地的广播一样拥有良好的信号，并且报道国际和中国大事，使得当地群众能从不同的视角了解世界。

国际台毛里塔尼亚努瓦克肖特调频台的受众认为，该台的开播为当地居民开辟了一个了解中国、了解世界的新渠道，其节目不逊于此前在当地播出的法国国际广播电台和卡塔尔半岛电视台。

2012年9月，国家广电总局和国际台相关部门组成两个工作小组，分赴国际台境外控股企业和非洲地区总站（肯尼亚）开展调研。最终的调研报告认为，国际台积极研究国际传播规律，提出建设现代综合新型国际媒体发展战略思路正确，通过公司市场化运作，快速拓展了境外媒体阵地，传播效果明显，前景广阔，开创了国际传播事业新的发展阶段。

（2）节目本土化制作贴近受众。

海外地区总站和节目制作室等本土化机构的建设，实现了国际台宣传阵地的前移，有利于在对象国实现本土采集、本土制作、本土发布、本土互动的国际传播。

老挝万象节目制作室已实现每天直播6.5小时的本土化节目，调频节目获得老挝四大电信公司的短信平台支持，受众反馈热烈。

柬埔寨金边节目制作室每天制作播出3小时本土化直播节目，在听众中反响热烈，平均每天接到近50人次听众来电，位于当地同类节目前列。柬埔寨文化部副部长肯萨勒在节目开播当天专门打来电话说："我经常收听中柬友谊台的节目，中柬友谊台的新闻节目真实、客观，生活知识类节目内容丰富、可听性强。"柬埔寨国家电台台长丹阳也通过热线电话表达了对国际台金边节目制作室直播节目开播的祝贺。他说，通过中柬友谊台，柬埔寨普通民众对中国的社会和经济发展有了更进一步的了解。金边柬埔寨语直播节目的开播使中柬友谊台的事业得到了跨越式发展。

2012年10月柬埔寨太皇西哈努克逝世后，金边节目制作室制作了相关报道，赢得当地听众和媒体同行的赞誉和尊重。中国驻柬埔寨大使潘广学特别做出批示，认为其报道及时准确，充满感情，"体现了我们不仅是负责任的国家，更是重情义的国家，为我们的和平外交、周边外交贡献了一份力量"。

第四章　现代国际广播体系的构建

第一节　现代国际广播体系的基本内涵和主要特征

进入新世纪以来，对于以传统短波为主要业务的国际台来说，如何转型是个亟需解决的问题。经过多年的探索和实践，国际台迈上了构建现代国际广播体系的新路。建设现代国际广播体系，既是中央领导对国际台提出的战略任务，也是符合全球化背景下国际广播发展规律、体现中国国际广播特色的一条路径。

从 2004 年起，国际台围绕"增强中国在国际上的声音"这一总的目标，通过实施"两手抓"和"两条腿走路"的方针，一手抓好传统的无线广播，一手抓好新兴的互联网在线广播，并开始着手建立与中国国际地位相适应的现代化国际广播体系。这是首次提出构建现代国际广播体系发展战略的问题。2006 年，国际台明确提出要积极建设现代国际广播体系，不断提高中国对外广播的质量和水平，努力架起促进中国人民和各国人民相互了解的友谊桥梁，为全面建设小康社会营造和谐友好的国际舆论环境。到 2011 年，国际台以建台 70 周年为契机，以 CIBN 平台启动为标志，提出要促进"多媒体融合、全媒体发展"，全力建设现代综合新型国际传媒集团。到 2014 年，国际台提出以践行十八届三中全会精神为起点，通过"融合发展、一体推进"，加快建成现代综合新型国际传媒集团。

现代国际广播体系就是以全媒体为传播手段，以全球本土化受众为传播对象，以建设和谐世界为传播目的，贯通事业机制和产业机制的国际传媒集团。现代国际广播体系既能增强广播等传统媒体的原有优势，又可借力新兴媒体的后发优势，以多语种、多媒体、多终端为信息全球化传播的主要方式，以多媒体融合、全媒体发展为根本特点。

一、全媒体传播手段

全媒体（Omnimedia）最先由美玛莎-斯图尔特生活全媒体公司使用。现在的全媒体概念是在指各种媒体深度融合后所形成的"跨媒介、多终端"状态。具体而言，"全媒体"是在信息、通讯、网络技术快速发展的条件下，各种新旧媒体形态，包括报纸、广播、电视、网络媒体、手机媒体等，借助文字、图像、动画、音频和视频等各种表现手段进行的深度融合，产生的一种新的、开放的、不断兼容并蓄的媒介传播形式和运营模式。[①]

在概念上，全媒体和多媒体是有本质区别的：多媒体是多种媒体格式的复合，强调的是媒体内容的多样化，如文字、图片、音频、视

---

① 王庚年：《关于全媒体的认识与探索》，http://www.chinesetoday.com/zh/article/627610。

频等，涵盖了视、听、形象、触觉等人们接受信息的全部感官；全媒体则是多种媒体形态的复合，在传播载体上概括为报纸、杂志、广播、电视、音像、电影、出版、网络、电信、卫星通讯等的总和。二者关系主要体现在，多媒体融合是实现全媒体传播的内在条件，在多媒体融合基础上形成的多终端推送是全媒体传播的外在形式。

（一）多媒体融合是全媒体发展的外在条件

没有多媒体融合的全媒体发展是缺少条件的，也不能在多种媒体形态之间产生规模和协同效应。相反，有了多媒体融合这个不断运动着的因子，全媒体的发展会更加与时俱进、不断更新。

1. 现代传播技术的发展使多媒体融合成为可能

杰·尼尔森曾在《传统媒体的终结》里预言说，未来五到十年间，大多数现行媒体样式将寿终正寝，它们将被以综合为特征的网络媒体所取代。这种观点属于激进的媒体进化论。但不可否认的是，近年来国内外一系列的媒体变革，比如美国之音停止对华的中文短波广播，《纽约时报》减少纸质印刷量、推出网站"收费墙"盈利模式，以及上海两大报业集团合并、停刊《新闻晚报》并推出相关新媒体产品等，的确是新兴的现代传播技术正在悄然地改变着整个媒体行业生态环境的种种表现。只有积极拥抱现代传播技术，踊跃推进多媒体融合，才能在新媒体的浪潮中站稳脚跟。现代传播技术的飞速发展，极大地促进了信息传播的快捷高效，为多种媒体之间的深度融合提供了技术上的可能性。

随着现代传播技术的发展，互联网、移动通信等媒体技术的相继出现，人们获取信息的方式越来越多元化，信息传播突破了国家的界限,地球变成了一个触手可及的村落。这必然要求国际传播媒体借助先进的传播技术在全球范围内排兵布阵,增加传播的信息量,加快传播的速度,拓展传播的范围,实现信息传播全球化。进入 21 世纪以后,在技术平台上,基于广电网、互联网、电信网所支持的无所不在的终端,借助于广播、通信及网络技术的支撑,各种媒介可以实现深度融合,以全媒介、全方位、全时化的表现手段进行传播,为受众提供随时、随地获取资讯信息的便利条件。

2. 满足受众需求是多媒体融合的外在动力

当今的媒体发展趋势,媒体传播渠道的边界日渐模糊,内容生产逐步进入了由媒体和内容消费者共同完成的新阶段。用户价值的深度挖掘在这一发展阶段成为所有媒体思考和实践的关键。以往作为受众的消费者,在新媒体的传播形态和新型运营模式下,完全改变了在传统传播格局中的角色。用户可以依据自身意愿,方便快捷地参与媒体内容的生产、发布和回馈,成为传播链条中主动参与的一方。受众由内容消费者的角色,变成了用户甚至内容生产者;信息内容成为消费品,传播方式从传统的单向式转变为现代的、多向式、点对面方式;而媒介的经营需要依赖收视率、收听率、覆盖率的激烈争夺后而产生的广告收入。这一切都标志着一个新的媒体发展时代的到来,那就是围绕受众需求为核心的用户时代。

在用户时代,消费者可以按自身的需要对所消费的信息缴纳费用,而媒体可以通过媒介平台、内容供应商以及运营商之间的充分互动,实现内容的点对点传播。在这一时代,内容提供和用户定制的方式都体现着媒体与用户共同完成的特质,因而媒体的影响力和经营水平也注定将越来越依靠对用户价值的深度挖掘能力。在"全媒体"浪潮中，当消费者成为媒体的一部分时，媒体的价值将体现在那些善于培养用户和维护用户的媒体中。

此外，与媒体集团加剧的融合趋势相反，受众的注意力一直呈分化趋势。互联网、手机及其他移动终端以近乎零成本的方式发布信息牢牢占据着年轻受众的注意力，这造成了全球范围内传统媒体广告收入的大量流失。在受众注意力的分散化和碎片化的情况下，任何媒体要想争夺到足够维持其生存和发展的注意力，决不能仅仅依靠某单一媒介，某种单独的传输渠道也将不再被强调。因此，只有打通传播渠道的边界才能获得更大的受众市场，以期实现规模基础上的盈利，实现不同媒体的深度融合，反过来才能够满足日益分化、类型多元的受众需求。

3. 媒体自身发展是多媒体融合的内在动因

任何媒体的自身发展都离不开技术和受众两大因素，技术决定了信息传播的方式，受众决定信息传播"为了谁"的问题。在现代传播技术飞速发展、受众需求日趋碎片化和分众化的情况下，媒体必须加快融合才能适应这一情况变化的要求。媒体融合的内在目的，一方面在于应对日益分散的受众注意力，另一方面有助于媒介组织对其品牌和产品的跨平台传播，从而使媒体集团效益最大化。

根据美国西北大学教授戈登（Rich Gordon）在 2003 年的研究成果，从类型上看，媒介深度融合分为以下五种情况：①所有权融合。大型传媒集团拥有不同类型的媒介，以在这些媒介之间实现内容相互推销和资源共享，比如国际台的传统媒体资源经过 CIBN 这一新平台统一对外传播和营销。②战略性融合。所有权不同的媒介之间在内容上共享。③结构性融合。这与新闻采集与分配方式有关，如报纸新闻加工打包后出售给电视台、对外广播电视台编译的国际视频新闻卖给国内电视台等。④信息采集融合。新闻从业者要以多媒体手段采集新闻信息，采写编评摄的技能要具备。⑤新闻表达融合。记者和编辑需要综合运用各种多媒体以及互动技术完成对新闻事实的呈现。

4. 媒体纵横向并购是实现多媒体融合的重要手段

媒体并购指的是媒体间的兼并和收购，英文中称为 mergers and acquisitions，简称 M&A。媒体并购是一种通过转移所有权或控制权的方式实现业务扩张和发展的手段。传媒业作为一个高投入、高产出的行业，实现规模效应是其经营铁的定律，数字技术的运用使媒介生产、传播信息的边际成本几乎为零，向 1000 万用户提供内容与向 100 万用户提供内容的成本几乎没有什么差别。从目前国际传媒的融合状况来看，越来越多的媒体试图将传媒运作的各个环节都纳入到自己的版图中，从而达到资源共享、发挥最大协同效应的目的。在近年来的国际传媒并购潮中，新闻集团收购彭博社、汤姆森并购路透社、BBC 投资 3.5 亿英镑收购海外电视制作公司和杂志等，这些表明并购是在多媒体融合背景下媒体实现自身发展的重要手段。

并购分为横向并购和纵向并购。前者是指竞争对手间进行的并购，例如生产同类商品的公司或者是在同一市场领域出售相互竞争商品的公司之间进行的并购，其目的在于扩大市场份额、增加买方公司的规模效应，这种并购又叫做水平并购；后者是指买方公司并购与其生产经营紧密相关的前后顺序生产、营销过程的公司，以形成纵向生产经营一体化，这种并购又叫做垂直并购，这是传媒行业里的一大趋势。2013 年，国际台收购中华网、大力发展多语种网站建设的举措，就是垂直并购的重大实践。

（二）多终端推送是全媒体传播的外在形式

在现代国际广播体系中，随着多媒体融合过程的不断演进，该体系中多种媒体形态之间开始形成了联系高效、分工明确、相互支撑的媒体终端集合。终端，一般而言，是指实现了信息汇聚和呈现的设备，如互联网计算机终端、电视终端、移动终端等。但现代国际广播体系里的终端，不仅仅是指最后接收的设备，也包括接收设备以外的多种要素集合，比如传输设备、发送设备乃至传播内容等。换句话说，每一个终端可以说是一种媒体形态。

多媒体深度融合最直观的结果就是产生了多个媒体终端，或者说多种媒体形态，而现代国际广播体系中的多终端推送是其全媒体传播方式的外在表现。现代国际广播体系的终端分为传统广播终端、电视终端、计算机终端、移动终端、出版发行终端，以及其他随时出现的新兴媒体平台终端，这些终端将大大增强现代国际广播体系的多语种、多渠道、多媒体发布能力。

1. 传统广播终端

随着现代传媒的崛起和发展，无线广播在信息传递和受众分流方面遇到了前所未有的挑战，但它仍然具有一些其他媒体无可比拟的优势，比如传播方式的及时性、传播范围的广泛性、收听方式的随意性等，这些特点使得传统广播在现代国际广播体系中的地位不可或缺。

2. 电视终端

传统的电视终端曾是一个缺乏生命的视频节目显示载体，但在近年来"三网融合"的背景下，尤其是在数字电视技术即基于 IP 的数字化技术的发展下，数字电视终端成为一种日益重要的家庭娱乐终端。

当前，数字机顶盒是以音视频业务为主的数字终端，而有线电视数字化主要是解决从模拟到数字的升级。随着"三网融合"进程的加速，电视终端必然也要从音视频业务延展到接入网络适配、语音及数据业务的提供或转发，成为新一代的数字电视终端，并将实现跨网络、全业务、双向互动等众多融合功能。目前，现代国际广播体系的电视终端主要有 CIBN 数字付费电视、CIBN 互联网电视和 CIBN 的 IP 电视业务。

3. 计算机终端

互联网计算机终端主要指的是与互联网连接的计算机显示终端。大部分计算机终端都是计算机网络的一部分，而最庞大的计算机网络就是互联网。作为"第四媒体"，互联网终端具有广播电视等传统媒体难以比拟的优点，它的传播方式具有全球性、时效性、交互性、多媒体性等多种特点，不过网络的自由性、信息的无限性恰恰是其缺乏公信力和权威性的根源。目前，现代国际广播体系的计算机终端主要有国际在线和中华网多语种网站、CIBN 网络电台、CIBN 网络电视、CIBN 的互动应用业务等。

4. 移动终端

业界一般将日益模糊的移动终端分为以下三类：通信设备及手机终端，每个终端都拥有一个移动网络号码；手持电脑终端，有计算和处理功能，具备移动上网的特性，如 MID 和 UMPC 设备；便携式娱乐终端，这类设备可以显示和播放多媒体内容，种类众多，包括 MP3/MP4 播放器、CMMB 等。如今手机终端越来越丰富，功能也越来越强大，日益成为人们不可或缺的通讯工具和信息获取渠道。同时，为了支持更多的功能和应用，移动终端日趋智能化、电脑化。新一代智能手机整合了电脑的部分功能,如个人信息管理、无线互联网登录等,成为个人综合信息终端。目前,现代国际广播体系中支撑移动终端业务的平台主要有 CIBN 手机广播电视和移动国际在线等。

5. 出版发行终端

出版发行终端主要是纸质媒体,也就是指报纸、杂志等以纸张为载体的媒体。现代国际广播体系中的出版发行终端包括多语种报刊和书籍。目前,纸质媒体时效性差、传播范围有限的缺陷在新媒体不断涌现的当下尤为突出。为应对挑战,传统纸媒必须在不断改革创新中,在与新兴媒体相融合的过程中进行转型。

6. 新兴媒体平台终端

传播技术层出无穷,传播业态变革无限,未来是传播技术大变动的时代,现代国际广播体系必须保持其开放性和包容性,不断地吸收正在涌现或者将要出现的新型媒体业态,在融合中前进,不断地丰富全媒体业态的内容。

二、全球本土化受众

全球本土化(Glocalization,由 globalization 和 localization 组合而成)的概念最早出现于 20 世纪 80 年代晚期,日本经济学家在《哈佛商业评论》发表的文章中提到了这个概念。它意在强调当全球化的产品或服务与当地文化相结合时更有可能取得成功。全球本土化是一种全球经济日益全球化和一体化背景下出现的一种新的理论和思潮。1992 年,罗兰·罗伯森(Roland Robertson)首次在《全球化:社会理论与全球文化》一书中使用"全球本土化"。1997 年,在一个关于"全球化和本土化文化"的会议上,罗伯森称,全球本土化意味着普遍化与特殊化趋势的融合,两者共同起着作用。他认为,"全球本土化"描述了本土条件对全球化的反馈作用。

然而,全球化不可能取代本土化,本土化也不可能阻挡住全球化的浪潮。在国际传播中全球化使得局部问题有了全局意义,受众了解信息、观察问题的角度也从局部拓展到全球,受众对信息的需求也更加宏观,也就是全球化内容与本土化关注的结合。

在技术上实现了全球化覆盖,在题材上实现了全球化报道的今天,现代国际广播体系如何解决受众对全球化、区域化和本土化内容不同兴趣和需求,已成为一个迫切需要解决的问题。

(一) 关于国际问题的报道

在国际问题的报道中应坚持客观报道的原则。新闻的本源是事实,没有事实就没有新闻报道。受各种主、客观因素的影响,在新闻传播实践中贯彻客观性要求,往往会出现各种认识上和操作性的障碍,例如新闻记者的选择、政治力量的干预、媒体间的相互竞争、商业利益的影响等。事实上,不带任何倾向性的"纯客观报道"是不存在的,因为新闻本身就是"选择的艺术",有选择就不可能是纯客观的。基于事实的客观报道既容易为受众接受,又经得起时间考验。所以,在国际问题的报道中应坚持用事实说话。

从受众的角度分析,在阅读选择时,更多人愿意接受具体的新闻事实材料。所以,新闻记者应该在报道中以事实为主,尽量把如何评价事实的权利还给受众。与客观报道相关联的是全面报道,尽可能全面报道新闻事实,把新闻事实的前因后果、来龙去脉充分展示出来,但把评价权给受众。

（二）关于双边问题的报道

双边问题的报道既涉及友好合作，又涉及争议和分歧。在双边问题的报道中，要坚持公正报道的原则，并体现平衡性。在双边问题上，往往存在矛盾和对立的复杂事件，为了公正准确地报道，报道者应兼顾矛盾双方，从不同的消息源获取信息，并将对立面的事实和观点同时予以报道，多维度地呈现。以新闻事实为依据，公正地对待新闻报道中所涉及的人和事，为受众提供全面、准确的信息，不掩盖任何新闻信息，为新闻事件的冲突双方提供用媒体平等发表意见的机会。报道者既不是事件的参与者，更不是裁判，应该避免介入新闻事件，并向受众提供不同的观点，体现全面、公正、平衡的报道原则。

（三）关于本土问题的报道

在对象国本土问题的报道上，坚持母语传播是一种高效的报道方式。本土问题的国际传播报道就是跨语言传播、跨文化传播的过程。语言的差异是传播者和受众之间跨文化交流的主要障碍。要实现成功、高效的跨文化传播，语言符号的转换就成为非常重要的部分。母语传播就是由传播者做出的语言转换，使用受众母语进行的跨文化传播。

因为母语传播本身具备语言优先性，新闻报道经过转换，变成规范、精准、地道的目标受众国的母语，从而完成跨文化传播过程中的核心环节。由于语言上的亲近性，受众更容易接受和理解新闻报道的事实。

母语传播的基础在于语言符号的转换，母语传播的关键在于文化的亲近、移情和融入。这体现了母语传播另外一大特点，即受众至上——传播者以受众为本位的传播模式体现了受众在传播活动中的至上地位。

三、建设和谐世界

国际传播是一门艺术，要讲究策略，注重实效，使传播信息迅速达到目标受众，使目标受众正确理解，并引起其态度行为上的转变，"中国立场、世界眼光、人类胸怀"就是国际台全新的传播理念，也是国际台建设现代国际广播体系所必须坚持的价值观。"中国立场"体现中国声音，中国作为世界上最大的发展中国家，在国际舞台上需要表达出与其国情相适应、与地位相协调的观点和立场；"世界眼光"体现国际台对国际和区域问题的双边、多边视角，强调国际传播要实现双边和多边交流、沟通和理解；"人类胸怀"针对全球发展面临的共同挑战，阐述的是在建设和谐世界过程中所面临的共同问题。

（一）中国立场

所谓"中国立场"，简单地说，就是以社会主义核心价值体系为传播内容，以文化交流为手段，以精神道德诉求为重点策略，展现中华民族的优雅风度与文明气质，为提升中国文化的整体实力和国际竞争力，塑造良好的国家形象，发挥积极作用。

一个国家的文化能对其他国家产生吸引力，得到普遍认同，甚至被吸纳或融合到其他国家的文化中去，这个国家与他国之间就会少几分隔阂，多几分理解。中国的国际传播，要加大对中华传统文化的传承、研究、开发与推广。开展多种形式介绍、传播中国的优秀传统文化的活动，让世界人民领略中国文化的永恒魅力，展示中国当代的文化成果，反映当代中国的繁荣和进步，并塑造改革开放的国家形象。在传播策略上，要和风细雨、润物无声，灵活巧妙地传播中国特色的社会理念和价值观念，以中华民族文化的民族特色和时代感走向世界，在差别中求共性，在异类中找个性，强调中华文化与全世界的共享性和通用性，强化双方影响，促进相互和谐，实现中华文化在全球范围内的"交流融合"。要积极开展国际传播和对外文化交流，立足中国国家立场，宣传中国经济发展、民族团结、社会稳定、人民安居乐业的大好形势，宣传中国坚持走和平发展道路、同世界各国人民一道构筑和谐世界的主张，展示中国民主、开放、文明、友好的国家形象。

（二）世界眼光

所谓"世界眼光"，简单地说，就是用开放、宽容、相通、贴近等视野，把中国的发展放到世界发展框架下进行思考与展示，赢得国际社会对中国的理解和认同。同时，在全球化语境下，用世界通用语言报道世界。

所谓开放的视野，指的是适应新的传播形势，转变媒体报道理念，以开阔的视野、开放的胸襟、开明的态度，促进不同文化的平等对话，促进不同文明人民的和谐相处。当前的国际传播，由于本身蕴含丰富的文化内涵，实际上已经成为各国各民族互为传授主体的文化行为，这极大地推动了全球不同文化的碰撞和融合。但不可忽视的是，不同文化之间的确存在差异和矛盾，尽管各民族文化表层如衣食住行一样易于变化，但深层结构如伦理道德观念、宗教信仰、意识形态及价值观等不仅变化缓慢，甚至抗拒改变。国际的信息交流，可以使文化表层变得越来越相通、越来越接近，但文化深层结构却相对稳定。尽管如此，一种文化如果永远处于闭关自守、故步自封的状态，是必然要走向衰亡的，各种文化只有在不断的比较、竞争及融合中，才能获得发展的动力和长久的生命力，而国际传播在这方面起到了推动性作用。我国的国际传播应该以开放的姿态，减少人类文明之间的误解，为促进各国人民的相互理解、相互尊重、和睦相处，促进各国之间建立平等互利、互信合作的关系，促进国际关系的民主化和多边主义的发展，做出积极贡献。

所谓宽容的视野，指的是针对当前国际舆论中的"中国威胁论""中国崩溃论"等时有发生的不和谐论调，予以平和正视与理智应对。应该看到，持有这些论调的人，既有尚不了解中国情况的，又有对中国存在误解偏见的，还有对中国心存敌意的，这些都是营造有利的国际舆论环境所面临的挑战。对此，中国的国际广播应该因人制宜，讲究策略，注重实效，对于尚不了解中国情况的人，解疑释惑，加强沟通；对于对中国存在误解偏见的人，用事实说话，以理服人；对于对中国心存敌意的人，及时澄清是非，以正视听，通过有理、有利、有节的传播，赢得国际社会对中国的理解和认同。

所谓相通的视野，指的是发掘和提炼中国传统文化中与世界文明相通的精髓部分，形成系统的中国文化传播策略。中国传统文化最精华的理念，是"和"的观念。中国传统文化历来注重和谐，在对外交往中主张"以和为贵""协和万邦""和而不同"，提倡"海纳百川，有容乃大"，主张追求和谐和美，主张和睦和解，和衷共济，和风细雨。和谐是全人类的普遍价值观，是世界各国人民共同追求的理想。

所谓贴近的视野，指的是坚持国际传播中的贴近性策略，增强传播吸引力、亲和力与影响力。在国际传播中,要坚持贴近中国发展的实际、贴近国外受众对中国信息的需求、贴近国外受众的思维习惯。在传播手段上,要贴近听众习惯和覆盖对象地区的实际条件,最大限度地保证不同听众群能听到我们的节目;在传播语言和节目形式上,要采用符合听众收听习惯的方式来包装节目,减少语言障碍,拉近与听众的距离;在传播内容上,要针对听众和当地舆论关注的问题,及时开展相关报道,吸引听众和提高信息选择率,实现服务目标对象和中国视点传播相结合的目标。

坚持"世界眼光",还要把中国的发展放到世界发展的框架中来思考和展示。当前,中国与世界的关系正在发生深刻变化,中国与世界联系日益紧密,与各国相互依存和利益交融不断加深。国际问题中的中国因素日益增多,中国的国际角色与作用更为突出。在世界范围内,和平、发展、合作是时代潮流,中国的国际传播要积极展示中国发展对于引导时代潮流发展的积极作用,勇于展示中国特色的发展道路、制度优势和文化内涵。

(三) 人类胸怀

所谓"人类胸怀",简单地说,就是遵循中华文化的整体观、发展观、本质观等哲学思维,在国际传播中,全面地看待问题,变化地看待事物,透过现象看本质,站在全人类的立场上,尊重和承认人类文化差异,在全球文化对话中相互借鉴、取长补短。

在全球化背景下,国家间的不同层次的交流和互动更加频繁,国家间的关系更加密切,相互影响也更加深入。与此同时,任何一个国家都不可能单独应对全球化带来的挑战。气候变化、环境保护、能源资源、粮食安全、反恐和公共健康等议题成为全人类共同的挑战。各国已经深切地意识到,只有通过加强国际合作和对话,寻求平衡、包容和解决方案,只有坚持具有"人类胸怀"的理念,才能解决全球面临的共同挑战、满足共同的利益需求。

在国际传播中坚持"人类胸怀"理念,要尊重倡导人类文明多样性的新文明观,致力于构建和谐的国际文化新秩序;应该认识到文化的民族性,构筑了世界文化的多样性,世界文化的多样性,决定了人类文化交流的必然性。在我们生活的星球上,有60多亿人口,200多个国家和地区,2500多个民族,6000多种语言,存在不同的信仰和价值观,这些不同文明之间的相互依存、相互交流、相互借鉴、相映生辉,构成了今天这个丰富多彩的世界。在多样性的文明形态中,不同的文明虽然存在着历史长短和发展阶段之别,但没有高低优劣之分。所有文明都有自己产生、存在和发展的根据和理由,在人类文明的宝库里,都有自身的内在价值,都是平等的,都应该受到尊重。正因为人类文化的多样性,才使人类能够相互借鉴,取长补短,使各自的文化保持活力。

承认、尊重、维护和发展人类文明的多样性,使各国能够根据自己的情况继承和发扬其文化传统,发展各自的独特文化,是我们在国际传播中应当秉承的方针:要尊重不同国家、不同民族、不同地区受众的价值观念、政治态度、宗教信仰、生活方式和思维习惯,在全面、及时、客观地向国际受众传播中华文化的同时,尊重和传播其他国家和民族的文化价值观念,向世界介绍我国一直致力于倡导承认、尊重和维护世界文明的多样性,呼吁不同文明的平等对话,促进人类文明共同发展的主张,为实现世界文明、文化的平等对话、兼容并蓄、共存共赢和普遍繁荣，做出更多更大的贡献。

四、贯通两个机制

贯通事业发展与产业经营两个运行机制，是国际台构建现代国际广播体系的必由之路，既能为国际台开展产业经营提供科学管理平台，也能为促进中国国际广播事业全面、协调、可持续发展提供坚实保障。

经过多年的思考和实践，国际台对"贯通两个机制"形成了比较清晰的认识。所谓贯通两个机制，就是将国家给予国际台的事业经费，全部足额科学有效地用于对外宣传事业。通过对外宣传事业的做大做强，壮大实力，扩大影响，打造品牌。与此同时，将国际台事业发展中蕴藏的品牌、信息、人才等优势，通过引入市场机制，盘活国际台文化产业中的有形和无形资产，使之产生经济效益。当事业发展较快而国家事业拨款不能满足事业发展的资金需求时，可将产业经营实现的收益反哺事业发展。贯通两个机制的目的不是要去追求经济效益。把社会效益放在第一位，是国际台矢志不渝的目的，也是贯通两个机制的前提。贯通两个机制的另一个目的，是要在事业发展中引入绩效考核机制，项目立项前要进行评估，确保项目的合理性，项目实施后要进行绩效考核，确保对外传播的有效性。

（一）贯通两个机制的必要性

党中央、国务院深化文化体制改革的重要目标之一，是坚持文化事业和文化产业协调发展。2005年，中共中央14号文件、国务院10号文件都明确提出："新闻媒体中的广告、印刷、发行、传输网络部分，以及影视剧等节目制作与销售部门，可从事业体制中剥离出来，转变为企业，进行市场运作，为主业服务。"国家广电总局（现在为国家新闻出版广播电视总局）制定的《2007年广播影视工作要点》也明确提出："电台电视台的影视剧等节目制作与销售单位，可逐步转制为企业。"我国目前已经组建的几十家传媒集团，大多按照"事业体制、企业化运营"的二元体制结构在运行，其在推行文化体制改革和创新中，呈现出一些共性做法：在发展战略目标定位方面，力求打破条块分割，探索跨媒体、跨区域一体化经营，构造新的产业链和价值链，培育新的经济增长点和利润来源；在管理体制转型方面，大多将经营性业务与非经营性业务分离，实行"分别核算，统分结合"的管理体制；在所有制结构方面，一般以股份制形式在经营性业务中吸收相关社会资本，探索以国有资本为主体、多元资本结构的产权体制；在管理运行机制上，积极探索党委和法人治理结构相结合的领导决策机制。

贯通两个机制，是国际台构建现代国际广播体系的必然选择。与国际著名同行相比，国际台在资金总量、产业成分、经营理念等方面还相对滞后，主要体现在：一是资金总量差距巨大。一方面，国际广播作为一种特殊公共产品，其社会效益远大于经济效益，而社会效益的实现往往需要一个缓慢过程，这导致国际台等承担国际广播任务的媒体很难在事前以预测效益的方式申请经费。另一方面，由于国家财力有限，国际台乃至我国广播电视与西方媒体在收入方面存在巨大差距。目前，国际台经营收入仅占年度财政拨款的5%左右，这与构建现代国际广播体系的巨大资金需求相距甚远。二是经营渠道单一。在我国新闻媒体的全部收入中，广告收入约占70%，发行或节目收入约

21%，多元经营仅占8%，其他占2%。而美国许多媒体集团的广告、发行或节目收入往往只占其全部经营收入的1/3左右，其余2/3是多元经营收入。国际台的经营收入，主要包括广告收入、节目交换收入、合作合拍收入，以及台属企业经营收入等，其中广告收入占据相当大的比重。正因经营渠道相对单一，资源和成本消耗过大，产业经营在整个经济活动中带来的收入比例较小，没有形成以核心业务为龙头的经营机制和以内容产业为重点的产业链条。三是经营理念相对落后。西方国家的广播电台正利用一切可能的市场机制，进行广泛的经营活动，其经营方式灵活，收入渠道不断拓宽，资本运营手段日臻成熟。国际台的资金主要来源于国家财政拨款，在使用方面要受到国家财政法规诸多的制约，媒体经营理念相对落后。

国际台属于全额拨款事业单位，其经费来源和人员编制都经过国家严格核定。事业的快速发展与人力资源不足之间的矛盾已日益凸显。国际台的人员编制，是20世纪90年代初期核定的。随着国际广播事业不断发展和规模扩大，国际台的人员编制没有进行相应的调整，这导致编播人员和技术人员超负荷运转，尤其是语言部门和技术部门人员严重短缺。这种状况如不能有效改善，将会制约现代国际广播体系建设的进程。目前，国际台一方面要积极向国家申请人员编制，另一方面应该通过发展产业增加收益，从社会上选聘事业发展所急需的人才。实践证明，贯通两个机制，是缓解国际台事业发展面临的许多问题的有效办法。

贯通两个运行机制的基本原则，是既能确保党的领导和正确的舆论导向，又能有利于市场化运营。确保党的领导和正确的舆论导向，就是要通过一系列规范的制度安排，努力探索一套"频率管理与节目管理相区别、宣传管理与产业经营相剥离、社会效益与经济效益相统一"的管理体制和运行机制，发挥好党和国家重要舆论阵地的职责，确保导向正确。有利于市场化运营，就是要大胆借鉴国际传媒跨国公司的运营经验和管理经验，遵循文化市场的运行规律，充分释放国际台的内部能量，为统筹规划内部资源，扩大对外合作交流，塑造有特色的节目品牌、频率品牌，提供有力的资金支持。

贯通两个机制，要依托国际台多年来积累的丰富内容资源、人才资源，向新媒体和其他相关文化产业领域延伸，在专业化的基础上，构造新的产业链和价值链，形成以核心业务为支撑、多种业务互为依托的新发展模式。一方面，要重点保护好无形资产，强化内部管理，推行成本核算，提高国家财政拨款资金的使用效益；另一方面，要盘活有形资产，挖掘市场潜力，发挥品牌和节目资源优势，释放广播文化产业功能，合理利用可经营性资源，开展产业化经营，优化经营结构。

（二）贯通两个机制的具体措施

1. 拓宽经营渠道

充分发挥广播电视媒体所拥有巨大的可待开发的产业功能，如不涉及新闻宣传的文化节目、体育节目、音视频节目生产的专业化设施，广告发布的节目时间段，传输信号和无线网络等，都是广电媒体的有价资产。贯通两个机制，应尽可能地将国际台广播产业所具有的节目交换和销售功能、技术服务功能、多种经营功能、研究开发功能等释放出来，以节目质量为依托，强化节目交换和销售功能，通过广播、网络并利用电子技术向公众传递信息，开发技术服务功能，形成国际台产业经营新的经济增长点。同时，在新媒体时代注重对多种互联网和移动互联网客户端的开发,通过开发信息服务产品,提升媒体的渠道控制能力和拓展经营渠道。

2. 优化经营结构,增加多种经营效益

国内外许多广播电台、电视台的实践证明,多种经营既开拓了经营范围,提高了竞争能力,又降低了经营风险,并对传媒产业自身运作机制的良性发展有重要的促进作用。国际台应根据市场需要和国家有关政策,不断拓宽经营范围,树立品牌形象。在产业、产品定位方面,依托现存的内容制作、节目及出版物发行、广告经营、版权服务、品牌开发与推广、文化产业开发、商业开发、服务性质的媒介定位与策划、媒介包装、人才培训与资讯服务等传媒业务和产品服务领域,紧紧追踪高新技术的发展,向新媒体和其他关联领域拓展,力争实现跨媒体运营;在产品价值链的构造方面,努力形成内容提供商、播出和出版平台及发行商的完整产品链和价值链;在地理空间布局和品牌运营方面,立足既有基础,向全球发展延伸,做好市场细分和受众定位,对市场营销渠道进行科学的规划、开发和管理,以节目内容为龙头,充分挖掘节目资源潜力,通过有特色的频率和栏目品牌,逐步形成强大的内容产业群,最大限度地发挥节目的有形价值和无形价值,打造在国内乃至全球有影响力的品牌。

3. 加强资产管理,盘活存量资产

随着国际台宣传业务的快速发展,资产规模不断扩大、质量逐步提高,资产结构也发生了相应变化。加强资产管理,盘活有形资产和充分发挥无形资产的品牌价值,对于贯通两个机制显得尤为重要。首先,要统一调剂资产,提高资产使用效率。建立资产的统一调剂制度,根据资产清查盘点的有关资料,对闲置不用的资产在不同部门之间进行调拨，实现资源的重新优化配置，盘活国有资产。其次，要规范非经营性资产、转经营性资产的管理。坚持有偿使用的原则，严格遵守国家不准转作经营性资产的范围要求，如实登记非经营性资产，同时对投出资产的经营和收益情况进行严格考核和监督。再者，要强化资产使用管理责任制。逐步建立起与宣传业务实际挂钩的财产利用效率评价机制和责任人制度，把资产完好率与责任人工作业绩挂钩。最后，要重视对无形资产的保护。我国传媒产业无形资产的构成非常丰富，除了一般企业所罗列的专利权、商标权、著作权、土地使用权、特许权外，还包括直播网络、无线传输、节目创意、受众群体、专有人才等传媒产业自身所特有的无形资源。要有效保护国际台的无形资产，充分发挥其资源潜力。

4. 推行内部成本核算，提高资金使用效益

推行内部成本核算是贯通两个机制的必要环节，可以为国际台提供客观的信息。通过准确、及时、全面地核算国际台在节目制播过程中发生的各项成本费用，为国际台计划预算提供依据，为合理配置资源提供参考，为制定节目销售价格提供可靠的信息。推行内部成本核算的实质，是将在节目制播过程中发生的费用消耗，按照一定的对象进行归集和分配，合理地利用人力、物力、财力，降低成本，提高人财物的使用效率。效率低、浪费大是事业体制的一大问题。需要增加效益的评估，否则成本核算就失去依据。

在国际台推行内部成本核算，要重点推行"全成本核算"，将语言中心、频率、技术中心等编播部门发生的与节目制作和播出有关的支出计入成本，包括人员支出、业务支出、日常公用支出、专用小型设备支出等，分步骤、有序地进行内部成本核算。第一步是摸清情

况，对近几年节目制播过程中成本费用的支出，按照部门（频率）、支出种类进行归类统计；第二步是试行阶段，以会计核算数据和财务报表为依据，对涉及成本的支出按期编制成本报告，提供成本资料；第三步是有序过渡，在内部成本核算试行一定时期后，总结经验和规律，按照国家相关规定，调整和设置核算科目，逐步通过成本核算反映成本数据。

5.加强制度建设，完善财务保障体系

贯通两个机制，还需要以科学的理论作指导，以严密的制度为依托。在制度建设层面，应做到：一是制定经营实绩考核制度。鼓励利用合法、合规的手段增加经营收入，在促进收入稳步增长的同时，加强对收入分配的管理，制定经营和实绩考核制度，提高营销人员的积极性。二是完善资产管理制度。制定资产管理责任制，细化资产调剂、处置和报废制度，优化非经营性资产和可经营性资产的管理办法，在保护非经营性资产与寻求可经营性资产相结合的前提下，盘活有形和无形资产。三是健全财务预算和核算管理制度。制定财政拨款项目经费管理办法、节目制作经费测算标准和财务管理的内部控制制度，促进事业经费稳步增长和有效使用，实现财务管理规范化、业务处理流程化。四是建立科学有效的评估机制，量化社会效益、经济效益的评估指标。

第二节　现代国际广播体系的架构

现代国际广播体系的基本框架是：以无线广播为基础，以在线广播为支撑，以新媒体发展为方向，以多媒体融合、全媒体发展为特征的现代、国际、综合传播体系。

无线广播作为主要的外宣力量,是通过无线电波向外发送声音信号的一种传播工具。由于无线广播具有接收方便、不易受时间、空间限制等一些其他媒体无可比拟的特点,它在对外传播中仍然独具无可替代的优势。互联网技术的发展催生了在线广播的传播形态,在线广播因其即时互动性、内容多媒体化、传播快捷性、全球开放性等特性成为无线广播的有效补充。新媒体就是新的技术支撑体系下出现的媒体形态,如数字杂志、数字报纸、数字广播、手机短信、移动电视、网络、桌面视窗、数字电视、数字电影、触摸媒体、手机网络等。相对于报刊、户外、广播、电视四大传统意义上的媒体,新媒体被形象地称为"第五媒体"。新媒体由于其所具备的传播交互性与即时性、信息海量性与共享性、内容多媒化与超文本化等优势,成为国际传播业的发展方向。多媒体融合,是指将广播、电视、报纸和互联网等传统媒体和新媒体的采编作业融合在一起,资源共享,集中处理,衍生出不同形式的信息产品,然后通过不同的传播平台服务于不同的受众群体。多媒体融合主要表现在,一是媒体同时利用报纸、广播、电视、网络等多种媒介进行传播,二是媒体将不同媒介有机融合,衍生出新兴的传播方式。①

正如第一节所述,全媒体发展是多媒体融合以后所形成的媒体多终端体系。"全媒体"的"全"不仅包括报纸、杂志、广播、电视、音像、电影、出版、网络、电信、卫星通讯在内的各类传播工具,涵盖视、听、形象、触觉等人们接受资讯的全部感官,而且针对受众的

---

① 王庚年:《国际传播:探索与构建》,中国国际广播出版社,2009年版,第138页。

不同需求，选择最适合的媒体形式和管道，深度融合，提供超细分的服务，实现对受众的全面覆盖及最佳传播效果。

一、现代国际广播体系的媒体形态

由于各国媒体发展形态不同，国际传播应根据对象国受众接收终端方式的多样性，开发不同形态的媒体播出平台。现代国际广播体系的媒体形态应该全媒体形式的，通过全媒体手段尽可能多地提供符合对象国接收方式的媒体产品与服务。全媒体的发展目标就是通过提供多种方式和多种层次的传播形态，满足细分受众的多样化需求，使受众获得更加及时、更多角度、更为丰富视听享受的媒体体验。

长期以来，国际台以无线广播为主体，业务形态单一，传播能力不强。新媒体改变了传统广播的传播形态，促使广播的生存发生裂变。从2005年开始，国际台突破传统手段、单一媒体的发展局限，积极拓展传播渠道，丰富媒体形态，圆满完成广播、网络、电视、报纸、新媒体等媒体手段业务布局，把一个传统无线广播占主导地位的单一媒体，发展成为集音、视、网、报、刊于一体、传统媒体与新兴媒体融合发展的新型综合媒体，成为国内媒介形态最全的媒体集群。当前，随着全媒体理念逐渐从传统媒体向新兴媒体辐射拓展，国际台正在向"全媒体"时代发展，正在通过全时空、全方位、多媒体、多渠道的方式整合传媒资源，融合新老媒体，突破传统的"内容为王""渠道为王"模式，向"用户为王"转变和过渡。截至2013年年底，国际台使用65种语言向世界传播，拥有广播、电视、网络、报纸以及手机等多种传播手段，每天累计播出节目2300多小时，形成了"以广播业务为龙头，以新媒体业务为核心，以电视、报纸、出版、杂志等现有业务为依托"的全媒体发展格局，现代国际广播体系的"多媒体融合、全媒体发展"新格局正在形成。

二、构建现代国际广播体系的五大支撑体系

构建现代国际广播体系是一项系统工程，除了丰富多彩、形式多样的媒体形态以外，还涉及宣传、行政、人事、财务、技术、经营、组织文化等各子系统要素。这些系统支撑着现代国际广播体系进行"多媒体融合、全媒体发展"的方方面面，是建设现代国际广播体系不可或缺的内容。要把国际台建设成中国最大的，包含广播、电视、新媒体等多种业务在内的全媒体国际传播服务机构，就需要打造健全的采编体系、人才体系、技术体系、资金体系及运营体系。

（一）采编体系

"内容为王"是传媒业永恒的主题，更是打造国际一流媒体的立身之本。媒体作为传播载体，要想在国际舆论竞争中抢占话语权制高点，提高新闻报道的原创率、首发率和落地率，就必须拥有先进的采编机制，不断创建、管理和经营"内容"。国际台对外是否拥有权威、原创、新颖、独家的内容，成为能否在海外媒体市场拥有核心竞争力的关键。BBC、VOA等世界知名的国际传播媒体均建立了先进的全球采编网络，具体的形式有建设记者站、建设节目制作室、雇佣国外特约记者、推动媒体间的交流合作、进行海外收购等。

国际台在建设现代国际广播体系时，把建设海外媒体、抢占海外阵地作为提升国际传播能力的根本举措，作为加强内容体系建设的着力点。近几年的实践中，国际台在原有的32个驻外记者站（含香港、

澳门)的基础上,全面推进媒资平台建设、海外地区总站建设、海外节目制作室建设、沿海节目制作室建设和边境地区节目制作室建设,逐步形成多层次、全方位的立体化采编格局。

1. 推进媒资平台建设

国际台成立了"全媒体新闻中心",将旗下的所有媒体记者聚集在同一个新闻采集平台上,他们不仅要做传统的广播、电视、文字报道和图片摄影,还要同时为报社的网站、手机报、电子显示屏等提供多种媒体形态的新闻。针对各个广播中心的不同需求,成立了地区编辑部,积极推动"内容贴近窗口、媒体贴近受众",采取多种创新手段,满足各大媒体平台的特色需求。与此同时,各大地区编辑部之间和"全媒体新闻中心"之间可以高效互动、互通有无,极大地丰富了采编内容和视角,提升了传播内容的质量和数量。

2. 推进驻外记者站建设

1980年,国际台在日本东京建立了第一个驻外记者站,随后陆续在贝尔格莱德、巴黎等地建站。目前驻外记者站的数量已达32个。30余年来,国际台在驻外记者站的管理方面规章制度完善,造就了一大批经验丰富的驻外记者。

3. 推进海外地区总站建设

2007年,国际台建立非洲地区总站,2009年后又陆续建立西欧、北美、中东、亚洲以及拉美等5个地区总站,2012年启动了东欧地区总站和大洋洲地区总站建设工作。

4. 推进海外节目制作室建设

国际台在对象国的首都或大城市建成19家海外节目制作室,全面启动了节目本土化制作工作。其中,2012年与海外合作伙伴合作设立了包括意大利米兰、法国巴黎、芬兰北欧、埃及开罗、加拿大温哥华、澳大利亚墨尔本、新西兰奥克兰、泰国曼谷、美国洛杉矶以及墨西哥墨西哥城在内的10个节目制作室。海外节目制作室的布局分为三级业务格局：第一级为在欧洲、澳洲、北美三家海外公司所在地所建设的海外节目制作基地；第二级为海外地区总站所在地所设立的节目制作室；第三级为其他单一语种、分散建设的节目制作室。向海外派遣人员，实施靠前指挥和靠前监管，是国际台对全球采编网络进行有效管理的重要举措。目前，国际台全面启动了向海外派遣人员的工作：向海外合作伙伴派出行政、财务、节目管理人员，对其运行、收支和传播情况进行指挥和监管；向海外节目制作室派出人员，把握传播导向和节目方针，推进节目制播本土化。

5. 推进沿海节目制作室建设

依托多年积累的侨乡资源，国际台组建了潮州、温州、梅州、厦门等方言节目制作室，实现了方言节目制播前移。推进普通话、广州话、客家话、闽南话、潮州话等5种方言广播全面发展，初步建立综合性华语环球节目制播平台。

6. 推进边境地区节目制作室建设

为加强边境外宣，配合边境节目落地，国际台与边境省市广电机构合作，共同建设边境节目制作室。2011年5月，国际台与广西人民广播电台签署了《国际台委托广西人民广播电台制作节目的合作协议》。根据该协议，国际台委托广西人民广播电台建设国际台广西"北部湾之声"南宁节目制作室和凭祥工作站，并委托广西人民广播电台进行节目制作。广西人民广播电台将按照国际台需求，建设制作室和工作站所需的直播机房、制作机房及相配套的技术系统，聘用必要的工作人员,并提供办公室及办公设备。制作室和工作站建成后,每天制作5小时节目,通过"广西北部湾之声"广播频率和互联网站向越南、泰国等北部湾沿岸各国和北部湾海域、广西边境地区发布。"南海之声"于2013年4月9日正式开播,是我国首个为南海海域及周边国家和地区服务的多语种广播。南海之声FM101.0采用汉语普通话、英语、越南语、马来语、菲律宾语和印尼语等六种语言,通过调频、中波和短波三种方式广播,节目覆盖菲律宾、越南、印尼等南海周边国家、海南省本岛以及我国南海海域。此外,国际台在新疆乌鲁木齐、吉林延边、西藏拉萨、内蒙古二连浩特以及黑龙江黑河等的节目制作室也在筹备中。

7. 聘用海外报道员

为丰富传播内容,提升传播时效性,国际台还在对象国选聘当地媒体从业人员作为海外报道员和全球采编体系的有益补充。海外报道员报道的内容主要包括:发生在当地的重大新闻事件;中国与报道员所在国家或地区的双边活动;报道员所在地区国家间的双边、多边活动;报道员所在国家或地区经济、文化、社会发展方面的最新动态;报道员所在国家或地区科技、教育等领域的最新发明和进展;在当地举行的重大体育赛事和活动;有新闻报道价值的其他情况。随着国际台由单一媒体向综合媒体的转变,所聘报道员也需要在做好口播报道外,还要视情况进行文字报道、图片报道,并在条件许可的情况下,提供录音报道和视频报道。

(二)人才体系

新闻媒体的竞争需要以人才作为其坚强的后盾。构建现代国际广播体系,关键在人才。一个国家的国际传播是综合性事业,不仅需要外语人才,还需要传播人才、技术人才、经营管理人才、市场营销人才。加快培养一批国际知名的编辑、记者、主持人,培养一批精通国际广播规则和实务的人才,培养一批懂传播、懂技术、懂经营管理的复合型人才,是构建现代国际广播体系的战略措施。

纵观世界主要传播媒体,均十分重视人才的价值。世界主要国际广播媒体,都拥有门类齐全、数量充足、结构合理的优秀人才队伍。英国广播公司有员工约2.7万人,仅对外广播电视机构就有2300多人。日本NHK国际广播电台有1.65万人,新闻集团约有6.4万人。相比之下,国际台现有员工约2000人,与世界主流国际广播媒体相比,在人才数量上有很大的差距,同时与65种语言的机构设置也不相称。为此,构建中国现代国际广播体系尚需继续培养更多的高素质媒体人才,为现代国际广播体系建设提供智力支持。

近年来,国际台在构建现代国际广播体系中重视媒体人才队伍的培养,在人才构成及人才发展方面的努力主要有以下四点作为:

1. 培养全媒体复合型人才

国际台成立了"全媒体新闻中心",将辖下的所有媒体的记者聚集在同一个新闻采集平台上。他们不仅要做传统的广播、电视、文字报道和图片摄影,还要同时为报社的网站、手机版、电子显示屏等提供多种媒体形态的新闻。经过几年的历练与发展,国际台新闻中心记者、编辑等已经初步掌握了多媒体采制和全媒体传播的技能,能够同时承担文字、图片、音频、视频等报道任务,为多种不同媒体提供新闻作品。此外,各语言广播中心也培养了一大批能进行采编播评译各类工作的全媒体复合型人才。

2. 驻外机构人才队伍建设

目前，国际台加大了海外机构的建设力度，此举为国际台的人才队伍建设提供了绝好的机会。大量人员派出后，能够直接接触不同国家的媒体，掌握各国媒体运行规律，学习最先进或者最符合对象地区实际的媒体管理经验。

3. 完善专业人才集群

目前，国际台共有各类外语人才1000多人，编辑、记者及工程技术人员700多人，其中分别担任首席播音员、首席主持人、首席翻译、首席记者和首席编辑的12位岗位首席，代表了国际台在相应领域的最高水平，在国内外受众中享有较高声誉。在专业人才集群方面，主要做了以下工作：壮大人才总体规模，使编内及聘用人员总量达到4000人，业务部门人员占80%以上；建设高水准的国际传播业务队伍、管理队伍、技术队伍、海外营销队伍和全媒体复合型人才队伍；引进600名左右非通用语和编播关键岗位人才；继续实施首席制、"四个一批"及"双百人才"队伍建设工程，分阶段培养引进百名事业发展人才、百名非通用语骨干人才；实施海外人才引进计划，吸纳百名海外优秀硕士、博士人才等。

4. 扩大外籍人才集群

国际台目前拥有外籍工作人员200人左右，来自全球50多个国家。国际台要高薪引进高端、优秀、特需的外籍人才，大量聘用普通外籍专业人员，逐步提高各语言部外籍人员比例。在海外机构的用人上，要根据当地法律聘用当地员工，实施公司化操作和本土化管理。争取到2015年，台本部外籍人员达到500人，境外地区总站和节目制作室外籍人员达到300人。

除此之外，国际台正在加快培养在业务、管理、营销、技术等不同领域的人才队伍，以适应构建国际广播体系的人才需要。具体表现在：加快建立具有国际视野和现代传播理念、具有扎实外语功底和熟悉业务能力的国际传播业务队伍；建立一支熟悉新闻传播业务、了解国际传播实际情况、具有市场意识和现代管理能力的国际传播管理队伍；建设一支掌握最新传媒技术和手段、熟练应用新媒体技术的现代传播技术队伍；建设一支了解受众需求、熟悉国际传媒市场、精通营销技能的专业化海外营销队伍。

（三）技术体系

构建现代国际广播体系，需要建立一流的广播技术体系作为保障。媒体的技术力量是提高传播效率、扩大传播渠道、增加受众的基础。在高速现代化、信息化、数字化的媒体发展趋势下，率先掌握优势传播技术，有利于占领受众市场。一流的广播技术体系包括先进的新闻采编技术体系、新闻信息整合处理技术和广播内容生产传播技术。

近年来，国际台着力改变以无线短波广播为主体的技术保障模式，加快建设能够整合和联通多语种、多媒体、多平台、多终端传播资源的大技术系统，构建符合新媒体传播和高新技术应用的多媒体技术传播支撑体系，以优化传播业务流程和产品体系。

从 2005 年以来，国际台就开始自主设计搭建多媒体资讯共享平台（简称"媒资平台"），通过对各部门内容资源的整合，实现音频、视频、在线、平面媒体、文稿、新媒体等业务系统的互联互通和统一管理，促进了资源的合理分配。新的多媒体资讯共享平台，通过融合 IP、音频、视频、网络等多种成熟技术，在同一平台上实现多媒体内容的采集、存储、制作和管理，集"采集、编辑、制作、存储、发布"等功能为一体，使台内各种媒体的业务系统间实现了有机关联、互联互通和资源共享，并成为支持媒体形态最多的、支持语种最多的多媒体制作平台。在此基础上，媒资平台将扩展增加支持多媒体内容产品集散、发布的功能，实施后续的优化建设，针对新媒体应用进行技术改造和技术创新，加快建成环球新闻信息采编系统、资源共享及交换系统、资源发布系统，提供各种新媒体不同承载方式的传播手段，为编播用户提供一站式服务。

与此同时，根据事业发展的总体规划，国际台正在加快建设以多语种、新媒体、互动性应用为核心的对外传播中心技术大楼。此项工程建设将满足65种语言节目直播化、交互化、视频化和大型报道综合化、立体化、规模化需求，支持海外整频率电台分频播出和多语种网站本土发布，支持海内外多语种和多媒体采集、制作、播出相互衔接和贯通。依托对外传播中心技术大楼建设，国际台将建立以云计算为支撑的综合制作、综合发布的大技术体系。同时，正在对现有技术系统进行数字化、网络化升级改造，通过数字化再造节目制作工艺新流程，再造运行和管理新方式，构建采、制、播、存、用一体化和网络化的数字技术新体系，构建高效、开放集成、资源共享、版权保护的数字节目内容管理系统和集成分发交换平台。依托对外传播中心技术大楼建设，建立以云计算为支撑，综合制作、综合发布的大技术体系。

"国际传播技术支撑系统建设"的各项建设内容和各项目实施完成后，国际台技术系统在采集制作、传输覆盖、播出发布和管理支撑等领域对国际传播业务的支撑能力将显著提升，有效保障国际台近年来国际传播的整频率落地项目、节目本土化制作机构、新媒体业务以及英语、华语和多语种环球广播工程的建设,为构建现代国际广播体系打下了坚实的基础。①

未来,国际台将积极打造国内外共享的信息采集和处理系统,发挥多语种信息采集优势,与世界主要传播机构建立信息共享协作机制,努力发展成为影响力强的涉华信息集成与发布机构。

(四)运营体系

现代综合新型国际一流媒体的强大运营能力,体现在以高新产业为依托,发展相关产业链和构建全球化的媒体产业体系上。目前,我国对外传媒业普遍存在着规模性、运营效益差、收入结构不合理、盈利模式单一、市场化运作程度较低等差距。②

1. 国际台运营体系现状综述

近年来,国际台坚持贯通事业发展与产业经营两个机制,一手抓事业建设,提升综合影响力;一手抓产业发展,增强经济实力,积极推进节目品牌化、运营频率化、制作公司化、投资多元化、管理集约化,逐步解放了国际广播生产力。国际台正在从传统的以广播为主的媒体经营,转移到以广播、电视、报纸、网络等全媒体经营上来,开发不同媒体产业资源,形成全媒体、大文化经营格局。加快推进跨国界经营,依托海外公司,通过盘活海外分台、节目制作室、广播孔子课堂等境外媒体资源,与国内外跨国企业合作,进军国际媒体市场,开展跨国经营,加强与不同所有制媒体合作,推动以资本并购等为主

---

① 内部资料:《国际台国际传播能力建设总结评估报告》,2013年版,第151页。
② 王庚年:《建设现代综合新型国际一流媒体研究》,中国国际广播出版社,2009年版,第232页。

要方式的媒体资本运营,实现媒体产业跨越式提升。

国际台自 2006 年提出贯通事业、产业两个机制以来,逐步构建产业平台,对内部经营资源进行了有效整合。2011 年,成立了国广环球传媒控股有限公司(国控公司),形成涵盖广播、电视、报纸、出版、网络、手机视频以及技术开发等全媒体形态的 12 家分、子公司产业集团架构。下一步,国控公司要深化广播及中文媒体经营,推进规模化、集约化、专业化发展。国际台还要加快推进《世界新闻报》、中国国际广播音像出版社、中国国际广播出版社公司的组建和经营业务,推进媒体经营一体化和产业链、资源共享,加快推进可经营性资源进入资本市场。同时,国际台还整合各种传播资源,完善产业布局,实现媒体事业发展与产业经营双轮驱动。

现代国际广播体系的运营体系主要有如下 5 个方面:

(1) 综合化经营。

国际台突破传统手段、单一媒体的发展局限,以大力发展新媒体为核心,初步打造了涵盖第一到第五媒体形态的,传统媒体与新兴媒体手段集成、优势互补、形态融合的新型媒体,实现中国声音的全球覆盖。在传播业务综合化的基础之上,国际台注重利用自身的平台优势和内容禀赋大力进行市场经营,推进内部资源整合,实现优势互补。

(2) 品牌化经营。

国际台通过分级分类管理,大力扶持重点品牌,实现以品牌塑造媒体、以媒体承载品牌。积极做大 CRI、CIBN 机构品牌,并推出诸如《你好,俄罗斯》、《你好,中国》、越南语"同唱友谊歌"、"中国城市榜"多语种网络评选活动;打造万象调频台、曼谷调频台、中柬友谊台、内罗毕调频台等海外分台为主体的多语种品牌媒体集群,打造包括多语种穆斯林网站、中土文化旅游网、中国名城网在内的中外文化品牌等。有了媒体品牌，还应积极利用市场手段把媒体品牌转化为市场竞争力和受众影响力，依托国广世纪及其控股的六家海外子公司整合海外资源，在全球范围内通过内容合作、渠道推介、建设自媒体等方式加大品牌营销力度，提升自身的品牌形象。

（3）本土化经营。

国际台坚持把"本土化"摆在重要战略位置，推进节目直播本土化、内容产品本土化、管理运营本土化，通过建设海外地区总站和节目制作室等本土化机构，逐步形成本土化采集、编辑、制作、发布、互动新格局。目前，为国际台服务的外籍工作人员达600人，其中台本部工作的有200名，对象国工作的有400名。有了业务本土化和人员本土化的基础，经营本土化能更加贴近对象国的实际情况，更加有利于产生好的社会效果和经济效益。

（4）公司化运作。

国际台参照国际惯例，建立了公司化运作机制，通过股权等方式，建立和当地媒体合作的股份公司，以租用、参股、并购等方式拥有本土化媒体、运用市场手段开展本土化经营。同时，还通过公司化运作方式控股"中华网"，拥有了真正意义的国家门户网站国际传播新媒体平台。公司化运作既可避免法律风险，又可将市场风险降到最低。

（5）科学化管理。

国际台将分类管理与台、中心、语言部三个层次分级管理结合，与依托各语种打造完整媒体和独立品牌结合，形成相互配合协调的管理体系。例如，海外分台建设上推进实现每个语种至少拥有一个、重点语种拥有多个整频率电台。海外节目制作室布局上，形成三级业务格局，第一级为欧洲、澳洲、北美、非洲等海外公司所在地建设的海外节目制作基地，第二级为海外地区总站所在地的节目制作室，第三级为其他单一语种、到对象国建设的节目制作室。采用靠前指挥与监管机制，向海外合作伙伴派出行政、财务、节目管理人员，对其运行、收支和传播情况进行指挥和监管；向海外节目制作室派出人员，推进节目制播本土化；向海外广播孔子课堂派出中方教师和管理人员，主导课程设置和课堂运行。建立海外业务远程管理模式，及时指导监管海外合作伙伴。完善海外听众收听监测。聘请国际化或当地专业化节目评估公司，定期评估海外节目。定期开展或委托相关机构进行国际传播媒体调研。依托国家广电总局监测网，建立互联网监听系统，形成合理有效的国际传播效果监控体系。

2. 加强运营体系建设的三个建议

（1）拓展多元化经营。

构建现代国际广播体系需要培育以新闻信息业务为主营的多元化盈利模式和手段，开拓新的利润空间，实现经营收入与净利润的增长。世界上知名跨国传媒集团的业务范围大多已经拓展至业内的各个领域，甚至部分还建立起了跨行业产业链。例如，英国BBC的收入构成主要包括收视费收入、商业收入、政府拨款收入和其他收入。2008至2009年度，其所占的比重依次为76％、17％、6％、1％。BBC拥有10多家产业经营实体，规模庞大，收入相当可观，经营收益可用于支持资助其对内、对外公共广播电视事业。此外，BBC还开办了电子商务网站，面向国内、欧洲、北美销售软件、玩具、时装、游戏、录像带、DVD、CD、卡带、图书等，提供艺术团体、出版、报刊、英语教学和互联网新闻服务等。总之，BBC正在利用一切可能的市场机制，进行广泛的经济活动。国际台应该学习 BBC 的运营模式，采取灵活式经营方式，拓宽收入渠道，使运营手段日臻成熟。除了能够发展事业，让媒体更具社会影响力，还能够发展产业，通过壮大产业来反哺事业，实现国际传播发展方式从分散粗放型向规模集约型的转变，由单一的新闻信息业务为主导向多元化经营转变。

（2）加大与对象国主流媒体、知名网站的合作力度，增强国际影响力。

哥伦比亚广播公司（CBS）总裁莱斯·穆恩维斯指出，传统媒体与新媒体之间不再有任何区别，无论是像广播电视业这样的传统媒体还是在线视频、社交网络等，都是在同一个巨大的数字领域中运作及合作。例如，CBS 与 YouTube 网合作，利用 YouTube 知名视频共享网站平台播出频道节目，运营短短几个月点击量超多 7500 万。BBC 则采用多种方式扩大受众触达率。例如，2008 年 1 月，BBC 商业机构 BBC 环球公司和世界上最大的社交网络平台 MySpace 达成全球视频内容合作协议，在 MySpaceTV 上播放 BBC 视频节目内容，供全球在线收看。[①] 在海外媒体合作方面，2008 年 1 月，BBC 与孟加拉国最主要的新闻网站 24 小时新闻网站 bdnews24.com 达成合作协议，该网站的全球用户可以收听 BBC 世界电台用英语和孟加拉语播出的节目，至今为止，BBC 环球公司一直通过尽可能广泛的各种平台与具有相似意向的机构合作。

国际台应该多借鉴国际主流媒体经验，充分利用 65 种语言的对外传播优势，积极加强与各对象国主流媒体、网站合作力度，加大节目出售力度和广度，增加受众数量的同时增强国际影响力。

[①] BBC 环球公司主要负责 BBC 海外市场的运营，并不是一个公共服务机构，并不依靠执照费资助，20 世纪 20 年代以来，BBC 环球公司成功地将 BBC 节目推向国外市场并盈利。

（3）针对不同地区采取不同的媒体经营战略。

由于对象国情况各异，媒体经营战略需要贴近对象国实际接收信息情况与需求。例如，对于没有普什图语电视节目、没有报纸、没有独立电台的阿富汗，BBC采用无线广播的方式；在西欧、北美、东南亚、非洲部分地区、南美和印度等新媒体发展迅速地区，BBC重点发展网络、移动等新媒体平台。

国际台在海外媒体经营时也应该因地制宜，采取不同的媒介落地方式。例如，对网络普及率高的美国，应当在其他覆盖和落地手段之外，加强互联网和网络音视频的开拓力度；对于移动设备普及率较高的欧洲，应该以移动电视和手机电视为重要的外宣补充形式；在电视接收程度较高的阿拉伯地区，则应以创新的形式在当地开拓数字电视和IP电视；而对于至今仍然以广播为主要信息来源的非洲地区，应加快在当地建设调频分台的步伐。

（五）资金体系

作为全额拨款事业单位，随着事业、产业两手抓思路的发展，国际台财务管理需从过去单纯的"管好、用好资金"的管理型，向善于经营、开拓国内外市场的经营型转变，从过去的事业经费完全依靠财政拨款的供给型，向服务市场经营的开拓型转变。

1. 国际台资金体系简介

围绕构建现代国际广播体系，国际台将事业资金用于提高国际传播能力上，特别设有"国际传播能力建设"专项资金，具体由八大部分组成，分别为："整频率落地工程建设"、"节目本土化制作机构建设"、"英语环球广播工程建设"、"华语环球广播工程建设"、"多语种环球广播工程建设"、"国际传播技术支撑系统建设"、"新媒体业务建设"和"中非影视合作工程"。其中,"整频率落地工程建设"项目资金主要用于境外整频率落地和边境整频率落地项目租时、节目制作、建设费用等;"节目本土化制作机构建设"项目资金主要用于地区总站与境外、边境节目制作室日常运行及节目制作费用等;"英语环球广播工程建设"项目资金主要用于英语环球广播节目制作所需节目制作费及外籍人员聘用经费;"华语环球广播工程建设"项目资金主要用于华语环球广播节目制作所需节目制作费及客家话、潮州话等地方语言人员聘用经费;"多语种环球广播工程建设"项目资金主要用于各语言地区广播节目制作所需节目制作费、外籍人员聘用经费以及非通用语人才培养所需经费;"国际传播技术支撑系统建设"项目资金主要用于国际台在线广播技术大楼建设、国际传播技术项目所需经费;"新媒体业务建设"项目资金主要用于多语种网站制作、海外推送、视频节目制作及有关新媒体技术项目建设等;"中非影视合作工程"是广电总局确定的中国文化"走出去"重点项目,该项目资金主要用于对非多语种影视译制、版权购买、宣传推广等所需经费。

国际台国际传播能力建设资金分配合理,使用高效,由国际台分党组统筹规划,精心布置,综合考虑国家财经政策、国际传播能力建设五年规划、中央部门明确的任务、传播能力建设实际发展情况、资金状况等因素,按项目重要性排序,科学安排预算。项目开展所需经费全额纳入全台年度预算分配方案,重大事项遵循集体决策原则,并严格实行"专款专用",不挤占、不挪用、不超支,根据项目进展及资金情况,实时优化,调整预算。

2. 国外媒体资金运营的有益经验

高效的支出结构既有利于提升资金的使用效率，又能够提升资金的回报率。纵观国际传媒公司的支出结构，主要体现在运营支出和运营外支出上。运营支出包括节目制作、节目运营、内部管理等方面的支出。运营外支出指不属于媒介机构生产经营费用，主要包括资产损耗、债务重组损失、盘亏损失等。国际主要媒体支出结构状况如下：美国CBS支出结构为：节目制作66%，节目运营14%，户外运营8%，出版运营6%，其他2%。CNN为：节目支出43%，运营管理57%。NHK为：国内节目制作播出73%，收视费成本11%，管理费用3.9%，国际节目制作播出2.7%，其他费用6.5%。可见，国际主流媒体均十分重视节目质量及精品节目制作上，以便通过播出、销售、发行及版权开发等渠道获得收益。相关数据显示，2008至2009年度，时代华纳节目投入达556亿元，BBC为448亿元，NHK为359亿元，CBS为225亿元。

媒体对外投资能力是媒体机构资本运营能力的一项重要指标，投资额的高低，在一定程度上反映了媒体机构的经营策略。2008至2009年度，在国际主要媒体的对外投资中，时代华纳的投资总额高达443亿元，用于资本运营、产品开发、投资并购等；CBS的对外投资也过百亿，主要用于并购CNET、IOA及其他户外广告公司；新闻集团为45亿元；维亚康姆为39亿元；BBC为27亿元；CCTV为16亿元。相对应的，各媒体机构收入总量分别为：时代华纳3209亿元，CBS 853亿元，新闻集团2078亿元，维亚康姆999亿元，BBC 517亿元，中央电视台255亿元。一般情况下，资金投入越多越有效，得到的回报就越高。

国际台的五大支撑体系能够做到对于一个新闻事件,能够调配人力、资源,确保采制过程各环节配合紧密,国际台各驻外机构之间协作能力大大加强,基本实现了在重大国际报道中采编力量、新闻信息、传输渠道、技术设备等的资源共享,打造现代国际广播体系的五大支撑体系初步完善。

第三节 现代国际广播体系的构建方案

CIBN 是传统 CRI 广播机构向现代综合新型国际传媒集团转变的必然产物,是国际台的未来和全部。和原来 CRI 相比,CIBN 是在媒体形态上由单一的广播形态发展成为多种媒体形态齐聚融合、联系紧密、运作高效的媒体集群。CIBN 未来将整合和涵盖 CRI 机构内的所有业务,成为融合传统业务和新兴业务的新媒体平台,是国际台建成现代国际广播体系、转变国际传播发展方式的有效平台。

一、现代国际广播体系的运行平台(CIBN)

(一) CIBN 与现代国际广播体系的关系

2011 年 1 月,中国国际广播电视网络台(CIBN)正式成立,标志着国际台从一个传统无线广播占主导地位的单一媒体,转变为集音、视、网、报、刊于一体,传统媒体和新兴媒体融合并重的现代综合国际传媒集团。CIBN 的全称为 China International Broadcasting Network,是国家新闻出版广电总局批准的在新媒体业务领域的国家广播电视播出机构,依托发展迅速的互联网和移动通讯技术,以多语种、多媒体、多终端的形态面向全球受众广播，广泛包含传统广播平台、PC 端平台、TV 端平台、移动端平台和出版发行端平台，并能够与时俱进地采用不断涌现的新兴媒体平台。目前，CIBN 的主要媒体形态有无线广播、卫星广播、网络视听节目、在线网站、手机广播电视、互联网电视、多媒体移动广播等。

构建现代国际广播体系是国际台的战略目标。CIBN 与国际台的战略目标一脉相承，一体两面，不是派生或提出的新思路，而是战略目标的继续和实践。一方面 CIBN 诞生于国际台对现代国际广播体系的构想的实践之中，是探索构建现代国际广播体系的阶段性成果，没有国际台积极解放和发展国际传播生产力、探索全新的发展方式，就不会有 CIBN 的诞生。另一方面，CIBN 自产生起就服务于国际台由传统广播体系转向现代国际广播体系全过程，是国际台建成现代国际广播体系最重要的标志之一，没有 CIBN 的逐步发展、日臻完善，构建现代国际广播体系就会失去平台支持。CIBN 作为现代国际广播体系的运行平台主要体现在三个方面：

1. CIBN 是国际台实现媒体全面转型的重要举措

在新兴媒体异军突起、全球传媒业格局急剧变革的新情况下，传统媒体在巩固本身传统优势的同时，纷纷进军新媒体发展行列，转型和融合成为传统媒体发展的大势所趋。近几年，国际台在盘活广播、报纸、电视等传统媒体资源的基础上，分别发展了以网络广播、网络电视、互联网电视、手机广播电视、在线网站、移动在线为依托的新媒体业务，为全面推进媒体转型奠定了坚实的基础。2011 年 CIBN 的开办，是国际台以新媒体为方向、以传统媒体与新兴媒体融合发展为特征，加快构建现代国际广播体系的重要举措。CIBN 的发展，将把发展新媒体摆在突出的位置，使国际台尽快成为新媒体发展的主力军。同时，CIBN建设的核心举措是互联网电视，这将补齐国际台的视频业务短板，推进国际台真正实现传统单一媒体向广播电视综合媒体的转型。

2. CIBN是国际台转变国际传播发展方式的必由之路

在传统媒体的发展模式下，由于缺乏成本意识、效益意识和自主创新意识，媒体的人才、内容、品牌等原本具有市场属性的资源无法借助市场力量最大化地实现其价值。而市场开发不足，也会反过来影响到事业的发展壮大，造成媒体资源的浪费和传播力的不强。由于历史原因，国际台可经营性的资源匮乏，节目生产和运营方式不合理，基本上属于"自制自播—低成本投入—低效益产出"的分散粗放状态。为了更好地适应CIBN的建设，国际台坚持贯通事业和产业两个机制，一手抓事业建设，提升综合影响力，一手抓产业发展，增强经济实力，逐渐由"办节目向办媒体、管媒体和经营媒体"转变。2011年，国广环球传媒控股有限公司（简称"国控"）的成立，为国际台利用人才、信息、品牌等优势，通过规范的市场化运作获取事业发展所需要的经费支持，加快转变国际发展方式提供了载体和平台。国控作为CIBN的投资、经营和资金支持平台，将综合政策、产业、市场、技术、人才、资本等要素，围绕理念、模式、业务、技术、管理等一揽子措施的创新，为发挥独特传媒资源和专业市场运作的优势，实现媒体发展和产业经营双轮驱动，实现国际传播能力和经济保障实力同步提升，提供了坚实有力的支撑。

3. CIBN是国际台增强国际传播能力的有效途径

在传统媒体领域，国际台与英国广播公司、美国之音等世界主要传媒相比，还有很大的实力差距，主要体现在全球化程度不高、综合化水平不够、现代化特征不明显、本土化能力不够，而且这些在短期内无法根本转变。但是传播技术的日新月异，为国际传播创新手段和丰富渠道拓展了阵地。谁抢占了新兴媒体传播制高点，谁就会在未来国际媒体竞争中处于主动地位。国际台将抓住这一契机，努力实现国际传播事业的跨越式发展。依托 CIBN 打造现代综合新型国际传媒，是国际台的发展方向和归宿，是增强国际传播能力的有效途径。

（二）CIBN 对构建现代国际广播体系的作用

CIBN 对于现代国际广播体系所起的作用，一言以蔽之，就是增强现代国际广播体系的国际话语权。法国哲学家福柯 20 世纪 70 年代在《话语的秩序》一书中写道"话语就是人们斗争的手段和目的"。他指出，话语既是"手段"也是"目的"，并且能够直接体现为"权力"。随着 CIBN 的日臻成长成熟，它对增强现代国际广播体系在全球话语权竞争中的作用将越来越大。这种作用主要体现在三个方面：

1. 内容生产上，丰富多语种制播能力

在媒体科技日新月异、新媒体形态层出不穷的当下，"内容为王"始终是媒体应该坚持的制胜法宝。CIBN 建设必须牢牢把内容建设放在至关重要的位置。与此前国际台以音频为主要内容的年代不同，CIBN 的出现不能简单地把原有内容照搬到这个平台上，而是要根据每个平台的传播特性来选择、制作和发布内容。根据各大平台的特性，CIBN 确定了图文、视频和音频三大节目内容体系。其中，图文内容包括互联网图文、出版发行的图文。视频内容是 CIBN 的重点，天地（T&D）视频为其统一品牌，主要包括数字电视频道、互联网电

视频道、网络和传统视频节目以及可视化广播频道,未来将覆盖电视剧、电影、动漫等方面。音频是CIBN的特色之一,主要包括传统广播频道、网络电台频道等。

在内容建设的具体方式上,CIBN采取原创和集成相结合的方式。一方面,CIBN将大大增强内容原创能力。在重大新闻报道上,CIBN的出现,使得重大宣传报道既可以由图文、音频、视频等多种内容去展现,又可以直播和录播配合进行,既可以充分利用65种语言全天候进行国际报道,通过多种语言进行广播和网络的图文直播,又能通过海外调频台、中波台播出。在大型活动策划上,CIBN既能满足发起方的自身媒体平台的需求,又能兼顾CIBN平台的内容需求。在节目创新上,CIBN能促使原有优势广播节目进一步提升品质,并催生网站频道、网络视频节目、网络广播栏目等形式新颖的节目等。另一方面,通过制播分离,CIBN将大大增加内容集成、输出的能力。CIBN能大量整合各通讯社、节目制作机构、内容提供商、第三方服务提供机构的资源,还能通过合作媒体输出自身的特色内容资源,扩张CIBN的内容触达率和落地率,满足广大受众的信息需求。

总之,CIBN利用其丰富的媒体内容和灵活的内容获得方式,以五大平台为依托,把图文、音频和视频相互交织并聚合成一个个品牌栏目,进而使65种语言部都成为一个个能独立经营的媒体,最后将发展一个具有品牌优势和市场竞争力的新闻信息服务业务群。

2. 传播平台上,拓展多终端发布能力

CIBN多终端平台出现后,国际台原有的传播格局不再是纯粹的"广播",而成为"广播"和针对多元化定制的"窄播"的混合体。每个终端所聚集的受众、所服务的对象都将呈现差异化的趋势。CIBN

平台包含的传统广播平台、计算机端平台、电视端平台、移动端平台、出版发行端平台，以及其他随时出现的新兴媒体平台，将大大增强多终端发布能力。

广播平台分为八类，分别是短波频率、境内分台、海外分台、合作电台、边境分台、海外总站、海外节目制作室、边境节目制作室。国际台制作的广播节目基本上都在这些平台上播出。传统广播平台的不断巩固和发展，使得CIBN集成和发扬了CRI的原有优势。计算机平台是CIBN建设的重要领域。目前，国际台的计算机端平台业务发展迅速，多媒体、多形态的业务在计算机端平台的呈现越来越丰富，主要包括多语种网站、网络电台和网络电视以及多语种论坛、留言板、知识竞赛等互动应用。电视端平台是继无线广播后CRI优先发展的新兴媒体，也是CIBN坚持"无线在线两条腿"走路的必要步骤。电视端平台主要包括CIBN的数字付费电视、互联网电视和IP电视。视频是未来CIBN的发展重点，这不仅大大增强了CIBN的业务短板，也将使得CIBN走向新的发展方向。手机端平台主要包括移动广播电视、移动国际在线以及多媒体移动广播。出版发行端平台主要包括一报两社、多语种报纸杂志。

CIBN五大终端之间的融合，各业务在不同终端上无缝切换将成为未来发展的趋势。基于不同的播出终端属性，将内容、服务和媒介形态进行差异化呈现。CIBN能充分利用这些平台的传播手段和优势，大力推进全媒体战略，不断拓展多终端发布能力。同时，CIBN可利用已有的内容和平台优势，探索制播分离的模式，积极探索和其他媒体平台的服务，实现内容输出和合作引进，进一步增强CIBN的多终端发布能力。

3. 传播效应上，增强议程设置能力

议程设置理论认为，大众媒介往往不能决定人们对某一事件或意见的具体看法，但是可以通过提供信息和安排相关议题来有效地左右人们关注某些事实和意见，以及他们议论的先后顺序。换句话说，大众媒介虽然不能影响受众"怎么看"，但是可以影响他们"看什么"以及"看多少"。CIBN以其丰富的多媒体内容制播能力和密集的多终端发布能力，为受众提供大规模、多语种、全球视野的信息，可以成为受众认识中国和了解世界的重要窗口，进而成为影响全球受众议程的重要一极。

内容上，CIBN遵循"中国故事、国际表达"，这为增强国际台议程设置能力提供了易于受众接受的基础。和以前外宣广播以单向宣传、硬性灌输不一样的是，CIBN搭建的是一个"让世界了解中国、让中国了解世界、让世界了解世界"的信息服务平台，淡化了宣传色彩，强调在相对平和的语境中满足受众对中国日益增长的信息需求，营造一种平和表达、诚恳聆听、相互沟通的氛围。该平台没有绝对的"舆论一律"，而是营造一种多层次、立体感的舆论场：既有传达"中国立场"的严肃谨慎，又有传递"世界眼光"的新锐时尚，也有传播"人类胸怀"的开阔豁达，彼此交织、相互补充。CIBN为受众提供全面、客观的信息服务，以减少信息鸿沟，加深了解：让那些对中国存在偏见的西方受众接触到视角不一样的中国信息，让那些深受西方媒体报道影响但对中国印象尚未成型的亚非拉受众接触到更全面的中国信息，让那些对中国友好的对象国受众接触到更加深刻的中国信息。

渠道上，CIBN坚持"多语种、多媒体、多终端"的全球化覆盖策略，这为增强国际台议程设置能力提供了能够触达受众的条件。

CIBN通过这一策略,把触角伸向全球每一个角落,根据不同对象地区的媒体发展状况,采取不同的窗口策略,发达的欧美地区要坚持网络优先、调频并重,发展中国家要短波、调频和网络协调发展,欠发达、不具备网络条件的要继续以短波为主,做到统筹兼顾。同时,CIBN以一个语种打造一个媒体为基础,以构建区域性传媒集团为契机,以节目制作室和地区总站为前站,扎实推进媒体渠道的本土化传播和规模化经营,让自己成为对象国本地传媒的一分子,增强传播的针对性和有效性。

二、构建现代国际广播体系的"三步走"

现代国际广播体系,本质上来说是一种先进的国际传播生产方式,其中,先进生产力是以CIBN平台为代表的新媒体平台和技术,先进的生产关系是以贯通事业和产业两个机制为核心、以创新各大管理机制为依托的国际传播人之间的关系。国际传播生产关系和国际传播生产力的相互作用,是推动国际广播体系向前发展的根本动力。先进生产力的出现,需要对原有的生产关系进行相应的调整,以适应生产力的发展;调整后所建立的先进生产关系,能反过来促进生产力的发展。建设现代国际广播体系的"三步走"就是不断发展和完善这种全新的国际传播生产方式、不断解放和发展国际传播生产力并与时俱进地调整国际传播生产关系的过程。

国际台构建现代国际广播体系"三步走"的思路可做如下概括:第一步是2004年到2010年,通过"学习、借鉴和创新"国内外先进经验和积极采用和融合互联网等先进媒体生产力的基础上,开始涉足贯通两个机制,逐步搭建起了现代国际广播体系的总架构,为启动

CIBN打下了良好的基础;第二步是2011年到2017年,以CIBN的启动为基础,以在线技术大楼建成和投入使用和CIBN的日臻成熟为标志,以两个机制的进一步贯通为目的,发展和完善了具有"多媒体采编、多媒体制作、多终端发布"的现代国际广播体系,形成了以十八个业务集群为核心的"多媒体融合、全媒体传播"业态;第三步是2017年到2021年,现代国际广播体系继续"融合发展、一体推进",正式建成并投入到国际话语权的竞争之中,到国际台建台80周年之际,国际台将建成世界一流的传媒集团,继而形成国际舆论的重要一极。

(一)夯实基础,搭建现代国际广播体系总架构(CIBN)

2004年对于国际台来说生死攸关的一年,面对着传统广播的影响力锐减和互联网等新兴媒体的强势发展,如何规划未来、科学发展成为一个迫切需要解决的问题。

从2004年到2010年的6年期间,国际台对于建立现代国际广播体系而言处于一个"学习、借鉴和创新"阶段。在党中央、国务院以及中宣部、中央外宣办和国家广电总局(2013年重组为国家新闻出版广播电视总局)的正确领导下,国际台以构建现代国际广播体系为战略目标,密切跟踪世界主要媒体的发展动向,及时应用国内外全新的传播技术,积极大力推进媒体融合进程,加快实现国际台由单一媒体向综合媒体转变,逐步形成了一套符合国际台台情的工作思路:2004年到2008年,为明确目标方向期,主要任务是确立现代国际广播体系新目标;2009年到2010年,为完成结构设计全面推进期,主要任务是奠定现代综合新型国际传媒新架构(CIBN)。6年间,国际台的发展举措主要体现在三个方面:

1. 推动传统广播海外调频落地

相比以前用短波实现跨国境传播,从 2005 年到 2010 年,国际台通过多种方式,在境外建立起了 70 家整频率电台、200 多家调频/中波合作电台,实现全球重点国家和地区重点城市的有效覆盖。与此同时,全面推进境外机构建设,在全球范围内完成和启动 5 大地区总站建设、获批 24 家境外节目制作室建设,成立了 12 家海外孔子课堂,实现了前方制作和发布,本土化传播和经营,增强了国际舆论斗争的竞争力、影响力、传播力。

2. 发展以国际在线为代表的新兴媒体

6 年间,国际在线实现在语种和节目点击率上做到国内前列、世界一流,各外语子网站成为对象国家和地区媒体涉华信息的主要来源之一;建立了 5—8 个境外发布点,形成由 CDN 节点、境外发布点构成的全球发布体系;加强网站内容建设,加大网站文化传播力度;加强技术应用与开发,提高网站全球访问速度和在线收听质量;推进在线广播"走出去"步伐,采取与对象国公司、机构合作等方式,在境外建设 10 个左右"本土化"网站,使其成为当地网民了解中国的首选网上门户等。与此同时,6 年间国际台经过了由广播、报纸、电视等传统媒体形态,进入以网络广播、网络电视、手机广播、手机电视为依托的新媒体业务格局,再拓展到移动互联网、互联网电视为主体领域的历程。2010 年,国际台成功申请中国国际广播电视网络台(CIBN)的开办资质,互联网电视建设也获得批准。2011 年 8 月,CIBN 接受了国家广电总局的验收。至此,国际台"无线在线并重"格局基本形成,视频业务、新媒体手段等日益成为国际传播主力。

3. 搭建产业平台

6年间,国际台始终坚持贯通事业和产业两个机制,一手抓事业建设,提升综合影响力;一手抓产业发展,增强经济实力,通过独资或者合资等多种方式,组建了广播节目制作、电视节目制作、报刊经营、手机电视经营、网络经营、广告经营、人力资源管理、媒体投资资讯管理等新媒体运营业务的10多个实体公司。2011年1月成立的国广环球控股有限公司,为利用国际台人才、信息、品牌等优势,通过规范化市场运作,加快转变国际传播发展方式提供了平台和载体。通过产业运作,国际台加快推进报纸、电视、出版业市场化运作步伐,完成对部分传统媒体业务、服务型业务和视频业务的制播分离,并着手改变单一广告收入为主体的运营模式,拓展多元经营,培育新的利润增长点。同时,国际台争取国家财政支持,推动产业稳步增长,创新财务管理模式,确保资金总量逐年增加。

6年间,国际台各项事业取得跨越式发展,语种规模增加到了61种,媒体形态进一步完善,囊括广播、网络、电视、报纸、新媒体等全媒体形态,日节目播出时数有了大的飞跃,增加到2471小时,境外整频率电台从零迅速发展到51家,境外节目制作室签署建设协议6家,业务结构上以中国国际广播电视网络台(CIBN)筹建为标志,十八个业务集群逐步形成,国际台已经初步搭建现代综合新型国际媒体的架构。所有这些,为未来发展提供了坚实基础。

(二)再接再厉,正式建成现代国际广播体系

2011年到2017年,是国际台构建现代国际广播体系、打造现代综合新型国际传媒的决战时期,是加快转变国际传播方式,构建国际舆论传播新格局的关键时期。2011年，以CIBN的启动为标志，国际台进入了构建现代国际广播体系的新时期。同一年，国际台对外传播中心技术大楼项目正式获批，这将为构建现代国际广播体系提供强大的技术支持和物质载体。

到2017年，CIBN平台的日臻完善和对外传播中心技术大楼的投入使用将是国际台正式建成现代国际广播体系的两大标志。在此之前，国际台将以进一步完善CIBN平台为依托，以加快推进对外传播中心技术大楼为着力点，大力推进三个转变，积极贯通事业和产业两个机制，使得国际台形成"多媒体采编、多媒体制作、多终端发布"的传播业态，达到或者接近世界主要国际传播媒体水平。

在这7年间，构建现代国际广播体系主要从两个方面入手：第一，全面推进媒体业务转型，积极实施"三个转变"，巩固和发展十八个业务集群，提升CIBN的整体影响力；第二，加快建设对外传播中心技术大楼，提升现代国际广播体系的技术支撑水平。

1. 全面推进业务转型，巩固和发展十八个业务集群

全面推进媒体业务转型，在构建现代国际传播体系中具有划时代意义。这是国际台从单一媒体向综合媒体转变的重要举措，是从传统媒体向现代媒体转变的显著标志，是从对外广播向国际传播转变的有效途径。以大力发展在线广播、推进业务重心转移为基础，全面调整传播理念、生产方式、业务结构、运行机制、资源配置，增强国际传播针对性、实效性和吸引力、感染力。全面推进业务转型的成果是以CIBN平台为依托的十八个业务集群的形成和发展。

7年间，国际台将始终围绕构建现代国际广播体系的战略目标，不断发展和完善CIBN平台，加快发展多语种、多类型、多终端新媒

体业务，发展互联网电视作为 CIBN 建设重中之重，整合视听新媒体节目内容，形成多终端差异化特色，最终形成了十八个业务集群。

具体来说，十八个业务集群的发展举措如下：环球广播电台方面，打造三套 24 小时英语环球广播节目，三套 24 小时华语环球广播节目，完成日语、俄语、法语、德语、阿拉伯语、西班牙语等多语种 24 小时环球广播节目制播平台建设；海外城市分台方面，每年新增 15 个左右整频率调频或者中波分台，到 2015 年时争取总数超过 120 家；边境外宣分台方面，办好南亚之声、中亚之声、东北亚之声、北部湾之声、南海之声电台，并在多个沿边城市开办 10 家整频率电台；对内外宣频率上，扩大环球资讯、英语综合广播、国际流行音乐广播在国内中等以上城市的覆盖规模，注重打造品牌栏目、节目和主持人；外宣电视频道上，依托 CIBN 加强视频内容建设，开拓多语种视频新闻业务，重点建设《环球奇观》和《环球购物》两个数字电视频道；多语种平面媒体上，在现有 35 种外语期刊的基础上，实现每种语言至少办一种刊物，定期出版发行；海外合作电台上，争取在 2015 年达到 300 家，建立全球华文媒体合作网，每个语言部门至少与对象国一个主流媒体建立起合作关系；多语种网站上，实现国际在线与中华网分工明确、协同发展的局面——国际在线是国家重点多语种新闻网站和国际台官方网站，中华网自 2013 年被国际台收购以来已成为融合社会品牌资源和国际台内容资源于一身的具有商业属性和独立媒体身份的多语种国家级外宣门户网络。其中，国际在线要在当前 65 种语言基础上适时增加新语种网站，中华网既要充分发挥自身品牌优势，利用国际台现有多语种优势资源，积极打造多语种的互联网品牌媒体、综合媒体、平台媒体和国家门户，又要把握时代机遇和市场优势，将"平台"和"门户"作为自身关键定位和发展方向,树立"中华云平台"概念,建立良好平台生态;多语种网络电台上,在18个环球网络电台基础上,实现每一种外语至少开办一个网络电台;多语种网络电视台上,办好多语种互联网电视,实现24小时多语种常态播出,以天地(T&D)视频为品牌,全面提升视频制作能力,到2015年,各语言视频节目,接近或者超过音频节目比重;以CIBN互联网电视集成播控平台为基础,携手海内外合作伙伴,力求打造互联网电视新体验。目前,CIBN互联网电视在垂直市场已与包括四川电信、安徽联通、广西铁通、海南铁通、内蒙古移动、江西电信、四川艾普等超过10个地区的通信运营商展开宽带业务的绑定合作,在终端合作方面分别与华为、同洲电子以及中兴九城推出了悦盒、同洲飞看、FunBox等终端产品,同时将推出针对水平市场的终端产品,进一步完善业务形态和产品体系;多语种移动媒体上,开通英、法、日、德、韩等10个语种移动新媒体业务,加强移动多媒体广播电视(CMMB)业务研发能力,实现多语种富媒体广播播出,办好中国国际广播电视手机台,并探索在iPad等新媒体终端上提供音视频节目以及相关内容和服务的业务模式;全球节目制作室上,每年建设8个左右海外节目制作室,争取在2017年达到50家,建成10家左右边境制作室;全球记者站上,完成8大地区总站建设,全球32个记者站完成多媒体业务职能转变,全方位开展新闻报道、联络协调、公关推介、节目落地、汉语推广、业务拓展、听众组织建设等综合业务;专业人才上,扩大人才总体规模,人才总量达到4000人,建设高水平的国际传播队伍、管理队伍、技术队伍、海外营销队伍和全媒体复合型人才队伍;外籍人才上,到2017年,台本部外籍人员达到500人,境外地区总站和节目制作室外籍人员达到 300 人；海外孔子课堂上，在办好当前 13 家的基础上，扩大孔子课堂数量，建设孔子课堂学院网站，并开设中华文化频道和汉语教学频道，实现每天 12 小时音频播出；海外听众俱乐部上，扩大数量，提高质量，积极引导众多高端人士参加听众组织；国广系公司上，以国广传媒为唯一的对外合作经营平台，完善国广环球传媒控股有限公司及各子公司的管理，以现代企业经营模式和机制实现快速发展。

2. 加快对外传播中心技术大楼建设，为国际传播跨越式发展提供技术支撑

国际台现在的业务大楼建于 20 世纪 90 年代，当时基本上能够满足无线广播的播出需求。近几年，国际台相继推出了 CIBN 媒体品牌和十八个业务集群，多语种制播能力和多终端发布能力逐渐增强，现有老业务大楼已不能满足当前事业的发展需要，因而筹建对外传播中心技术大楼之事提上议事议程。

本项目建设的目标是，在业务大楼所具有的音频广播和一定量的多媒体制作发布能力基础上，计划在 2017 年形成多语种、新媒体、互动性应用为核心的在线广播技术平台，以"在线广播对外传播中心"为核心，形成全面提升网络化音视频和图文等多媒体内容的采集、编辑、制作和发布能力，形成集网络在线、无线、有线广播手段于一体的，以先进的数字技术、网络技术和智能技术为依托，以新媒体综合业务传播为核心的现代化外宣制播平台，建设具有国际竞争力的多语种、在线广播对外传播。

本项目建设包括技术系统和大楼工程两大部分。未来几年，国际台主要是通过"打造一个工具（CRI-T）、规划两个中心（新媒体应用研发中心和新媒体数据监控分析中心）、建设四个服务平台（多语种、

新媒体在线广播外宣平台，多语种、新媒体汉语教育与中国文化交流平台，多语种、新媒体对外传播信息服务平台和多语种在线社区平台）、搭建两大支撑平台（应用支撑平台和管理支撑平台）"，构建与对外传播中心相适应的技术系统。

大楼工程包括主体建筑架构工程、建筑装修工程、通风空调工程、供电照明工程、电梯工程、建筑智能化弱电工程、给排水和消防工程、室外工程、拆除工程、工艺设备系统（素材采集、节目制作、媒资存储、多媒体播放、网络安全、总控播送、业务支持、网络互联等系统）。

本项目建设完成后，传播中心技术大楼和业务大楼一起形成有机联系的整体，将满足中央对国际台2020年对外传播生产的要求。总之，技术大楼项目的完成，将为国际台的全球性外宣业务提供支撑，是全球性节目采编制作播出体系的核心，发挥总部和大后方的作用，是全球性节目播出与发布网络的枢纽，在国际传播能力建设中担当重要角色。

（三）后来居上，占据国际舆论的重要一极

改革开放30多年来，中国发展很快但屡屡被西方媒体"误读"的原因，是整体国家形象塑造和传播态势处于"防御"状态。多年来的防御型的国际传播模式常常导致中国在对外发声时处于被动地位，不利于拓展中国媒体的国际话语权。唯有从"防御型"转向"主动型"，扩大中国的全球媒介投射力和影响力，才能积极主动地建构起我国"和平发展"的整体国家形象。

国际台在建成现代国际广播体系以后，将主动出击，争夺国际话语权。届时的现代国际广播体系，代表着一种新的国际传播生产方式正式登上了国际话语权舞台，具备了参与国际话语权竞争的实力：一

方面，具备了日臻完善的CIBN新媒体架构，建成了对外传播中心技术大楼；另一方面，事业和产业两个机制贯通也将取得重大进展。加之，那时的中国在政治、经济、文化等方面的软硬实力将进一步增强，这将为现代国际广播体系出海扬帆提供强大的物质支撑和精神动力。但不可否认，欧美传媒集团也将装备着最新的"利器"，一场新的博弈即将开始。国际台要发挥自己的优势，应该在以下两个方面继续努力。

1. 以调整国际传播生产关系为契机，促进国际传播生产力跨越式发展

建设现代国际广播体系，一方面必须进一步坚持贯通事业和产业两个机制，另一方面必须继续创新宣传、人事、外事、财务、技术五个管理体系。贯通两个机制是国际台构建现代国际广播体系的必由之路，也是现代国际广播体系建成后需要坚持的基本原则。贯通事业和产业，只有进行时，没有完成时，既要确保党的领导和正确的舆论导向，又要有利于产业化运营。贯通两个机制，既要继续维护好已取得的成就，又要面临和解决新的情况和问题。只有巩固、维护和发展好两个机制的关系，现代国际广播体系才有源头活水。

创新五个管理体系，是国际台构建现代国际广播体系的有效途径，是调整国际传播生产关系的具体体现。宣传管理上，要继续改进宣传决策模式，创新宣传策划机制和节目评价机制，完善受众服务机制和考评奖惩机制，并加强节目版权管理和保护。人事管理上，要继续充分利用国际国内两个人才市场，加强领导干部队伍建设，优化人才队伍结构，并改革人才引进、使用、开发和激励机制。外事管理上，加快推进"大外事"格局建设，健全外事管理机制，加强外事工作规划，推进外籍工作人员管理改革，探索节目落地模式，并建立健

全节目境外落地工作机制。财务管理上，推行全面预算和内部成本核算，盘活存量有形资产，并建立起现代财务保障制度。技术管理上，建立现代国际广播技术新体系，健全技术管理运行机制，并加强新技术的研究和应用。

2. 以塑造品牌和强化经营为核心，打造国际台的独特核心竞争力

媒体的核心竞争力，是媒体以其主体业务为核心形成的能够赢得受众、占领市场、获取最佳经济效益和社会效益，并在众多传媒中保持独特竞争优势的那些资源和能力。媒体竞争力的关键是品牌建设。[①] 现代国际广播体系要想赢得国际话语权需要打造自己的核心竞争力，培育自有媒体品牌。今后，现代国际广播体系的品牌资源将统一由 CIBN 平台来整合，由 CIBN 集合诸多子媒体品牌，由子媒体品牌聚拢诸多栏目（节目）品牌，以及由栏目（节目）品牌培养品牌制作人、播音员、评论员、记者等。以品牌塑造为出发点，进一步增强现代国际广播体系的经营能力和盈利能力，进而打造国际台的核心竞争力。

打造一流的媒体品牌不是一蹴而就的事情，需要长久持续的投入。

第一，要给 CIBN 整体品牌及其各个层面的子品牌树立鲜明的品牌意识和个性定位，将媒体特征、媒介精神以及主要传播内容融入到品牌名称中去，达成与受众有效沟通的目的，进而创造品牌形象价值。品牌名称确定后，要进行市场定位，通过受众定位来找准自己的市场位置；要优化品牌管理机制，从营销角度对媒介品牌进行包装和传播，随时根据受众和市场变化，对媒介品牌和整体包装进行调整。

第二，要整合营销传播。好的媒体品牌不是子媒体和节目的简单

---

① 王庚年：《国际传播：探索与构建》，中国国际广播出版社，2009 年版，第 67 页。

叠加，而是需要在宏观的指导下，通过运用公共关系、新闻策划、附属产品开发等系列营销手段进行品牌传播活动。比如，CIBN可以围绕提高其新闻信息文化产品的国际落地率，充分考虑境外节目包装、推广的需求，与境外有实力的媒体公司，探索建立专门的新闻信息产品营销公司，建立广泛的营销体系，并分阶段、有重点地覆盖海外主流媒体、外国政府部门、重点研究单位等终端。

第三，要全方位地进行市场推广。等到CIBN拥有在本行业领先地位的知名品牌后，可以充分运用品牌延伸或者扩张战略，发挥和利用领导品牌的地位，开发和拓展其他相关品牌。例如，利用CIBN主营业务的品牌优势，先主打核心业务，再向相关产业或产品拓展，逐步延伸到其他非相关产业或者产品，使传媒业各环节连接点成为媒体的经济实体和利润增长点。同时，灵活地推动CIBN与新华社、中央电视台、人民日报等主流媒体的合作，通过内联外合、战略联盟等形式，在合作和竞争中，促进自身实力提升，促进传媒规模经济、范围经济的实现。

第四，利用品牌优势，加快资本运作。CIBN具有丰富的可经营性资产，可对部分传统媒体业务、服务性业务和视频业务，实现制播分离；部分节目根据所拥有的版权和独特内容，进行资源的再度开发利用，提高附加值。同时，顺应数字内容产品，开拓增值服务业务，重组运营方式和业务流程，调整产业经营结构。

第四节　现代国际广播体系的评估机制和构建策略

构建现代国际广播体系，既离不开科学、全面、客观的评估，又离不开行之有效的、针对性强的策略。评估机制旨在正确地评价这一体系在传播内容、渠道、受众互动与反馈等方面所取得的成果和存在的不足，构建策略是在评估结果的基础上，充分考虑国家对外传播的实际需要和国际台自身发展的现实需求，为完善和发展现代国际广播体系这一目标而应该采取的战略决策和战术政策。评估机制在于"承前"，构建策略在于"启后"，二者珠联璧合，对于提升现代国际广播体系的水平和质量有重大的现实意义。

一、科学有效地评估现代国际广播体系

评估现代国际广播体系是服务于增强国际台的国际话语权这一核心目标的，而增强国际话语权最直观的体现就是增强现代国际广播体系的国际受众影响力。众所周知，媒体传播是内容和载体统一的整体，载体（硬件）建设是提升传播能力的手段，内容（软件）建设是提升传播能力的根本。在国际传播领域，硬件建设只能消除媒体机构（如电台）与受众的物理距离，解决听得见、听得清的问题；而软件建设才能消除媒体机构与受众的心理距离，解决听得进、能接受的问题[①]。可见，评估现代国际广播体系要以受众需求为出发点，着重评估媒体载体和媒体内容两个方面。

关于信息传播对受众的影响问题，比利时研究者罗杰·克劳斯曾就广播电视媒体提出了一个著名的受众到达模型，对信息过程中受众的接收和接受程度进行了详尽的分析（见下图）。

---

① 夏吉宣：《中国立场 世界眼光 人类胸怀 以国际台加快国际传播能力建设为例》，载《对外传播》2012 年第 4 期。

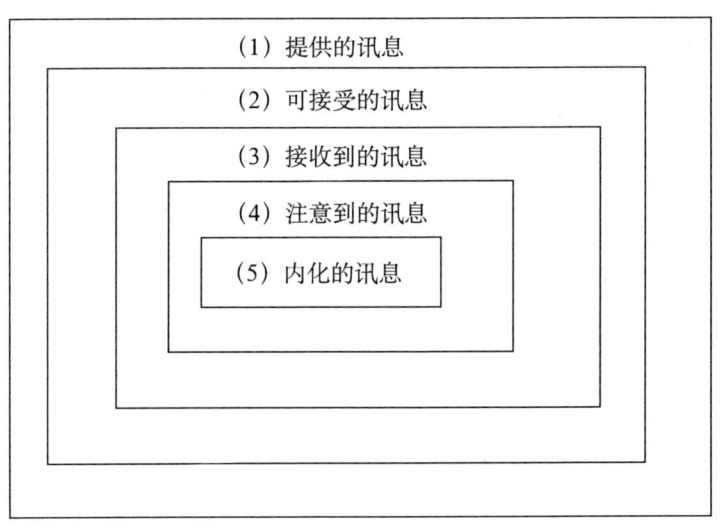

如图所示，最外一圈提供的信息代表几乎所有能接收到广播电视讯息的受众，是相对于信息编码者而言的广义受众；第二圈可接受的信息表明信息接收所必须具备的技术水平和媒体平台，阐释了一定区域内拥有必要的广播电视接收设备的潜在受众数量；第三圈则表示广播电视信息实际的接收者，它可以通过所调查到的视听率反映出来；第四圈和中心圈表示受众实际接触信息后所受影响的程度，比如认知上的更新、态度的改变乃至行为上的不同。现代国际广播体系对受众产生的影响也离不开这一过程，信息通过载体发出去以后，能不能引起受众关注，对受众究竟产生了多大程度的影响对评估现代国际广播体系的效果和作用十分重要。因此，对现代国际广播体系的效果评估要遵循这一个过程，并从载体和内容两个方面开展，以做到更有针对性和有效性。具体来说，现代国际广播体系的效果评估体系可以分为三个方面："听"得到、"听"得懂和"听"得进。这里的"听"不仅仅是无线广播音频接受，更是多语种、多终端、多媒体的信息送达、理解和接受。"听"得到，解决的是信息跨国界覆盖和传输的问题，是用媒体手段拉近与受众的物理距离；"听"得懂，遵循的是"中国故事，国际表达"和"国际故事，中国声音"的方法，是用受众乐于接受的方式进行内容生产；"听"得进，讲究的是在"听"得到和"听"得懂基础之上培养受众的媒体使用习惯，进而促使受众改变对中国的固定成见。

三个评估标准，以满足受众的信息需求为出发点，由表及里、由此及彼、各有侧重地阐述现代国际广播体系应该达到的传播效果。"听"得到着重用数据分析现代国际广播体系覆盖全球的情况；"听"得懂着重用文本解读和受众反馈来解读现代国际广播体系所构建的"媒体语境"是否符合全球受众的接受习惯；"听"得进则是在前面两个阶段的基础上，通过培养受众的媒体使用习惯和塑造媒体公信力来增强现代国际广播体系的国际话语权，进而为中国和平发展提供积极良好的舆论环境。

目前，国际台基本上实现了让全球受众"听"得见的目标，但仍需调整结构，优化资源配置；在"听"得懂上越来越尊重新闻传播规律和受众需要，但仍需创新表达方式；而"听"得进仍是国际台面临的最大挑战，需要站在前两个阶段的基础上才能更进一步。

（一）"听"得见评估体系——入耳

"听"得见解决的是国际台媒体触达的问题，而媒体触达主要通过媒体平台和媒体技术来实现，因此对其评估主要从传统广播平台、新媒体平台和传播技术支撑系统三个方面来进行。由于世界各国社会经济发展不平衡，受众获取信息的手段各不相同。发达国家基本上是以互联网及新媒体为主;发展中国家的大中城市基本上以互联网、电视、广播为主,农村和偏远地区基本上是以广播和报纸为主;第三世界和落后国家基本上是以广播和报刊为主。考虑这些情况,评估"听"得见时在一些量化的指标上不能贪大求全,而应该更注重针对性和实效性。换句话说,就是要评估媒体平台是否符合对象地区的媒体使用习惯,是否建立起独特的受众定位。

1. 传统媒体评估要从广播、平面、电视三方面入手

广播的评估需要对短波频率、海外分台、合作电台、边境分台等在数量、发射功率、覆盖地区、覆盖人口、制播能力、传播影响力等多个指标来进行。短波频率是国际台最早的传播途径。在 BBC 和 VOA 相继停止部分短波广播服务后,国际台是增加还是减少频率数量需要进行详细的论证:既不能贪大求全盲目增加短波频率的功率,也不能全面退出把一些重要国家的短波受众遗忘。海外分台是国际台实施"走出去"的主战场。评估海外分台应该从分台选址和布局、分台数量、分台语种、覆盖人口、覆盖效果等方面进行评估。选址和布局主要围绕国际外宣、外交、外贸和战略重点区,以及海外华人华侨聚集区展开;分台数量、语种和覆盖人口应该满足覆盖全球重点国家地区和国际舆论主战场的需求;发射功率要满足能连续清晰收听的要求。合作电台是与国际台有节目交换或者在其频率个别时段播出国际台节目的电台。截至 2011 年 6 月,国际台合作电台数量超过 160 家。随着 CIBN 平台承载的内容越来越多,拓展播出"窗口"显得越来越重要。评估合作电台应该从合作电台数量和所提供的节目时长入手,要争取在整频率落地受当地法律限制或禁止的地区实现更多节目落地,在媒体竞争高度市场化的地区选择和更多有实力的电台进行节目

合作，以扩大国际台的影响力。边境分台是海外分台的有益补充。目前，国际台已组建或拟组建边境分台有北部湾之声、南海之声、东北亚之声、南亚之声、中亚之声等，评估边境分台需要配合边境受众调查来调整频率强弱或决定选址布局，需要考察其与国内地方媒体的合作互动状况，以及与边境国家媒体的节目合作交流的情况。

在传统电视领域，国际台目前仅有两个针对国内受众的频道《环球购物》和《环球奇观》，因为不涉及海外落地，评估方式在此不作介绍。平面媒体的评估主要从平面媒体的语种数量、发行渠道以及与海外平面媒体内容合作等方面进行。比较理想的状态是，国际台各语言部至少有一种平面媒体，在对象国至少有一家内容合作的友好媒体；发行渠道上，平面媒体能进入对象国驻华使馆或者中国在对象国的驻华使馆，进入对象国高级官员的办公室，进入对象国大学图书馆，被列为对象国与中国之间航班的推荐读物，甚至在对象国公开发行。

2. 新媒体评估要从国际在线和CIBN互联网电视两方面来进行

对于中华网和国际在线的评估，主要从传统广播触网率以及网站本身的内容竞争力、建设情况、传播效果、推广合作能力五个方面进行。触网率主要考察传统广播内容和品牌优势如何转化到中华网和国际在线上来，具体体现在传统广播节目开设在在线网站和移动在线上的语种数量、品牌栏目在网络端和移动端的影响力等。内容竞争力主要从文字、图片和音视频的原创率和被转载次数等方面来进行考量；网站建设主要从网站语种情况、内容丰富度、海外站点建设情况、境外访问首页时间、海外站点安全性和可靠性、境外发布能力等方面来进行评估；传播效果主要从网站排名、海外用户规模、海外品牌影响力、海外社交媒体粉丝数、海外移动端产品等方面来进行评估；推广合作上，主要考察合作的方式，比如网站互换链接、共同制作节目、网站内容输出、合作推广等。

互联网电视是 CIBN 发展的重中之重，也是补齐国际台视频短板的关键之举。对互联网电视的考察需要从多个方面来进行。第一，考察互联网电视集成播控技术的成熟度，从内容集成、运营管理、媒体处理、业务支撑以及数字版权保护等多方面进行考察。第二，考察互联网电视的节目服务平台的成熟度，既要从视频节目数量和种类、节目语种、用户互动 APP 的丰富度等多方面进行考察，也要从 OTT 用户规模、内容合作方以及对象国落地接入等方面进行考察。

3. 评估技术支撑系统

技术支撑系统建设是国际台构建现代国际广播体系的重要内容。对其评估要紧跟中央的相关部署。根据相关要求，到 2014 年，国际台技术支撑系统建设要实现技术系统的数字化、网络化升级改造，建成环球新闻信息采编系统、媒体共享及交换系统、资源发布系统；到 2020 年，完善海外落地节目卫星传输系统，建成对外传播卫星全球覆盖网。技术支撑系统的评估需要从采集制作、播出发布、传输覆盖和管理支撑四个方面进行相关评估。采集制作上，主要对 EFP 系统、网络视频制作室系统、多媒体业务应用系统、媒资平台系统、节目数字化存储及编目系统等方面进行评估；播出发布上，主要对网络电台直播系统、在线发布技术系统、CIBN 新媒体多终端服务平台项目、环球节目播出传输监控系统等方面进行评估；传输覆盖上，主要环球卫星传输覆盖系统、在线发布技术系统支撑平台（CDN 加速服务项目）、视频数字化及卫星传输服务租赁项目等方面进行评估；管理支撑上，要对支撑 CIBN 十八个业务集群运行的技术标准和管理标准进行评估。

随着现代国际广播体系的逐步发展，评估技术支撑系统还应同时引入"大数据"的理念。大数据被认为是信息化和互联网后整个信息革命的又一次高峰，将带来一次颠覆性的革命。"大数据"在现代国际广播体系中的应用，就是以大数据为核心，通过搭建多渠道的平台，对这个体系的数据进行规模化集成、精准化分析、合理化归类、集中性研发、私人化定制，帮助这个体系重新构架、沉淀出新的产业业态。引入"大数据"概念，使得评估技术支撑系统更加科学、全面和客观。

（二）"听"得懂评估体系——入脑

"听"得见的问题解决后，如何让受众"听"得懂就成为亟需解决的问题。"听"得懂就是用外国受众容易接受的方式策划、组织和实施报道，遵循"中国故事、国际表达"和"国际故事、中国声音"的叙事方法，转变"对外宣传"为"对外传播"。如果仅有丰富的渠道而没有内容这一活水，平台只能是个空架子。没有创新的内容，时髦的电子设备不过是昂贵的玩物而已。目前中国的对外传播手段齐全，但要实现有效传播，归根结底还是要有好的创意和策划，有好的文本。[①] 好的文本之所以能够打动受众，关键的原因是把"媒体想说的"和"受众想听的"紧密结合，说明白话。因此，评估"听"得懂要从两个指标入手，一个是文本信息指标，一个是受众反馈指标。

---

① 黄歆、王攀、顾烨：《把握时代脉动，用思想的力量拉近中西方距离》，载《新闻记者》2012 年第 3 期。

1. 评估文本信息指标

作为传播内容的文本是媒体的核心竞争力之一。评估文本涉及文本生产能力和文本感染能力两个方面,一方面要定量地从原创率、首发率、落地率等方面来考察文本生产能力,另一方面要定性地从叙事结构、报道角度、主题思想和跨文化阐释等方面来考察文本的感染能力。

文本生产能力上,现代国际广播体系应该能够提供数量多、语种广、集图文音视频于一体的新闻信息产品和完善的服务体系。从形式上看,文本产品应该是多语种、多品种、多媒体的;从数量上看,文本产品应该形成一定的规模和体系;从品质上看,文本产品应该具有较高的首发率、原创率、落地率。具体来看,发稿语种是衡量一家媒体国际传播能力的重要指标。目前国际台已具备65种语言的制播能力,这是很大优势,但应注意重点突出和统筹协调,重点评估汉、英、法、德、西、俄等世界主要语种的国际传播能力,统筹协调好其他语种的发展,并适时增加传播语种的发稿数量。多样化的文本品种能够为受众提供丰富的选择和体验。目前,国际台采用了文字、图片、音频、视频等多种表现形式,并打造了包括时政、财经、文化、休闲、生活在内的丰富的节目、栏目和频道。品种评估的重点应在于提高视频报道的比例和增加文化等软性节目的数量。发稿量上,随着CIBN内容集成系统的上线使用,对其评估要协调原创率、首发率、转载率和落地率四者的关系:原创内容比例要逐步提高,首发速度要讲究时效,实现提升在对象国主流媒体的转载率,节目落地数量要增多。

文本感染力上,现代国际广播体系的文本要充分考虑受众的文化习惯、认知能力、认知框架、社会心理等因素，采用受众易于接受、愿意接受的叙事结构、报道角度和主题思想来增强内容的感染力。外国受众由于长期受到西方主流媒体"妖魔化中国"的报道框架的影响，他们所了解到的中国仅仅是西方媒体塑造的"媒介印象"，而现实的中国在改革开放后的30多年已经变得更加开放、多元、包容，但是西方媒体的报道框架很少进行过适当的调整。这种"媒体中国"和"现实中国"的巨大反差，为国际台报道一个客观真实的中国提供了机遇和挑战。国际台应注重运用文本分析法评估内容生产的叙事结构、报道角度和主题思想。叙事结构的评估，要提倡减少直接说教，更多地讲故事、摆事实，也就是外国媒体所推崇的"Just Show, Don't Tell"，要减少单纯的正面报道，增加中性、平衡的报道；报道角度的评估，要减少就政策说政策就会议讲会议的报道，更多地立足中国改革发展的现实，充分发掘中国社会发展的多样性，要不回避外国受众关注的敏感话题，要推进"走转改"，把新闻视角聚焦在普通中国人身上，把实现伟大中国梦细化为普通人的追梦圆梦；主题思想的评估，要确保报道立足于世情、国情、民情，既与全球性议题有共同之处，又能反映出与我国的利益攸关，要确保报道符合中国特色社会主义理论价值体系，有利于促进中国和平发展和世界和平相处等。

2. 评估受众反馈指标

受众反馈指标上，一方面要用定性的方法评估意见领袖对于各类信源和所报道内容的信任度，以及对于中国对外传播媒体的接触、信息内容的认知和评价、传播意愿等相关内容，另一方面要用定量的方法评估普通受众对待文本的接触、认知、态度、行为四个层面的影响。在意见领袖方面，需要采用焦点小组访谈、深度访谈、专家评估法等定性研究法，和外国主流媒体记者或编辑、政界人士、游说团体、一些利益相关团体、学者专家、资深听众进行定期交流，收集他们的反馈意见，测量他们对哪些话题感兴趣、对这些话题认知态度怎么样、对中国稿件采用情况怎么样、对中国媒体信任度怎么样等。如果精英阶层和中产阶层受众比例比较大，就表明现代国际广播体系的被认可度较高，其潜在的影响力较大，传播效果也比较好。

在普通受众方面，要采取问卷调查法，根据不同受众群来评估受众的身份、种族、居住地、职业、受教育程度、选择中国媒体的原因等人口统计特征方面，并研究现代国际广播体系对受众在说服效果和态度改变上的效果。刘燕南、史利在《国际传播受众研究》一书中，将中国国际传播受众划分为汉语言文化圈受众（散居在世界各地的懂汉语的华侨和华裔）、中华文化影响圈内的受众（历史上曾深受中华文化影响的，包括东亚和东南亚许多家国家在内的受众）、中华文化影响圈之外的受众（主要分为西方国家受众和以中东、拉美、非洲为主的亚非拉国家受众）三个群体。书中认为，汉语言文化圈受众和中华文化影响圈内的受众对于中国对外传播的内容更容易接受，但是，西方国家受众一般对西方媒体关于中国的报道相对认同，而对我国的国际传播内容持有一种质疑态度，甚至逆反心理……亚非拉国家受众对于西方媒体关于中国的报道不会完全认同，但是也不排除由于西方媒体长期垄断国际信息传播市场所造成的消极影响。[①] 可见，普通受

[①] 刘燕南、史利：《国际传播受众研究》，中国传媒大学出版社，2011年版，第38页。

众研究的重点仍然在西方国家受众和亚非拉国家的受众，加强这些国家和地区受众的调研，将为现代国际广播体系的战略布局提供可靠的决策依据。

（三）"听"得进评估体系——入心

"听"得到和"听"得懂两个阶段的有效实施，评估"听"得进才有了可能。前文中比利时学者罗杰·克劳斯的信息触达模型中所提到的把"注意到的信息"转化为"内化的信息"讲的就是"听"得进，也就是受众态度和行为上的变化。短期看，通过创新报道方式等途径可以提高现代国际广播体系的说服力和舆论引导力，但受众的态度和行为上转变是长期潜移默化的过程，需要进行系统性的安排。因为"听"得进不仅仅是在某个具体新闻事件中主导了国际舆论，更重要的是媒体机构为受众所信赖，也就是要用媒体公信力来赢得受众的尊重和厚爱。媒介公信力是媒体所具有的赢得公众信赖的职业品质和能力。对于现代国际广播体系而言，评估"听"得进其实就是评价其传媒公信力。"听"得进评估最终目的是培养国外受众对现代国际广播体系的忠诚度和信任度，把国际台打造成外国受众了解中国的值得信赖的重要信源。

对于现代国际广播体系的公信力评估，是一项长期而复杂的任务。喻国明教授在《中国大众媒介的传播效果与公信力研究》一书中，为我们提供了三个基本的维度：第一，媒介的专业主义特质，如客观、公正、及时、平衡、全面、深刻，等等。这是形成媒介公信力的基础。国际台一直坚持"新闻立台"的原则和恪守"中国立场、世界眼光、人类胸怀"的传播理念本身就是一种新闻专业主义的体现，这是国际台几十年来的制胜法宝。因此，在评估建设现代国际广播体系的公信力时仍然要把它视为重要的组成部分。第二，大众媒介社会角色期待的中心指向。在不同的社会制度结构以及不同的社会发展阶段，社会及公众对媒介履行的社会功能和扮演的社会角色要求是不同的。在西方国家，大众传媒扮演的角色是社会监督者，媒体发挥着"第四权力"机构的作用，而在广大发展中国家的大众媒体所扮演的角色是新闻媒介必须服从服务促进国家发展，尤其是经济的发展，并发挥媒介的守望、整合和教育功能。因此，在评估现代国际广播体系的公信力时要区分不同的社会制度和社会发展阶段来进行。第三，公众对媒介社会角色扮演的感知和认同。大众媒介的公信力评价是一种价值判断，就不仅仅与其表现出来的专业主义特质相关，更重要的是与公众对特定媒介在文化上、情感上和价值观上的认同相关。晓之以理虽然可形成判断，但动之以情才能形成依赖。在媒体选择方式相对欠缺的非互联网时代，大众媒体获取社会的高度认同比较容易，但如今在利益多元、文化和价值观多元、媒体使用方式多样的当下，现代国际广播体系要获取受众认知的难度大大增加，表现为认同者的数量、规模必然大打折扣。总之，随着现代国际广播体系的逐步建成，媒体公信力的建设和评估越来越显得重要，这不仅关系到能不能对受众形成足够的凝聚力，也关系到这个体系的生死存亡。

二、构建现代国际广播体系的政策建议

（一）加大资金投入

在我国，新闻媒体发展资金主要来源于财政拨款，国家对国际传

播的投入总量不够，增长速度缓慢，以至于很多发展项目因为资金不足难以实施。相比之下，国际一流媒体大多有较充足的资金来源。相关数据显示，2007年仅英国外交部对BBC国际电视台的拨款就达2.4亿英镑，其他商业性的国际传媒机构如新闻集团、CNN、美联社、路透社等的资金实力更加不言而喻。

近10年来，随着中国国力的不断上升，国家对国际传播的投入逐渐增多。2009年年初，中国政府确定一项旨在重塑中国国际形象的战略公关计划，预算资金高达450亿元，这是新中国成立以来国家在对外传播能力建设投入上预算最大的一笔。但不可否认的是，计划的参与方很多，实施周期长，年均分摊到单个媒体上来数目也不算大。

当前，国际台建设现代传播体系面临着较大的资金缺口。随着现代国际广播体系建设的逐步推进，国际台在媒体平台、人员规模、技术设备、落地需求等方面需要更多的资金支持。国家在适度增加财政拨款基数的同时，可优化财政使用的结构，做到用好增量、盘活存量、优化结构。要遵循"有所为有所不为"的原则，把国际传播建设的重点，投放到国家经济发展和国家安全所需要的地方，国家外交重点需要的地方，西方媒体活跃和国际舆论斗争复杂的地方，华人华侨和中国海外利益集中的地方，实现投资少，收益大。

根据国际台的发展实际，建议在海外平台落地和本土化运营、新媒体平台维护和更新、人才薪酬改善等方面保持适当的财政增量，同时用好政策这只"有形的手"，鼓励社会资本参与成立国际传播发展基金，以增加国际传播资金的总量。

1. 增加传统广播"走出去"和"本土化"的投入

截至2013年年底，国际台共开办了95家海外整频率电台，23家境外节目制作室，实现语种落地 38 种，覆盖了世界五大洲 50 个国家 2.8 亿人口，海外落地指标已经处于世界前沿水平。但不可否认的是，这些海外平台在媒体技术设备、节目生产本土化、营销本土化、人员聘用本土化等方面仍然存在很大的进步空间。同时，落地平台大多处于美国、澳大利亚、非洲、东南亚、南亚等地区，西欧、中东和拉丁美洲等地区的落地平台相对较少。因此，在加大对已落地的重点地区的支持的同时，适当增加对西欧、中东和拉丁美洲等区域的落地预算。

在已实现落地的国家地区，建议加大媒体技术设备更新的投入，形成海外图、文、音视频多媒体采编和发布体系；加大对节目本土化制作和营销本土的投入，增派语言、技术、管理、财务、营销等方面的人才和增加当地雇员，提高海外节目本土化生产的数量和质量，提高营销本土化的水平；在尚未实现落地的地区，通过加大对舆情调研、政府公关、创新落地模式等方面的投入，创造落地的机会和平台。

2. 支持发展新媒体平台

国际在线在国际台新媒体领域的国际传播能力建设方面承担着重要的任务。截至 2013 年年底，国际在线网站语种数量已经达到了 61 种，推出移动新媒体业务的语种数量达 22 种，完成 44 个语种网站流媒体点播业务转换，实现了汉语、英语、法语、日语、朝鲜语等 23 种语言在线音视频直播，并和传统广播共同拥有 25 家海外公司及其制作室。在没有任何资金投入的情况下，国际在线不仅按计划完成了新媒体国际传播能力建设要求中的"规定动作"，也在网站内容建设和生产、海外本土化运作等"自选动作"方面进行了有益的尝试。

随着国际台收购中华网这一战略决策的完成,在未来发展中,国际在线将获得有利的资金支持,对于一些目前尚薄弱的环节,如海外站点建设、境外内容发布、海外经营、上市融资等方面,有可能加大资金投入,这将进一步有效提升国际在线网站的国际传播能力。

3. 解决人才待遇不足的问题

目前,我国国际传播人才总体来说待遇有待提高。据统计,国际台 1980 年至 2000 年流失专业技术干部 627 人;新华社对外部 1990 年至 2002 年共招收英语专业毕业生 128 人,而此期间离职的英文采编人员多达 130 余人。[①] 他们中很多是中高级业务骨干,大多是因为薪酬待遇的原因选择离开,这给国际传播事业造成了重大损失。相比起人民日报和新华社来说,国际台的国际传播人才待遇相对偏低。新华社和人民日报,不仅在国内保留了基本工资,还有稿费等绩效工资,但是国际台因为经费不足的原因,驻外人员除了领取驻外工资以外,基本上没有其他的激励性收入。随着建设现代国际广播体系的推进,国际台在海外的采编、营销、技术等人才外派将会越来越多,建议增加干部人才海外工资预算,并适度增加激励方案,为人才的发展营造更宽松的环境,提高国际传播人才的创业积极性。

4. 鼓励成立国际传播能力建设专项基金

目前,事业单位的财务管理体系已渐渐不能适应国际传媒发展的需求。在这种背景下,国际台需要探索新的财务管理体系来撬动财政拨款之外的增量资金。华人文化产业投资基金是第一个在国家发改委获得备案通过的文化产业私募股权基金,其最大的特点是出资方多元

---

① 蔡啸:《对外宣传工作中的人才问题》,载《林区教学》2008 年第 10 期。

化、运行规范化,基金将重点为目标公司提供成长性资本、企业重组、管理层收购等市场化融资。华人文化的成功运行,可以为国际台未来发展提供有益借鉴。随着国际传播事业的不断发展,除了在用好存量财政资金和优化使用结构以外,建议组建国际传播能力建设专项基金,下设传媒产业基金、创业投资基金、媒体并购基金、企业对外传播基金等,在政府主导的前提下,运用市场化、商业化、本土化方式,以灵活多样的方式实现海外覆盖传播。

专项基金可由国家投入启动资金,适当接受商业媒体合作资金、有外宣需求的企业捐赠资金和个人捐款来增加资金总量,通过成立由国家外宣管理部门和中央媒体代表组成的并吸纳社会力量参与管理的基金会监事会,制定基金会资金用途和项目申报管理方式,并建立一套"使用基金会资金"和"盈利反哺基金会"的循环机制。基金会资金作为国家财政投入和媒体自身产业盈利之外的第三条筹资渠道,具有使用高效、运作方便的优势,也有助于达到提高国际传播能力的效果。

(二)强化人才培养

建设现代国际广播体系,关键在于人才。国际传播是综合性事业,不仅需要外语人才,也需要传播人才、技术人才、经营管理人才、市场营销人才。国家广电总局在《广播影视"十二五"人才发展规划》中把国际传播人才视为我国未来广电行业第三大紧缺人才,计划在"十二五"末期,我国国际传播从业人员从现在的 60 万激增到 100 万,加快培养复合型、创新型国际传播人才成为当务之急。

加快人才队伍建设,是构建国际一流现代综合媒体的战略措施。

近些年，国际台坚持"人才兴台"的理念，通过岗位首席、四个一批等人才工程，加快人才结构调整，优化人力资源配置，初步形成了总量适当、结构合理、充满活力的局面，为国际传播事业发展提供了智力支持。但就总体而言，国际台的人才队伍建设，与国外先进同行相比，与建设现代国际广播体系的要求相比，还存在很大的差距。主要体现在人才总体存量不足，人才梯次和结构不够齐全，"复合型人才"相对较少，尤其是既精通国际传播规律又了解海外营销的复合人才非常欠缺，外籍工作人员规模较小，聘用和运行模式不灵活等。

面对目前国际传播人才存在的问题以及未来巨大的需求量，国际传播人才的培养既面临着空前的压力，也面临着空前的挑战。必须创新人才培养模式，才能既解决人才总量不足的问题，又能解决人才质量不好的弊端。但是，人才培养是一项长期的战略工程。合格优秀的国际传播人才是政治立场坚定、新闻业务精通、深入了解国情、熟练运用外语、熟悉国际规则的外向型复合人才。因此，加大人才培养，必须从"政治性"、"国际性"、"复合性"、"创新性"四个基点入手[①]。

1. 要把思想政治教育和国情教育摆在突出位置

从 2009 年起，国际传播人才的培养上升到了国家战略高度，人才培养的去向是中央重点新闻媒体单位，培养模式以政府主导，重视马克思新闻观教育、国情教育和爱国主义教育，集中体现了国家提升国际传播能力和软实力的坚强意志。如今，随着中国在理论上、道路上和制度上的自信心越来越强，如何传播好这种自信需要强大的思想政

---

① 苏志武：《为加强国际传播能力提供坚实人才支撑》，载《求是》2011 年第 4 期。

治基础和国情教育基础。鉴于当前高校思想政治出现了流于形式、以灌输为主等误区，教育部门应积极探索因材施教和个性化培养的新方式，不断提高和加强国际传播后备人才培养中思想政治教育的针对性和实效性，把培养学生过硬的政治素质当作首要的任务贯穿到教育教学的各个环节，帮助学生树立坚定的理想信念和马克思主义新闻观，增强大局意识、责任意识和阵地意识。与此同时，传播好中国立场，还必须对于中国国情有全面、深刻的学习和了解。国情教育的目的是使学生知国、爱国、报国，在全面地、历史地、实事求是地认识中国国情的基础上树立正确的观点，培养热爱祖国的道德情感和报效祖国的意志品质。在这个基础上，国际传播再去探寻如何用"世界眼光"和"人类胸怀"来传播"中国立场"。

2. 培养具有国际视野的人才

具有国际竞争力的人才，除了要学好外语外，还要具备国际视野、通晓国际规则、熟悉国际语境、把握跨文化传播以及熟悉媒体国际化经营管理的能力。通过了解对象国的国情和新闻媒体习惯，运用"中国问题国际表达"和"国际问题中国表达"的方法，提高中国媒体的说服力和影响力；通过知晓海外媒体市场现状和熟练运用海外媒体经营规则，进行适当的海外媒体公司化运作和资本运行，提高中国媒体的市场占有率和竞争力。上海外国语大学新闻与传播学院在《国际化新闻传播人才培养模式的开发、实施与绩效分析教学成果总结报告》中曾对国际化新闻人才的特征指标体系进行了分析，将国际化的素质结构分为五大维度，其中能力结构分为四个维度：国际化视野、国际意识、跨文化交流和国际合作，以及媒体经营能力。其中，国际传播人才的国际化视野和国际意识主要包括全球化思维能力和全球化的新闻观、广博的文化知识素养、了解国际新闻规则和市场运作;跨文化交流和国际合作能力是指外语沟通和交流的素质以及把握不同国家和民族文化的素质;经营能力是指市场调研的计划、组织和实施力和媒体经营管理能力。①

3. 打造全媒体复合型人才

当前我国主流国际传播媒体,都已初步实现了由传统媒体向现代媒体、由单一媒体向综合媒体的转变,综合采用多种传播方式开展国际传播。为了适应这一趋势,培养适合传媒业未来发展的全媒体复合人才成为传媒的重中之重。有学者认为,所谓的"复合型"人才主要有三层意思:一是立体性,即既有深厚的人文功底、扎实的传播理论基础,又具有现代传播技能;二是高能性,即集采编与制作于一身,一人能抵几人用;三是多面性,即新闻与传播的"十八般武艺",样样都会,一专多能②。换句话说,全媒体新闻人才拥有的,不仅是硬件操作能力,更是全媒体的内容采写与创造能力,全面丰富的媒体知识与传播实践能力。

4. 培养具有创新思维和创造能力的人才

创新是国际传播人才培养的根本。新闻传媒人才并不仅仅指采写编评等业务能力,更重要的是创新精神、传媒理想、国际视野和国情洞察力。创新是一个民族进步的灵魂,是一个国家兴旺发达的不竭动力。国际台做好国际传播,不仅要创新壮大产业的途径,也要创新发

---

① 参见上海外国语大学信息公开网:http://info.shisu.edu.cn/s/1/t/1/a/474/info.jspy。

② 吴廷俊:《传播学的导入与中国新闻教育模式改革》,载《新闻大学》2002年第1期。

展产业的路子；不仅要创新宣传报道的方式，也要创新节目和媒体落地的方法；不仅要创新受众调查的手段，也要创新提高收听率的渠道等。培养具有创新思维的人才，要积极探索国际传播人才培养的新方式、新载体，积极探索适应国际政治经济文化新格局的国际传播人才培养模式，创新人才选拔和培养方式，增强国际传播人才培养方式与途径的开放性，通过搭建多渠道、多层次的国际传播人才培养平台，增强学生的创新实践能力[①]。

除了加强人才培养以外，针对国际台的业务发展实际，建议在以下几个方面加大对国际台的支持：支持实施国际传播能力建设急需的紧缺人才引进和聘用计划，重点引进媒体资本运营、市场营销、新媒体技术等方面的专门人才；加大对国际台"国家非通用语国际传播人才培训和实习基地"的支持力度。"国家影视剧译制基地"挂牌成立后，由相关部门拨付经常性经费支持影视译制工作，打造政治强、业务精的译制人才队伍，加快推进我国文化"走出去"；尽快开辟重点媒体引进外籍人才绿色通道，采取灵活务实的聘用制度，在海外选聘急需的采编、播音、研究、技术等方面的高端人才到国内工作；建立重点媒体国际传播能力人才资源库，收录国际传播、国际贸易、国际法规、国际投资、国际风险控制方面的研究型专家以及具有熟练翻译中国文化成果能力的外语人才；积极向有关国际组织和国际活动推荐国际化人才和专家，提升人才在多边舞台的话语权和影响力。

（三）创新管理机制

长期以来，我国国际传播机构都是国家投资的单一事业体制，对

---

① 苏志武：《为加强国际传播能力提供坚实人才支撑》，载《求是》杂志 2011 年第 4 期。

外交流与合作中难以与市场主体对接,存在效率低下、资源分散、活力不足等问题。加快推进现代国际广播体系建设,必须把体制改革和机制创新作为发展的根本动力,培养市场主体,激发创新活力,调动各方积极性。

体制决定着发展的可持续性,而机制决定着媒体的发展活力。当前,我国国际传播媒体进入体制转型、技术变革、结构调整的关键时期,推动其全面增强综合实力和核心竞争力,必须加强管理体制和运行机制的创新。中央对重点媒体在改革管理体制、创新运行机制、加强资源整合方面,也提出了明确要求:在改革管理体制方面,坚持在党管媒体的前提下,适应国际传播能力建设的需求,加快推进重点媒体管理机制改革;在创新内部机制方面,推进重点媒体内设机构和职能的改革调整,形成主业突出、结构优化、职能明确、协调有序的运行机制;在注重资源整合方面,优化传播资源配置,发挥市场在资源配置中的积极作用,提高资源使用效率。

为了进一步推动现代国际广播体系的发展,国际台必须牢牢抓住产业化这一传媒国际化的基本路径,积极推动经营体制改革;必须始终坚持统筹兼顾这一根本方法,建立起与现代国际广播体系相适应的科学的运行机制;必须长期持守开放共赢的合作态度,推动不同传播业态整合和构建"多中心"的现代传播体系。

1. 为经营体制改革提供政策支持

公司化运作是世界主要国际传播媒介发展的重要经验。现代国际广播体系在发展过程中,在坚持党管媒体的前提下,应充分重视公司化运作的路子。根据国际台实际状况,按照宣传经营两分开的原则,应将具有经营特性的事业单位转企改制,逐步把广告、印刷、发行、营销、传输网络及其影视剧译介等节目制作从事业体制中剥离出来，转变为自负盈亏的市场企业；加快推进广播电视制播分离业务，培育完善的节目交易市场，实施成立由国际台控股的具有较强国际竞争力的节目制作公司；支持国控公司，通过多种途径在海外参股、并购或者投资创办一批新闻出版、广播影视等文化传播企业和文化中介机构，以进入欧洲、北美、亚洲等重点国家和地区，并加快本土化运作；积极争取国际在线、中华网等国际台下属网站，在符合条件的基础上通过上市融资或增发股票等资本运作方式获取事业发展所需要的资金；支持国际台投融资机制创新，允许国有资本、社会资本有序、可控地进入经营领域，并通过银行信贷、企业债券、扩充股权等方式广泛筹措建设资金，形成多元化的投资格局。

由于历史与现实诸多原因，国际台对于现代国际广播体系的公司化运作探索尚处于初始阶段，仍有很多层面的问题需要去处理和应对，应学会处理以下四个关系：正确处理好政策支持和自身盈利的关系，充分利用政策上的支持，增强自身造血的能力，通过增强自身造血的能力，反过来促进事业的进一步发展；正确处理好深化发展与风险控制的关系，市场化运作不能贪大求全，应该以提升国际话语权为衡量标准，通过风险分析和效果评估来保障投资的针对性和安全性；统筹好国内市场和国际市场的关系，做好对内外宣频率和国际在线市场推广，争取更多的国内落地渠道，以国内市场为有力支撑，积极拓展国外阵地，做到内外兼修；统筹好新闻报道与文化传播之间的关系，对外传播不能停留在新闻传播层面，而要融入到日常文化传播中，要突出CIBN平台主打文化的特色，将其打造成为外国人了解中国文化的品牌媒体、精英媒体。

2. 加快内部创新机制

统筹兼顾是构建现代国际广播体系的根本方法，也是构建现代国际广播体系的总体要求。在建立起与现代国际广播体系相适应的内部机制上，必须坚持统筹兼顾。第一，要调动一切积极的因素，创新内部运营和管理机制，以绩效管理为着力点，以人力资源管理为长效驱动，以精细化管理为落脚点，整合内部资源，降低管理成本。整合内部组织形态，合理调整媒体内部组织架构、职能定位和人员配备，完善科学决策机制，提升决策力与执行力；建立科学、规范、高效的绩效标准；建立公正、平等、竞争、择优的用人机制；建立责权清晰、赏罚分明的薪酬制度和积极机制，实现科学管理。第二，要实现发展的良性互动。随着品牌战略和针对重点国家落地的战略的实施，国际台的优势资源往往更多地向品牌媒体和重要对象国媒体窗口倾斜，随着新兴媒体的作用的日益凸显，国家在资金、人才、政策等方面也会向这个方向倾斜，必须创新协调机制，统筹兼顾，发挥各媒体的优势和积极性，逐步扭转差距扩大趋势，实现共同发展。第三，要补齐短板。构建现代国际广播体系，也要加强薄弱环节的工作，要从发展规划、实施策略、资金预算、人员编制等多方面统一考虑，支持重点事业项目发展。

经过多年的酝酿，国际台在2010年实施了建台以来最大的机构改革和职能调整，将传统垂直、现行管理模式，逐步转变为多媒体融合趋势的网状管理机构。条件成熟、基础较好的地区传播中心，已经开始现行试点，积极探索由目前的节目生产中心，转变成能够独立运行、具备管理功能的媒体品牌。2013年，随着区域传媒集团计划的实施，地区传播中心将成为集节目生产营销、品牌维护推广、海外舆情商情研判于一体的集约型媒体主体，在采编、人事、财务等方面拥有更多的自主权。国际台需要继续创新内部管理机制，以促使人尽其力、物尽其用，各种资源得到合理配置、高效使用。

3. 推动不同传播业态整合

国际传播实践证明，真正对国际舆论产生重大影响的，都是具有强大实力和竞争能力的综合性传媒集团。中国要发挥社会主义制度集中力量办大事的优越性，集中政府力量做大做强重点媒体，着力在报刊、通讯社、广播电视和互联网等各个领域建成若干具有世界影响力的跨国一流媒体，以打破西方媒体垄断格局。与此同时，还要逐步培育一些民间的国际传播渠道，形成由政府主导的"多中心"的对外传播格局。

第一，要寻求在中央媒体之间进行合纵连横。目前，中央六大媒体都有自己的发展规划，如新华通讯社建设的"全媒体集团"、国际台构建的"现代国际广播体系"以及中央电视台追求的"世界一流媒体"。总体看来，我国媒体在新闻采编、信息传输、产品营销等方面自成一体，重复建设和市场同质化现象严重，缺乏资源共享机制，因为尚未形成合力，相比起欧美强大媒体帝国，力量仍很弱小。建议推动中央媒体抱团取暖，加强在人才、信息资源和传播业务方面的合作，打破政策壁垒，鼓励重点媒体根据自身条件实施业务多元化和跨媒体经营，在协调发展的同时，形成适度竞争，通过资本运作和股份制改造等市场机制，实现国际传播资源的有机整合和优化配置。如今，国际台已经和中央电视台在驻外机构上实施战略联盟，加大人员、信息整合，形成同时向广播、电视、网站提供的信息服务平台、产品营销平台、技术传输平台。随着 CIBN 日益成熟以及知名度逐步提高，可支持国际台和新华社、中新社、中国日报以及人民日报进行相应的合作，形成现代国际传媒体系的整体合力。

其次，政府应该重视培养民间国际传播力量，寻求他们和政府的合作，构筑国际传播新的战略布局。民间国际传播力量可以分为民间媒体组织和民间非媒体组织。其中，民间媒体组织主要是商业媒体以及半官方媒体。民间非媒体组织主要是非政府组织、基金会和智库。逐渐开放非官方传播资源的目的是在中国形成"多中心"的传播主体格局，变"舆论一律"为"舆论有层次感和立体感"。"多中心"的核心在于因地制宜，主张政府、市场和社区间的协调与合作。开放这个传播渠道会构成前所未有的多种声音的传播，它包含不同意见的表达、争辩和讨论，但争议并不表示混乱，因为主流意见通常会在争议中必然地倾向大多数人所认同的主流价值观。在与民间媒体组织的合作上，官方媒体、商业媒体以及半官方媒体可以形成多个相互独立的行动体和舆论中心，虽然存在着多元的互动，但目标指向都是塑造良好国家形象、影响国际舆论。"多中心"开展国际传播，不但不会削弱政府的主导地位，相反是政府和官媒依然发挥主导作用，半官方和商业媒体与官方媒体协调合作。① 在与民间非媒体组织的合作上，建议建设和培育非政府组织、基金会学者和智库学者，依靠他们争取国际政治和经济标准制定力、全球议程设置力、新闻报道框架力，冲破西方为约束中国的软实力编织的复杂的"网"。

---

① 王莉丽：《提升国际传播的能力与效果》，载《新闻战线》2012年第4期。

第五章　结论与展望

第一节　全球化时代的中国国际传播

一、全球化与中国国际传播的时代属性

全球化给中国的发展带了前所未有的机遇与挑战。从国家层面看，中国已经成为世界第二大经济体，世界对中国的经济实力刮目相看。从国际传播力来看，如果说20世纪80年代的世界还处于发达国家话语霸权的控制下，那么伴随着互联网的迅速发展，包括中国在内的发展中国家正在积累后发优势，在国家话语体系上逐渐找到自己的一席之地，这当然有赖于传播技术的提高和传播手段的更新，但更为重要的是中国本身经济的发展带来了话语权的提升。

在此背景下，中国不仅受到全球的高度关注，也面临着"引人注目"的压力以及向世界解释说明自己的挑战。此外，伴随着中国经济、政治、文化等国际交往的增多，中国要积极开展有效的国际传播，增加彼此的共识，灵活掌握和运用与国际社会打交道的智慧。因

此，在当前以及未来相当长的一段时间内，中国的国际传播能力提升已经成为在全球化语境下塑造国家形象之必须。

1. 中国国际传播主体呈现多元化的特征

全球化的发展离不开各国国际传播的有效开展，各国国家媒体、大众传媒、特别是互联网为全球化的推进提供多元而有效的合力。在中国国际传播中，政府、传媒集团、机构以及网络上的普通公众可以形成多个相互独立的行动体和舆论中心，存在着多元的互动和合力，目标共同指向塑造良好国家形象和影响国际舆论。

在中国国际传播力的提升过程中，2004年之前，政府扮演着主导性传播主体的角色，发挥着关键和核心作用。国际传播活动完全是从政府层面开展，停留在对外宣传阶段。2004年，中国外交部新闻司成立"公众外交处"，旨在向海内外公众介绍中国的外交政策，"让中国走向世界，让世界了解中国"，用软性的外交手段来树立中国良好的国际形象。以此为分界点，中国开始鼓励更多的非国家行为主体参与到国际传播中去，中国的国际传播主体由原先的"一元化政府强势主体"转变为"多元化主体共生"的特点：

首先，由"一社两台两报"（新华社外文发稿、中央电视台4和9频道及西法频道、中国国际广播电台65种语言广播、中国日报英文版、人民日报海外版）所构成的中央级媒体代表着国家的主流媒体进行对外传播。它们是中国国际传播中最主要的主体，由政府主导，报道内容与国家主权、国家利益密切相关，带有浓重的政治色彩，对其他主体的传播行为实施着把关控制。它们确定中国国际传播理念，制定符合国家利益的国际传播战略，调动并指导其他各类国际传播资源进行传播。

其次，提高国际传播力，从根本上还是要针对不同国家、不同文化的需求，采取不同的方式，仅仅依靠政府主导的传播是不够的，对方会从意识形态出发产生排斥心理，因此，具有企业属性的国际传媒集团应是一支不容忽视的力量，成为中国国际传播的重要主体之一。

在全球化的传播环境下，传媒产业的竞争呈现白热化，产业集中度日益提升。传统的传媒企业为了提高效益、增强综合竞争力，积极地拓展产业链，扩大企业规模；而不少非传媒类企业也看到了传媒业效益可观、前景优渥，加大对这个领域的渗透。20世纪后几十年无论是发达国家还是发展中国家，大型跨国经营的多媒体集团都在快速出现。这些大型传媒集团通过一系列大规模的兼并、收购等行为，将跨国经营范围由传统的图书、报刊出版、广播等扩展至电视电影节目制作、网络通信业、无线业务等。

新闻集团、时代华纳、维亚康姆、贝塔斯曼等世界主要国际传媒集团已占据了世界媒体市场份额非常大的比重。集团化、多元化、全球化已成为当今世界传媒发展的主流趋势。随着中国综合国力和国际地位的提高，中国与世界的交流日益增加，中国更加需要为世界提供正确了解中国信息的国际传媒品牌企业。[①]

近年来，中国已经开始构建以政府为主导、企业为主体、市场化运作为主要方式的广播影视"走出去"新格局，积极培育具有国际竞争力的广播影视企业，推动广播影视产品和服务出口，扩大有实力的广播影视企业对外投资和跨国经营。

---

① 陈芳：《发挥主力军作用　不断提升国际传播力——访中国国际广播电台台长王庚年》，载《中国记者》2010年第8期，第18页。

中国国际广播电台成立的CIBN、凤凰传媒集团全资拥有的凤凰新媒体、华数数字电视传媒集团等都是中国倾力打造的具有国际影响力潜质的传媒集团，它们通过图书、报刊出版、广播、电影电视节目制作、网络通信业、有线业务、新媒体等全媒体文化产品打入国际市场，在国际传媒市场上竞争，与国际传媒大鳄合作，提高中国文化产品的品质和影响力。

第三，非营利性组织与社会团体——包括各种政治性、文化性、学术性、宗教性的官方及民间的传播机构，如孔子学院，也是中国国际传播主体的重要力量。全球首家孔子学院于2004年11月21日在韩国首尔成立，截至2013年9月，全球已建立435所孔子学院和644个孔子课堂，共计1079所，分布在117个国家（地区），成为汉语教学推广与中国文化传播的全球品牌和平台。孔子学院秉承孔子"和为贵""和而不同"的理念，推动中国文化与世界各国文化的交流与融合，以建设一个持久和平、共同繁荣的和谐世界为宗旨，在全球各地积极传播中国文化的普世价值，有利于打破文化差异的壁垒，吸引国际受众。

第四，全球化时代下，互联网发展出全新的、没有中心和强权的信息空间，任何人无须经过政府机构的批准、检查，就可以在网络上制作他人能够阅读到的网页，或者通过电子邮件、网上论坛、社交网站等各种方式向众多网民传播信息。个人也可以参与国际传播过程，成为国际传播不容小视的主体之一。美国总统奥巴马一上台，即将Twitter等新媒体技术视为"外交箭袋中的一支新箭"，提出了"新媒体外交"和"全民网络外交"的新理念。目前，美国正凭借其在网络的优势地位，将自己制定的网络标准推广到全球，利用互联网把美国意识形态传播到世界每个角落。①

而在中国，微博作为"个人信息即时共享综合平台"正在深刻改变中国社会，无论是政治生活、经济生活，还是日常生活，微博的影响力无处不在。截至 2013 年 1 月中国微博用户量均突破 3 亿，人们的社交方式、信息传播、思维方式等悄然被改变。微博上的每个人都成为独立的媒体发言人，并以蜂窝状的组织结构形成了一个庞大的、民众性的信息交流平台。互联网使大众传播的每个受众变为传播媒介的拥有者和使用者，变为国际传播主体中的一员，堪称全球化给中国国际传播带来的革命。可以说在多元化的中国国际传播主体中，只有互联网中的个人可以算得上是真正意义上的跨国媒体，是真正贯彻"地球村"精神的传播主体。因为互联网的设计原则是按照信息传播的通信原则来设计的，因此它天然就有地区上的扩张性，要求互联互通，要求信息的顺畅传递。互联网是没有壁垒的高速公路，它在全球的天然落地，带来了各地域与各民族的文化、经济、政治信息，使得这些内容能够快速传播并深入人心，如果在现阶段能够充分利用好互联网这一传播主体的天然优势，可以和海外受众之间达成更加科学而有效的传播沟通，大大降低外部世界对"中国特色"的误解或歪曲，增加彼此的认知和了解。

2. 中国国际传播理念的球域化对传播策略提出新要求

在全球化时代中，文化既包含全球性因素，也包含地域性因素。

---

① 王莉丽：《反思新媒体时代的公共外交》，载《中国社会科学报》2012 年第 298 期，中国社会科学在线，http://www.csstoday.net/Item/13823.aspx.

而对于民族国家来说，文化既是独特的，也具有一定的包容性。各国人民对于美好生活、美好事物和公正社会都有相同、相通的追求，然而在不同的社会环境中，又有着不同的呈现方式。因此，一方面，虽然几乎每一种传媒产品都来自特定的区域文化，却无不寻求阐释和方法的有效性。另一方面，任何达成普遍认同的文化都不会抛弃其独特、自成一类的民族、区域个性。

因此，"全球化"和"地域化"成为构成当前国际传播理念的不可或缺的一体两面，可被称作"全球区域化"（简称球域化）。"球域化"不是大一统的静态的全球化，而是多元共生、生生不息的动态全球化。①

在"球域化"的国际传播中，如果一个国家的文化能够对其他国家产生吸引力，得到普遍认同，甚至被吸纳或融合到其他国家的文化中去，这个国家与他国之间就会少几分敌意，多几分理解。那么，"球域化"的国际传播理念该通过怎样的传播策略来实现呢？

美国两位著名的信息学者香农和韦弗指出："大众传播有三个不同层次的问题：一是技术问题，二是语意问题，三是效果问题。"②

"技术问题"，即搭建渠道，实现传播网络对受众的覆盖。"语意问题"，即语言意义的传递。如果语言发生障碍，意义就可能被误读，从而影响传播的顺利进行。中国著名传播学者程曼丽博士曾提出国际传播"二次编码"理论。她认为国内传播只需要一次编码——即将原

---

① （美）阿里夫·德里克著，少辉译：《全球主义与地域政治》，载韩少功、蒋子丹编：《是明灯还是幻象》，云南人民出版社，2003年版，第176页。
② 马成龙撰写，关世杰主编："跨文化交流的无所不在：从研究到实践"，《跨文化交流与国际传播研究》，中国社会科学出版社，2011年版，第13页。

始信息转换成可被一般受众接受的信息,而国际传播则需要二次编码,其中第二次编码是在第一次编码的基础上,将"可被一般受众接受的信息"再次转换成可被他国受众或国际受众接受的信息。这里的二次编码实际上指的就是语言的转换和文化的对接。[①]

在国际传播中,传受双方分属不同国家,他们往往是有着不同文化甚至是使用不同语言的人,传播是否有效、是否能达到预期目的,语言的"二次编码"就显得尤为重要。如果传播者对信息进行"二次编码",即直接以受众的语言进行传播,无疑可以增加传播的易得性和亲和力,最终达到提升传播效果的目的。例如:CNN 曾一度无法进入拉美市场,1997 年增设西班牙语播出,不到两年时间就打败拉美霸主墨西哥的"特拉维萨"新闻电视台,从而牢牢控制了整个拉美地区的新闻主导权。

在中国,以国际台为例,国际台目前使用 65 种语言,通过广播、电视、报纸等传统传播手段以及网络、手机等新媒体手段,向全球受众提供丰富、便捷的资讯服务,通过增强对这些地区的报道,并以其母语进行传播,无疑可以增强媒体的传播效果,最终提升其在国际舞台上的竞争力和影响力。

语言符号的转换是国际传播顺利进行的前提条件之一,但它只是国际传播的"较浅层面",是技术性的要求,而更深层次的转换是"文化对接",即将中国的优秀文化与传播对象国的社会文化习俗对接,与传播对象国受众的内容需求对接。这就需要把准备用来对外传播"国产内容"进行"本土化"的生产和包装。

---

① 程曼丽:《国际传播学教程》,北京大学出版社,2006 年版,第 15 页。

在国际传播中，传播主体必须充分考虑到传播对象国家、地区和人民在风俗习惯、伦理道德以及价值观念等方面与本国的差异，以达到较好的传播效果。所以为了成功实现落地，首先必须要了解当地的文化特征，实施"本土化"的落地战略，这样才能尽可能地避开该国在政策上对外来传媒企业的种种限制。还要在一定程度上消除该国对"文化侵略"和"文化霸权"等具有政治敏感性内容的条件反射式抗拒。其次，可以通过与本地传媒业合作，在较短的时间内对当地的受众市场和经营环境进行了解和熟悉，以针对当地消费者的消费心理和习惯等进行传媒产品的生产和传播，以本土化的产品推动全球化传播的实现。

国际台一些语言部门在这方面已经做了有效尝试。2012年6月开播的《媒体双行线》是国际台俄东地区传播中心重点打造的品牌栏目，主要面向俄罗斯、中东欧地区的中高端受众，围绕对象国地区最为关注的中国经济热点和双边经贸合作热点，与亚美尼亚埃里温FM106.5、塞尔维亚RadioFukus和Radio3调频广播、阿尔巴尼亚地拉那电台、保加利亚国家电台、匈牙利KlasszikRadio、波兰国家电台、罗马尼亚4城市调频台、克罗地亚媒体资源中心（克最大的广电媒体内容供应商）等8个国家的9家主流调频广播电台进行节目合作，建立了共同策划、制作和播出机制，覆盖人口超过6000万。

《媒体双行线》的每期节目均结合当下热点和受众需求，从各国受众与合作媒体的关注点中选取共同话题，以国际化的视角对中国诸多经济现象进行深度解读，引导受众在多样化的观点中得出正确结论，实现了"中国立场，世界表达"，有效引导了海外舆论。从已在俄东地区8个国家的9家主流媒体播出的效果看，反响普遍良好。亚美尼亚埃里温 FM106.5 调频台负责人称，介绍中国经济发展的节目一直是最受听众喜欢的节目之一。中外双方主持人精彩的观点碰撞，让经济报道变得更有趣味性和可听性。

在西方主流媒体牢牢控制国际传播领域、特别是欧洲地区传播领域的背景下，《媒体双行线》创造性的合作方式，使中国的优秀节目通过中东欧主流广播媒体广泛"落地"，以"借船出海"的方式提升了传播有效性。

然而，尽管当前中国媒体国际传播的本土化建设取得了一定成效，但"语意问题"和"效果问题"并没有得到突破性的解决。首先，我们尚未建立起系统的关于海外受众的调查，对于海外受众的媒体接触特点、信息接受习惯和收听、收视、阅读需求了解不太深入，有效受众数量的硬指标无法获知，满意度、知名度、影响力等软指标也无从衡量。其次，我们的对外传播在很大程度上还是"以我为主"的，对于传播对象国的传媒报道热点、社会关注焦点把握不足。第三，专门针对某一地区和国家受众需求而创办的媒体还非常少。简言之，我们没有充分挖掘和把握海外本土市场的内容需求信息，传播的内容针对性还较差。

中国国际传播理念的"球域化"，要求我们必须创新传播策略和技巧，坚持用"中国立场、世界眼光、人类胸怀"的传播理念，善用国外公众听得懂、易接受的语言和方式，把中国的历史文化、发展成就、时代风貌、价值观念等寓于国际传播内容之中，在客观提供和呈现大量信息的同时，既满足境外受众愉悦需求，又响应受众审美期待；既展示中国文化魅力，又促进普世性文化的认同。淡化意识形态色彩，主打民族文化牌和传统文化牌，通过中华民族传统文化广泛而深入的传播和长期的浸润和积累，实现"随风潜入夜，润物细无声"的传播实效。

3. 中国国际传播建设的新思考

在全球化发展日益进阶的环境下，在国际关系调整和新一轮传媒变革浪潮当中，我们必须抓住机遇，迎接挑战，打造以新媒体为龙头的国际传播新体系。为此，需要把握已有基础，从环境的变化和现实的需要出发，对中国国际传播策略开展多方面的思考。

首先是要坚持做到以服务于国家利益为核心，遵循客观性法则，坚持平衡报道原则来开展国际传播，做好国际舆论引导。当前，在世界范围内，国际传播能力的不平衡仍然相当明显。发展中国家对国际主流舆论的影响力依然偏低，西方大国的传媒集团垄断了绝大部分的信息传播资源，有着强大的政治话语权，并与发达国家的政府垄断了国际议程。这些传媒集团在西方话语中心主义的背景下，对发展中国家的报道仍然存在着一定误读甚至歪曲，这些经过误读的报道在媒介融合时代的传播和渗透更加不易控制。

国际传播的最终目的是服务于国家利益，国家利益是建设全球化时代的国际传播体系的精神内核、总指挥方针和基本原则，中国国际传播必须服从国家的政治、经济利益和在政治、经济、文化等领域的各项传播需求。传播学认为，内容的生产和发布是传媒进行舆论引导的基础。因此，为了避免国际传播中因为官方色彩浓厚而影响传播效果，我们还应遵循客观性法则，坚持平衡报道原则，遵守事实与观点分开、不带感情色彩，做到国内和国际的平衡、发达国家和发展中国家的平衡、正面新闻和负面新闻的平衡、官方新闻和民间新闻的平衡以显示其公正性。只有这样，中国的媒体形象才可能提高，媒体的可信度才会提升，影响力也才会增强。

其次，传媒产业层面要打造标杆性的全媒体型国际传媒"航母"。以网络和移动技术为代表的新媒体迅速成长，逐渐成为受众获取新闻资讯的主渠道，催生着国际传播格局的新变化。① 全球媒体都在加快实施数字化战略，传统媒体也在努力破局。主要的传媒集团都十分重视开发互联网、手机等新媒体的资源平台，努力寻求与其他媒体形式的强强联合，全力打造全媒体的业务形态。中国必须重视宣传体系的发展和建设，在信息化发展战略上重视传媒行业的改造和进步，在文化产业发展战略上对新媒体发展做出指导和扶持。以往中国的媒体，报纸、杂志、广播、电视，泾渭分明，在信息全球化和媒介融合浪潮的冲击和压力之下，率先开发新媒体技术，尝试开展多媒体业务，努力打造全媒体型的国际传媒集团已经成为国内主流媒体发展的基本思路，国家的相关政策也在支持、推动、扶持、培育具有国际影响力的大型传媒集团上发挥着积极作用。只有将中国的媒体做"全"、做"大"、做"强"，中国的对外传播才能与当前国际性传媒展开激烈的竞争，取得传媒话语权，也才能在世界国际传播格局上争得一席之地。

第三，中国国际传播要在建设新的思想体系、标准体系、技术体系、内容体系上实现跨越式发展。全球化时代的国际传播的思想体系一种自由、开放、双向、互动的传播思想，我们所处的传播语境相当

---

① 张兴波：《新形势下利用新媒体加强国际传播能力建设》，新华网，2010年10月27日，http://news.xinhuanet.com/newmedia/2010-10/27/c_12707371_2.htm。

复杂，不同的社会、地区、国家的文化，资讯模式也不同，我们国际传播思维要打破不同地域文化、语言、价值观的阻碍，在经营传播业务、生产文化产品上要跨越文化理解的差异性，进行有针对性的对外信息传播。此外，不同国家之间由于历史背景、政治体制、经济发展水平以及地理、人文等各方面因素，对同样事实往往会产生不同的评价标准。我们的传播体系建设要考虑这种评价标准的差异，并实现这种差异的跨越，被不同评价标准下的人们所接受。在技术体系上，要完成新媒体主流技术平台的建设，包括移动媒体平台、宽带互联网平台和数字电视平台。必须尽快赶上国际新媒体技术发展的步伐，甚至争取在技术建设上走在世界前列，实现和国际顶尖新媒体技术的无缝式对接，跨越因技术落后而传播不畅的鸿沟。在内容体系建设上，我们应该从各种不同文明不同文化的核心价值中找到相同或相似点，然后根据外国受众的心理、兴趣和需要，对"产品"进行选择。西方人很喜欢中国的传统文化，我们可以根据不同国家受众的心理来确定传播的内容，如中国的部分经典文化，或者一些能达成共识的人类问题、环境问题、人性问题等。另外就是应更多地报道民生问题，报道普通人的生活现状，让中国故事引起世界的共鸣。此外，还需要超越传统媒体的内容生产体系，建设包含图片、文字、音频、视频等信息的数字内容库，根据传播需要进行多元化的组合和应用。

综上所述，国际传播是当今全球化时代任何一个国家对外交往中必需的战略和能力，也是开展双边与多边友好合作的基础和前提。对于经济高速发展，社会变化明显，日益受到全球瞩目的中国尤其如此。通过科学而有效的传播沟通，通过生产出具有中国独特文化气质和风格、又符合国际表达方式的传媒产品，传播被世界观众易于理解和接受的价值观，实现沟通有效的国际传播，会大大降低外部世界对"中国特色"神秘性的猜忌或误会歪曲，增加彼此的认知和了解，减少不必要的摩擦与冲突，从而达到寻求共识、加强合作，为中国的可持续发展营造和平的国际环境与和谐友好的舆论氛围的终极目的。

二、全球化时代中国国际传播的国家属性

在 1992 年出版的《宣传舆论学大辞典》对国际传播的定义是："指国家与国家之间的信息交流活动，尤指以其他国家为对象的传播活动。以大众传播为主。"① 一般认为，国际传播是指以通过个人、群体、政府在两国、两种文化或多国、多种文化之间进行的传递价值观、态度、观点和信息的过程，侧重于通过政府组织、个人进行跨越国界的信息传递。② 国际传播学者莫拉特曾说："如果不考虑文化和语言背景的话，也许无法真正理解国际传播。"③ 罗伯特·福特纳在《国际传播》一书中指出："国际传播的简单定义是超越各国国界的传播，即在民族、各国家之间进行的传播。"④ 萨苏对国际传播的定义是："国际传播是关于在世界不同人民之间分享知识、思想和信仰的传播。"⑤

---

① 关世杰：《国际传播学》，北京大学出版社，第 2 页。
② 王庚年主编：《国际舆论传播新格局研究》，中国国际广播出版社，2013 年版，第 93 页。
③ Hamid, Monlana, Global Information and World Communication, sage Publication, 1999, p. 5—6.
④ （美）罗伯特·福特纳著，刘利群译：《国际传播》，华夏出版社，2000 年版，第 5—6 页。
⑤ Daya Kishan Thussu, *International Communication: Continuity and Change*, London: Arnold, 2000, p. 3.

从这些定义可以得出一个结论，讨论全球化时代中国国际传播的时候必须强调"中国的"国家属性，即阶级性、社会性和主权性。如果不强调"自己的"文化、思想、信仰，拿什么进行"多国间传递"？所以，只有保证"中国国家属性"不被动摇，才能维护中国国际传播正常运行。

第一，国际广播领域始终是意识形态斗争的主战场。在当今这个具有蝴蝶效应的互联网传播时代，任何力量都有两面性，媒介是人体的延伸，同时也是环境的延伸。教科文组织大会2011年宣布，决定将每年2月13日定为世界广播日（World Radio Day），以此彰显广播在促进教育、言论自由与公众辩论以及自然灾害中传播重大信息等方面所具有的载体功能。

中国国际广播电台是一个拥有70年历史、专门从事国际广播的传媒机构。目前，国际台每天使用65种语言，向全世界累计播出节目3200多小时；在全球拥有100多家境外整频率电台，180家合作电台，24家境外节目制作室，40个海外地区总站和记者站，18家环球网络电台，15家广播孔子课堂，4112家听众俱乐部。国际广播实际上是国际传播的一种方式，从19世纪中叶到20世纪中叶，在国际传播发展的第二阶段时，出现了电话、电报、无线电广播等影响深远的传播方式。国际广播在两次世界大战期间被推向高潮，到1945年二战结束时，已经有55个国家开办了国际广播。[①] 目前，全球有113个国家和地区[②]开办了国际广播，或拥有对外广播机构。研究表明，国际广播

[①] 胡耀亭主编：《世界广播电视》，复旦大学出版社，1999年版，第11页。
[②] 王庚年：《国际传播：探索与构建》，中国国际广播出版社，2009年版，第12页。

每20年呈现出一个发展周期，这种发展是以技术更新为动力和起点的，更是与国际关系的演变进程密不可分。因此，即便是由于多种传播媒介的出现，广播已经失去了往日辉煌，国际广播仍然凭借其与国际政治的天然联系，成为国家安全战略的重要组成部分，并得以快速发展。

2004年1月16日，李长春同志在视察中国国际广播电台时明确提出，要通过"两手抓""两条腿走路"，"建立现代国际广播体系"的发展思路和战略目标。2006年12月3日，胡锦涛总书记在国际台呈报的有关材料上批示，要"积极建设现代国际广播体系，不断提高中国对外广播的质量和水平"。2008年10月，在党的十七届三中全会上，胡锦涛总书记指出，要"建设覆盖广泛、技术先进的现代传播体系，形成与中国经济社会发展水平和国际地位相称的国际传播能力"。"要加大投入和支持力度，着力建设语种多、受众广、信息量大、影响力强、覆盖全球的国际一流媒体"。2009年4月，中办、国办印发《2009—2020年中国重点媒体国际传播能力建设总体规划》，对包括国际台在内的重点媒体增强国际传播能力建设进行了具体规划。同年10月，中宣部印发《关于〈2009—2020年中国重点媒体国际传播能力建设总体规划〉实施方案》通知，明确要求国际台以构建现代国际传播体系为目标，建成集无线广播、在线广播和多媒体传播于一体的新型媒体。根据中央指示精神，台分党组在深入调研的基础上，提出了"构建现代国际传播体系，打造现代综合新型国际一流媒体"的现实目标，并在2005年至2010年的历年工作报告中，进行了理论阐述和实践总结。2009年7月15日，李长春同志在中央外宣办报送的《国际台举办中土网络对话等节目帮助土耳其受众认清乌鲁木齐事件真相》上批示：国际广播电台利用语言的优势发挥了独特的作用。要继续加大对伊斯兰国家的宣传力度。① 这些成绩以及受关注度明确了国际广播在当今国际传播大潮中的作用，国家领导人在对国际广播的重要性充分肯定的同时对今后发展提出了殷切希望。国际广播将继续为推动中华文化"走出去"，为中华民族伟大复兴，做出新的更大贡献！

国际传播是国家用以维护自我利益意识形态的方法之一，国际广播是传递自我利益的工具之一，甚至它们本身即是意识形态，直接履行意识形态的社会职能，维护国家统治的合法化。现在国际广播又以另一种形式出现，它是以外国人及海外侨民为对象的跨文化传播。鉴于传播对象不同的意识形态、社会制度、价值观念、文化背景，国际广播现在要做到的是不仅要"传输"，更要"传到"。

第二，各国媒体都应走在维护本国家利益并寻找国际共通性的路上。西方传播学巨人麦克卢汉②因《理解媒介》的出版一举成名，成为传媒追捧的风云人物。他提出了独特的社会史观，认为人类社会经历了"部落化—非部落化—重新部落化"三种社会形态。其实我们现在所有的表达都是一种全球化的表达，在全球化时代，由于各国联系

---

① 《建设现代综合新型的国际传媒，全面提升国际传播能力——中国国际广播电台2010年工作报告》。
② 马歇尔·麦克卢汉（Herbert Marshall McLuhan，1911—1980），1911年7月21日生于加拿大亚薄塔省爱德蒙顿市，1943年获得剑桥大学博士学位，后在北美的多所大学教授英美文学，20世纪60和70年代，因他对媒体在思想和社会上之效应的研究而闻名全世界。在20世纪60年代，马歇尔·麦克卢汉曾被视为自牛顿、达尔文和爱因斯坦以来最重要的思想家。但是，当他在1980年过世时，其对媒介的探勘，却常被认为是不恰当又天真的。现今他的"媒体即讯息""冷—热媒体""地球村"等对媒体的独特见解，已经是名闻世界且为分析媒体现象不可或缺的概念。

的加强和面对全球性问题，需要维护全人类的共同利益。然而，国家仍然是国际社会维护民族整体利益最具权威的代表，更需要弘扬爱国主义，维护本国国家利益。

从本国利益的内涵及其与外部的关联性角度看，不妨将本国利益分为三部分：（1）共同利益或国际利益，它是指两个或两个以上国家的利益，或世界各国的共同利益，即人类的共同利益。① 比如，保持生态平衡，维护世界和平，治理环境污染，打击国际犯罪等。（2）本国与其他国家间的互补利益。这种利益虽然不是认同或共同利益，但通过与其他国家的政策协调，可以共同获得不同的利益。（3）国家的特殊利益即属本国特有、而其他国家不认同也不互补的利益，如一个国家的领土主权、政治制度等。

党的十八大报告指出，"我们坚决维护国家主权、安全、发展利益，决不会屈服于任何外来压力"。这是中国独立自主的和平外交政策的题中应有之义，充分表明我们坚定维护国家利益的意志和决心。经2003年8月18日局务会议通过的《广播电视广告播放管理暂行办法》第六条也指出，广播电视广告应当维护国家尊严和利益，尊重祖国传统文化，不得含有危害国家统一、主权和领土完整的内容。广播电视广告应当维护民族团结，遵守国家民族、宗教政策，不得含有宣扬民族分裂、亵渎民族风俗习惯的内容。

美国有线电视新闻网（CNN）在世界广为传播，旗下拥有30多个跨电视、互联网、广播电台和手机信息服务等领域的新闻品牌产品，受众达10亿之多，它们有着统一的品牌标识——CNN。在美伊

---

① 金应忠、倪世雄：《国际关系理论比较研究》，中国社会科学出版社，1992年版。

战争报道中，CNN美国频道的伊拉克战争报道过于美国化，甚至完全站在美国立场报道，[①] 鲜明地发出"美国的声音"。

国家利益是国际关系的决定性因素，它决定国际关系。国家利益是国家生存和发展的权益，从内容上包括政治利益、安全利益、经济利益以及国家的荣誉和尊严等。国家间的共同利益是国家合作的基础，而利益对立则是引起国家间摩擦和冲突的根源。各国的国家性质和所追求的国家利益不同，执行的外交政策不同，国家间矛盾和利益交织，使国际关系纷繁复杂和多变。国际关系要健康发展，就必须协调国家间的利益，求同存异，妥善处理国家间的矛盾。应该说明的是，维护本国国家利益是各国媒体的根本原则，在国家与国家的交往中，更强调的是国家的主权属性。

三、如何贯彻国家属性

国家是复杂的社会组织，因而国家的属性具有多样性的特点。比如国家具有阶级性，阶级性是国家的本质属性。国家具有社会性，即国家执行公共事务和社会职能的属性。国家具有主权性，这是从政治地理意义的角度阐释构成国家要素方面来说明国家的。必须从以上三个方面把握，才能全面理解国家的属性。

第一，在重大事件中发出中国声音体现中国立场维护国家形象。国家形象是个跨学科、跨地域、跨文化的概念。狭义的国家形象是指"一个国家给其他国家政府和人民的总体印象，是一个国家在世界舞

[①] 王庚年主编：《国际传播研究丛书：媒体品牌战略研究》，中国国际广播出版社，2013年版，第290—291页。

台的口碑"。① 广义的国家形象则有着很多不同的定义和内涵：从国际关系学的角度来看，国家形象是"一个主权国家和民族在世界舞台上所展示的形状相貌及国际环境中的舆论反映"②。简单地说，可以理解为"国际社会公众对一国相对稳定的总体评价"③。

对外宣传是否及时、专业、有效，直接关系到中国国家形象的好坏。对外宣传的内容对国家形象有深远的影响。从传播层次来讲，首先我们要发声，有自己的声音，然后才可以谈是否好听、别人是否爱听。"入耳"、"入眼"是"入脑"、"入心"的前提。目前，受传播能力的制约，中国国际传播不仅在"入脑"和"入心"上乏善可陈，即便是最基本的"入耳"和"入眼"问题都未彻底解决。④

关于新闻大事件报道内容，报多少、报什么、何时报、从哪个角度报道，经常由西方几个媒体掌握着主导权和影响力。我们需要在对外宣传中，尤其在重大事件中，发出中国声音，体现中国立场，维护国家形象。但维护需要突出指向性，加强针对性，进行增信释疑，有理、有节、有据。首要任务是回击那些"中国威胁论""中国崩溃论""中国责任论"等不客观评价中国的问题。

第二，通过国际广播树立国家良好形象提高中国软实力。

美国哈佛大学教授约瑟夫·奈在其1990年出版的《注定领导世

---

① 《专家探讨中国国家形象塑造：你不表达就会被表达》，搜狐网，2011年3月9日，http://news.sohu.com/20110309/n279735318_1.shtml。

② 李寿源主编：《国际关系与中国外交——大众传播的独特风景线》，北京广播学院出版社，1999年版，第305页。

③ 杨伟芬主编：《渗透与互动——广播电视与国际关系》，北京广播学院出版社，2000年版，第25页。

④ 王庚年主编：《国际舆论传播新格局研究》，中国国际广播出版社，2013年版，第169页，略有修改。

界：美国权力性质的变迁》一书以及同年在《对外政策》杂志上发表的《软实力》一文中，最早提出"软实力"的概念。① 他把一个国家的综合实力区分为硬实力（hard power）和软实力（soft power）。软实力主要包括国家的凝聚力、文化被普遍认同的程度和参与国际机构的程度。其来源包括三个方面：一是该国的文化，表现为对其他国家和民众的吸引力和感召力；二是该国的意识形态或政治价值观，表现在社会制度、法律体系、分配方式等方面；三是该国的外交政策，表现为塑造国际规则和决定政治议题的能力。② 虽然中国的软实力资源丰富，但我们在对其认识和运用上却远远不够，这从国际舆论所炮制的一个个对中国形象妖魔化的议题可见一斑。③

国际广播在构建"软实力"中所起到的作用，美国等发达国家早已充分认识到，并凭借自身的经济、科技等方面的优势，将其发挥得淋漓尽致。英国和美国注射了对抗广播音响的"预防针"，其形式是长期接触书面文化和工业主义，却没有抗拒广播影响的免疫力，广播的魔力对它们的影响依然存在。在一次听众调查中有人说："我听收音机时直接生活在收音机之中。我听收音机比看书更容易进入忘我的境界。"收音机使人深刻介入的力量，表现在以下情况之中：儿童做家庭作业时听收音机，许多人在拥挤的场合听收音机，以便给自己提供一块小天地。收音机直接地、面对面地影响着多数人，给人们提供一种作者或演讲者与听众不通过言语交流的世界。这就是收音机直接

---

① 美国创造的词汇总是能在全世界流行，这种制造概念的能力本身就是软实力的一种表现。

② 王庚年主编：《国际舆论传播新格局研究》，中国国际广播出版社，2013年版，第154页。

③ 孟建：《国家形象的传播力瓶颈》，载《国际公关》2009年第21期，第13页。

的一面。这是一种个人的体验,而广播有力量将心灵和社会变成合二为一的共鸣箱。①

然而,中国面临的重大挑战是如何通过对外传播,甚至具体落实到对外广播,把自己展现在世界面前。在目前的国际传播秩序中,西方依然在控制大部分话语权,中国的传媒实力还处于弱势,也缺乏具有国际影响力的新闻机构或报纸,这与中国大国外交的身份很不相称。

在复杂的国际环境中,要赢得国际级竞争,不仅需要强大的经济实力、科技实力和国防实力,同样需要强大的文化实力。比如,中国"俄罗斯旅游年"的国家级项目——《你好,俄罗斯》,被国家主席习近平出席俄罗斯中国旅游年开幕式演讲中提及,认为《你好,俄罗斯》对展现俄罗斯风光和民族风情做出了贡献。他说:"我记得,中方去年拍摄了《你好,俄罗斯》百集电视专题片,展现出俄罗斯秀丽的自然风光和各民族的多彩风情。"这部专题片引起中俄网民好奇,被多次搜索。

再比如,2013 年,由中国国际广播电台译制的斯瓦希里语版《媳妇的美好时代》在非洲热播,斯瓦希里语版的配音在国内引起持续热议。随着习近平主席在首访非洲的演讲中做出肯定,这部小语种版本的影视剧让非洲朋友了解了中国,也让中国百姓认识了斯瓦希里语。

总之,国际广播在宣传国家文化、提升国家形象、构建中国软实

---

① (加)马歇尔·麦克卢汉著,何道宽译,周宪、许钧主编:《理解媒介:论人的延伸》,商务印书馆,2000 年版,第 366—369 页。

力方面有着直观、感性的优势，理应成为中国构建与提升软实力的先行力量。

第二节　中国国际传播媒体跨越发展的战略构想

一、中国国际传播媒体跨越发展的宏观条件

经过几十年的探索发展，中国的国际传播能力大幅增强，中国的声音已经能够传播到世界的各个角落。中国的国际传播媒体在此过程中不断发展壮大，在扩大媒体规模、创新传播渠道、传播理念更新、受众群体培育等方面都取得了很大的成绩。但是，如果我们把观察的范围放大到全世界的媒体发展上，以一种国际比较的视角考量中国媒体几十年来的发展，我们就会略感沮丧。尽管中国媒体从自身历史的纵向上看取得了很大的发展，但与国外尤其是欧美先进媒体比起来，中国媒体在国际传播中的弱势地位还没有得到根本改变，在当今世界，西方媒体在国际传播领域依然占据着主导地位。

在国际传播中，媒体的影响力取决于各自的相对实力，当一个声音压过另一个声音的时候，受众就只能听到一个声音，因此，判断一个或一国媒体是否取得了质的发展不仅要相对于自身历史进行纵向比较，更要相对于另一个或别国媒体进行横向比较。相对于过去，中国国际传播媒体发出的声音确实增大了，但在此过程中西方媒体声音也在增大，结果就是中国媒体的国际影响力仍然处于弱势地位。中国国际传播媒体要扭转这种弱势局面，完成传播中国声音、维护中国立场

和国家利益的光荣使命，关键就要转变和更新对媒体发展的认识，不能把发展仅仅对照于自身的过去，更要对照于国外媒体的发展步伐，实现中国国际传播媒体的跨越式发展。

几十年来，国家一直对国际传播事业给予足够的重视，投入了较多的物力财力，中国国际传播媒体自身也一直在探索前进，一代代国际传播人奋力拼搏，推动了中国国际传播媒体的不断发展。但是应该看到，一国媒体实现相对于别国媒体的跨越式发展不仅取决于媒体自身的努力，从根本上来看，更决定于媒体所在国家提供的宏观基础。中国国际传播力与西方国家国际传播力的竞争，不仅是国际传播媒体在发展理念、媒体形态、媒体经营等媒体间的竞争，更是中国与西方国家在发展水平、国家实力、开放程度、媒体管理体制等方面的综合竞争。中国媒体要实现相对于西方媒体的跨越式发展，除了国际传播媒体的自身发展外，更需要中国在国家实力、开放程度、媒体管理体制等方面逐步缩小与西方国家的差距。

1. 中国国家实力及国际影响力

一国国际传播媒体的传播力和影响力与所在国家的整体实力和国际地位密切相关。第一，国际传播媒体的发展需要一定的国家整体实力作为基础。尽管许多现代国际传播媒体都是市场化运作，能够通过挖掘运作自身资源实现财政自立。但即使是市场化媒体，其自身发展也是与所在国家的市场化水平、市场规模、市场环境密不可分的。对于中国国际传播媒体来说，过去几十年来一直都是财政全额拨款单位，其发展更是建立在国家的经济发展和财政收入水平基础之上的。所以，过去几十年来，中国国际传播媒体在与西方媒体比较时的弱势地位，其深层次根源是中国的综合国力在国际上还不够强大。近年来，中国国际传播媒体快速发展，媒体形态快速转型，海外事业突飞猛进，这些发展的宏观背景是，中国近年来整体国力逐步强大，国民生产总值跃居世界第二，财政收入日益充裕，能够为国际传播事业提供有力的财政支持。

第二，国际传播媒体的国际影响力与所在国家的国际影响力之间是正相关关系的。在社会人际关系中，有所谓"人微言轻"的说法，在国际政治和国际传播中，同样存在类似现象。一方面，大国强国往往是重要国际事件的发生、举办地，是最重要的国际新闻源，大国的国际传播媒体处在近水楼台的位置，对提高自身影响力提供了天时地利的有利条件，在长期的国际传播竞争中，西方大国一直垄断着全球的信息发布权。另一方面，在诸多国际问题的解决过程中，大国强国的态度至关重要，大国强国的声音当然是最受关注的，这也直接提高了大国强国国际传播媒体的影响力。

国际传播媒体发展与所在国家实力和国际影响力的正相关关系也可以被现实国际传播媒体的实力分布所证明。当今国际传播一个很明显的事实是，绝大部分实力强大的国际传播媒体都在西方发达国家。考诸历史也可发现，媒体影响力的消长与国家的国际影响力消长紧密相关，苏联解体后，俄罗斯国家实力和国际影响力大幅下降，与之相应的是，"塔斯社"等媒体的国际影响力与苏联时代相比也不可同日而语。

2. 国际格局及中国对全球化的融入进程

国际传播作为一国媒体对国外受众的传播，自然会受到所处国际格局的制约。在冷战时代，世界主要国家被分属为东西两大阵营，壁垒森严，在那个时代从事国际传播事业，定然面对着种种障碍，空间狭小，手段单一，效果不彰。很难想象，在中国与西方欧美诸国在冷战对峙的情况下，中国国际传播媒体能够实施"走出去"工程，在海外建立落地分台和节目制作室，"化妆"技术再高也是不可能实现的。归根到底，传播是一种沟通和交流，在一种非常紧张的时代背景和国际环境下，国际传播是不可能有充分的发展空间的，纯粹的国际传播媒体也是不可能得到全面快速发展的。

改革开放以来，中国实施独立自主的和平外交方针，致力于与所有国家发展和平友好的外交关系，为中国国际传播事业提供了宽松的外部环境。20世纪90年代初，随着冷战的结束，紧张对峙的整体国际格局正式瓦解，和平发展的时代潮流越发明朗，全球化潮流大大加快，中国对全球化的融入步伐也逐步加快，随着中国对各种全球性事务的参与度不断加深，对各种国际议题的影响力不断加大，中国政府的声音愈发受到国际社会的重视，中国国际传播媒体也随之有了越来越大的影响力。如今，中国是世界第二大贸易国，中国的商品摆满了各国超市的货架，中外人员、货物、服务、信息交流空前频繁，中国市场与国外市场已连为一体，相互影响不断加深。越来越多海外民众的日常生活与中国国内政治、经济、文化趋势息息相关，他们自然而然成为中国发展走向的密切关注者和中国声音的聆听者，这为中国国际传播媒体提供了巨大的受众和潜在受众群体。

正是在这种大的国际环境和时代背景下，中国国际传播媒体近年来实施的"走出去"工程才有了现实基础，海外分台和节目制作室的节目才有了广阔的受众市场。未来，随着中国对外开放的不断深化，对全球化进程的不断融入，对国际事务影响力的不断增大，中国的国际传播事业将拥有着巨大的发展空间和发展前景。同时，中国的外宣与外交、外联、外贸之间的联系必将更为密切。

3. 中国新闻媒体管理体制的改革进程

长期以来，我们一直把中国媒体与西方媒体放在一起进行比较研究，比较两者的媒体规模、媒体形态、影响力、受众规模等。但从中国媒体和西方媒体的自身性质和运行方式以及两者所面对的体制环境上来看，中国媒体其实与西方媒体有很大差异，简单比较媒体本身的规模和影响力，并把规模和影响力的差距归之于媒体本身是不合理的。从媒体所处的体制背景和性质上看，中国是个大政府、小社会的政治社会形态，尽管随着近年来政治体制改革的不断推进，社会组织的快速发展，但大政府、小社会的整体形态并没有根本改变。在这种体制背景下，媒体只是庞大的政府体制的一部分，是从事宣传业务的事业单位，尤其是国际传播媒体，还是政府全额拨款单位。相比较之下，西方发达国家一般社会发育比较成熟，政府架构职能明确，媒体的社会属性比较强。不同的属性和体制环境决定了不同的运行方式，一直以来，中国国际传播媒体还是事业单位的运行体制，不需面对竞争压力，宣传意味重，效率有待提高，效益观念淡薄。西方媒体则是市场化运行，面临着激烈的竞争压力，因此市场观念和效益、效率意识很强，受众导向明确。

这种大的体制环境是中国国际传播媒体自身所无法改变的，媒体人只能在既定的体制环境之下做出理性选择，所谓的理性选择只是相对于特定的体制环境而言的。从未来长期来看，中国国际传播媒体跨越式发展的进程也是一个国家媒体管理体制改革的进程，媒体的跨越式发展是媒体管理体制改革逐步推进的结果，通过体制改革转变媒体管理方式和媒体运行模式，在此过程中解放媒体的发展活力和能量。

再放大视角来看，媒体管理体制又是中国整体政治、文化管理体制的一个组成部分，因此，媒体管理体制改革进程又决定于中国整体的体制改革进程，鉴于政治体制改革的复杂性和高度敏感性，因此从媒体管理体制改革进程这个宏观条件来说，中国国际传播媒体要实现对西方媒体的跨越式发展将是个长期的过程。

二、中国国际传播媒体跨越发展的战略构想

实现中国国际传播媒体对西方媒体的跨越式发展是中国国际传播人的"中国梦"，推动这个梦想的实现是中国国际传播人光荣而重大的历史使命。但实现这个梦想仅仅依靠国际传播人自己的努力是办不到的。实现这个梦想是个系统性工程，不仅需要国际传播媒体人在媒体规模、媒体运营、媒体形态等具体媒体业务上努力奋进，它的实现在相当大程度上还取决于中国整体的经济发展水平、综合国力和国际事务影响力、对外开放程度、政府管理体制改革、社会文化发展水平、国际文化影响力等诸多宏观因素。在中国这样一个身兼落后国家向先进国家的追赶者、计划体制向市场体制的转型者的双重身份国家，在当前这样一个政府规制与社会活力、改革红利与既得利益、模式惯性与转型压力、经济发展与社会稳定、中华复兴与既成国际权力格局等诸多矛盾因子交织的时代，离开大的国家、国际、时代、体制背景，高谈阔论国际传播媒体自身的跨越式发展，是只见树木不见森林，是不切实际的。

因此，中国国际传播媒体对西方强势媒体的跨越式发展将是一个内外因综合作用、事业主体与宏观基础协调推进的过程，中国国际传播媒体对西方强势媒体的跨越式发展进程必将取决于中国对西方发达

国家在综合国力和国际影响力上跨越式发展的进程,取决于中国推进政治、经济、社会、文化体制改革的进程,取决于中国对全球化潮流由参与到融入再到引领的历史进程。

1. 西强我弱、蓄势待发阶段

在当前及今后相当一段时期内,国际传播媒体格局都将维持在西强我弱的状态,这种局面的形成原因包括中国国际传播媒体与西方媒体在发展基础上的差距、媒体人员的能力素质差距、媒体管理运营理念的差距等,但其根本的原因是中国与西方发达国家的发展阶段、国家实力、国际影响力差距,这是形成国际传播媒体西强我弱格局的宏观决定因素。

在此阶段,国际传播媒体西强我弱格局具体主要表现在:①

第一,媒体规模。以国际广播媒体为例,在媒体形态方面,世界主要国际广播电台媒体大都拥有多样齐全的传播手段,BBC既有传统音频广播,又有卫星音频广播、直播卫星电视、多媒体数字广播、数字调频广播,还有利用第三代通信技术和互联网将各种广播形态结合的综合性广播,大力发展使用对象国语言的电视节目,大力发展新媒体手段,拓展对外传播空间。相比之下,中国国际广播电台目前以对外广播和在线广播为主,还缺乏卫星电视和多媒体数字广播等现代传播手段,对新媒体的支持力度,也远不及以BBC为代表的主要国际广播媒体。

第二,传播影响力。国际一流媒体中,节目覆盖国家和地区超过

---

① 王庚年主编:《建设现代综合新型国际一流媒体研究》,中国国际广播出版社,2011年版,第141页。

190个的较少,全部集中于欧美,其中,英国BBC达到223个,美国CNN达到210个。近年来,中国国际广播电台和中央电视台加大海外覆盖和落地工作,中国国际广播电台覆盖了160个国家和地区,中央电视台覆盖了140个国家和地区,距离BBC和CNN等国际一流媒体差距还很大。

第三,经营能力。以各国媒体资产总量为例,从国际主要媒体的资产总量来看,中国实力最为雄厚的中央电视台的资产规模,也远远落后于同类媒体,仅相当于某些西方国际传媒集团几十分之一,即使与国际性公营电视机构相比,也有数倍的差距。

第四,新媒体影响力。以各国际传播媒体的新媒体海外访问量为例,中国央视网在海外用户访问量方面与西方各新闻媒体的新媒体差距很大。BBC、CNN不仅拥有庞大的用户群体,且海外用户比例超过20%,已经成为其重要组成部分。各媒体海外用户比例,BBC为44%,CNN为22%,而中国央视网不仅用户有限,并且以国内用户为主,海外用户仅占7%,国际影响力较弱。

在西强我弱阶段,中国国际传播媒体的战略任务就是积极谋划发展,"高筑墙,广积粮",为赶超西方强势媒体进行战略蓄力。近年来,中国政府高度重视、大力发展国际传播事业,启动实施国际传播能力建设工程,为中国国际传播媒体的发展提供了政策保证。作为中国唯一的专门国际传播广电媒体,中国国际广播电台提出建设现代综合新型国际一流媒体集团的战略目标,实施多媒体融合,全媒体发展,海外落地突飞猛进,国际传播力和影响力迅速提高,在语种规模、媒体形态多样性等个别媒体指标上已经接近或达到西方主流媒体水平,为扭转中国国际传播媒体在与西方媒体竞争中的弱势地位奠定了基础。

西强我弱阶段的宏观背景是，过去几十年，中国还处在社会主义建设和改革开放初级阶段，尽管经济建设已经取得了很大成就，但在经济发展质量和整体综合国力上与西方发达国家还有很大差距，在很多国际问题上还遵循"韬光养晦"的外交方针，对外开放水平和领域有限，对全球化和国际事务涉入不深，影响力不大，基本还处于参与阶段。

2. 势均力敌、影响国际舆论阶段

在此阶段，中国国际传播媒体经过国家大力投入和媒体自身的探索奋斗，从媒体架构和媒体硬件设施方面已经基本达到西方主流媒体水平，国际传播能力大大增强，能够有效传达中国立场和中国声音，在国际事务中发出有别于西方国家的观点，国际传播领域西方主流媒体长期占据的主导地位受到有力冲击。

从时间上粗略分析，这个阶段的来临大致应该在2021年左右。从微观层面看，按照中国重点媒体国际传播能力建设总体规划，届时中国国际传播能力建设工程将告一段落，并结出硕果。按照中央规划和中国国际广播电台建设现代综合新型国际媒体集团的蓝图，届时"中国国际广播电台将形成以现代技术为支撑，以综合传播为手段，以新媒体发展为方向，以雄厚经济实力为基础，语种多、受众广、信息量大、影响力强、覆盖全球的现代综合新型国际媒体集团。在业务构成、采集能力、制作能力、发布能力、驻外机构、人力资源、资金保障、技术装备、管理水平、受众影响等重要指标方面，达到或接近世界主要国际传播媒体水平，综合影响力能自立于全球媒体之林"。[①]

---

① 王庚年主编：《建设现代综合新型国际一流媒体研究》，中国国际广播出版社，2011年版，第178页。

从宏观方面看，按照中国经济社会发展规划，2021年中国将基本建成小康社会，经济实力进一步增强，根据不同国际经济机构的统计推测，中国的国内生产总值届时将接近甚至超过美国，成为世界第一大经济体。中国将有能力为国际传播事业提供更为坚实的财政支持。同时中国的国际影响力将显著增强，中国的声音将受到更多的重视和关注，这为中国国际传播媒体提供了更加广阔的受众基础，为国际传播媒体提高自身影响力提供了更为有利的宏观环境。

3. 发挥优势、引导国际舆论阶段

在实现与西方媒体的势均力敌、影响国际舆论阶段后，通过国家发展、媒体管理体制改革、媒体自身建设，在宏观、中观、微观三个层次的协调发展下，中国国际传播媒体将逐步进入引导国际舆论的更高阶段。

在媒体自身建设的微观层面，将呈现出两个突出特征：

首先，媒体资源实力雄厚，硬实力在国际上处于先进水平。媒体资源是媒体参与国际竞争的物质基础，包括媒体形态、媒体资金资产、媒体人才尤其是媒体管理运营人才等。媒体资源优势将表现在这样几个方面：第一，媒体形态的先进性和综合性。在新兴媒体形态的运用中处于国际领先水平，具有一定的研发水平，具备多元化的传播形态，充分发挥各媒体形态的独特优势，同时形成多媒体形态传播合力。第二，媒体资产实力雄厚。这表现在国家财政实力强，对媒体财政支持力度大；媒体市场发育成熟，媒体资产运营空间广；媒体自身资产运营水平高，资产保值增值能力强。第三，媒体人才基数大、水平高，人才管理机制科学。拥有在国际媒体中领先的人才优势，拥有一大批专业化、国际化的采编、运营、管理、技术人才，建立现代人力资源管理使用机制，使人才、设备、岗位科学搭配，产生最大化的传播力。

其次，管理理念和管理水平国际领先，全面建立理念国际化、管理制度化、职能专业化、运营市场化的现代媒体运行机制。在媒体自身管理运营中，按照职能进行明确科学分工，分工带来专业化，专业化带来高效率和高水平。新闻采编、资产运营和市场品牌推广、媒体技术开发应用三大板块分工明确、职能清晰、专业性突出，实现新闻采编全球化，资产运营市场化，技术研发应用常态化。三大板块相互支撑，形成强大的传播合力和核心竞争力。

在外部市场经营方面，通过制度建设，形成有效的激励机制和约束机制，实现媒体社会责任与媒体效益追求的和谐统一，相互促进。坚持市场和受众导向，掌握现代媒体市场规律，能够在复杂的市场环境中处理好效益优化与风险管理的关系。具有强烈的品牌意识，通过品牌建设，形成多层次的品牌集群。

在中观层面，中国国际传播媒体要实现引导国际舆论的高级阶段，需要在政府的媒体管理体制上进行大力改革。科学界定政府对媒体管理的边界，政府对媒体的管理应该限制在宏观引导、政策把握上面，而不是按照媒体形态对媒体发展方向和媒体业务进行强制性划分，也不是事无巨细地对媒体的日常节目进行"指导"，要淡化宣传，强化传播意识，尊重传播规律，强化市场意识，重视受众需求。

政府媒体管理体制改革只是中国整体改革的一环，它的进程决定于中国整体的改革发展进程，同时，中国整体改革发展进程也构成了国际传播媒体实现引导国际舆论高级阶段在宏观层面的基础支撑。

在宏观层面，中国综合国力强，国际影响力大，对外开放程度高，国内改革深入，政治、经济、社会、文化全面繁荣发展。古典军事理论强调"势"在战争中的作用，国际传播领域也需要这种宏观的势能，中国国际传播媒体要达到引导国际舆论的高级阶段不可能脱离这种宏观大势。

在国际上，届时中国综合国力强大，已经成为国际体系中重要一极，在国际政治、安全、经济、环保、文化等各领域地位关键，话语权突出，中国的态度对解决各国际议题至关重要，中国已经成为影响全球化进程的重要力量，中国声音深受各国民众关注。这为中国国际传播媒体增强国际影响力、引导国际舆论提供了坚实的国家基础。

更重要的是，中国国际传播媒体要在国际上引领舆论和文化潮流，从根本上要求中国在政治理论先进性、思想学术生产力、文化价值吸引力等方面要走在世界的前列，在这些方面要具有引领世界潮流的水平。无论我们把媒体看成是简单的信息传播者，还是具有生产能力的信息制造者，媒体的吸引力和影响力都奠基于所传达的价值、思想、文化的吸引力和影响力。媒体引领国际潮流的背后是一国的思想和文化在引领潮流。可以想象，在中国媒体引领国际舆论潮流的阶段，中国的政治、经济、社会、文化改革必将深入推进，在商品市场机制走向完善的同时，思想市场也愈发繁荣，学术上百家争鸣，中国的社会科学研究和思想生产力在国际学术界占有一席之地；在政治体制改革的基础上，媒体管理体制得以推进；社会发育成熟，社会组织活跃，民间活力充分释放；文化发展环境优良，文化繁荣，文化影响力国际领先。在这种社会、思想、文化各方面全面繁荣发展的环境中，在包括媒体在内的各种官方、民间组织健康蓬勃发展的环境中，中国国际传播媒体的全面持续发展就有了深厚土壤和源头活水，它不会是一花独放，而是丛中最为艳丽的一枝。

参考书目

1. 中共中央马克思恩格斯列宁斯大林著作编译局编译：《马克思恩格斯选集》，人民出版社，1995年版。

2. 于桂芝：《全球化、中国现代化与马克思主义》，浙江大学出版社，2006年8月。

3. 程曼丽：《信息全球化时代的国际传播》，《国际新闻界》2004年第4期。

4. 王悦之、张超：《国际广播通论》，山东教育出版社，2009年4月第1版。

5. 林少文：《新媒体时代对俄罗斯东欧传播研究》，辽宁人民出版社，2008年7月第1版。

6. 郭庆光：《传播学教程》，中国人民大学出版社，2011年4月第2版。

7. 唐凌：《全球化背景下的对话——对一种新的传播理念的探讨》，文化艺术出版社，2012年12月第1版。

8. 刘利群、张毓强：《国际传播概论》，中国传媒大学出版社，2011年10月第1版。

9. 刘笑盈、何兰：《国际传播史》，中国传媒大学出版社，2011

年 10 月第 1 版。

10. 王庚年：《国际传播：探索与构建》，中国国际广播出版社，2009 年版。

11. 王庚年：《建设现代综合新型国际一流媒体研究》，中国国际广播出版社，2011 年版。

12. 刘燕南、史利：《国际传播受众研究》，中国传媒大学出版社，2011 年版。

后　记

本书为中国国际广播电台2013年重点课题研究成果，项目负责人为国际台副台长夏吉宣。从组建课题组到课题研究成果付梓，历经一年半有余。其间，课题组成员按照项目负责人要求，对课题的研究思路、研究方法、研究内容等进行深入讨论，对研究成果反复修改，以求对中国国际广播在全球化语境下发展趋势从理论和实践层面进行相对精准的描述。

本书绪论由王霞和赖炜坤撰写。第一章第一节由刘峥撰写，第一章第二节由李晓萍撰写，第一章第三节由汪华撰写。第二章第一节由江峰撰写，第二章第二节由王牧、翟茜茜撰写，第二章第三节由江峰、王牧、翟茜茜撰写。第三章第一节由盛玉红撰写，第三章第二节由朱医博撰写，第三章第三节由廖文芳撰写。第四章第一节由刘建峰撰写，第四章第二节由林佳撰写，第四章第三节、第四节由雷湘平撰写。第五章第一节由蒋习、王素撰写，第五章第二节由魏家富撰写。全书由项目负责人统稿审定，罗林平、史利参与了课题研究的组织工作和统稿工作。

由于撰稿人水平所限，差错之处在所难免，敬请业内专家批评指正。

《全球化语境下的中国国际广播》课题组

2014年11月26日

图书在版编目（CIP）数据

全球化语境下的中国国际广播 / 夏吉宣主编. —北京：中国国际广播出版社，2015.6
ISBN 978-7-5078-3780-3

Ⅰ.①全… Ⅱ.①夏… Ⅲ.①国际广播－广播工作－研究－中国 Ⅳ.①G229.25

中国版本图书馆CIP数据核字（2015）第085199号

全球化语境下的中国国际广播

主　　编	夏吉宣
责任编辑	孙兴冉
版式设计	国广设计室
责任校对	徐秀英
出版发行	中国国际广播出版社（83139469　83139489[传真]）
社　　址	北京复兴门外大街2号（国家广电总局内） 邮编：100866
网　　址	www.chirp.com.cn
经　　销	新华书店
印　　刷	北京艺堂印刷有限公司
开　　本	710×1000　1/16
字　　数	300千字
印　　张	22
版　　次	2015年6月　北京第一版
印　　次	2015年6月　第一次印刷
书　　号	ISBN 978-7-5078-3780-3 / G·1437
定　　价	65.00元

欢迎关注本社新浪官方微博
官方网站 www.chirp.cn
版权所有　盗版必究